田东江 著

天淡云闲

报人读史札记六集

中山大學出版社
·广州·

版权所有　翻印必究

图书在版编目（CIP）数据

天淡云闲：报人读史札记六集/田东江著. —广州：中山大学出版社，2018.3
ISBN 978-7-306-06315-1

Ⅰ. ①天… Ⅱ. ①田… Ⅲ. ①中国历史—古代史—文集 Ⅳ. ①K220.7-53

中国版本图书馆CIP数据核字（2018）第047119号

出版 人：徐　劲
责任编辑：裴大泉
封面设计：林绵华
责任校对：赵　婷
责任技编：黄少伟
出版发行：中山大学出版社
电　　话：编辑部 020-84111996，84113349，84111997，84110779
　　　　　发行部 020-84111998，84111981，84111160
地　　址：广州市新港西路135号
邮　　编：510275　　　　传　真：020-84036565
网　　址：http://www.zsup.com.cn　　E-mail：zdcbs@mail.sysu.edu.cn
印 刷 者：佛山市浩文彩色印刷有限公司
规　　格：880mm×1240mm　1/32　12.5印张　293千字
版次印次：2018年3月第1版　2018年3月第1次印刷
定　　价：48.00元

如发现本书因印装质量影响阅读，请与出版社发行部联系调换

序

梁庆寅

《天淡云闲》是东江读史札记的第六个集子了,早些时候他就打过招呼,托我为这本书写个序。这个任务不轻松,前面已经出版了五个集子,为那五部书作序的不是遐迩闻名的报人就是专治史学的方家,皆为一时之选,对东江这个系列著作的介绍和评论,怕是说得已经不能再说了,何况我既非报人又非史家,两不靠呢。但是,尽管知道难,我当时并未推辞,因为珍惜东江的信任,朋友之命难违,却之为不恭。又因为我有这样的判断,序之于书,影响其实有限,读者自有鉴别能力和阅读偏好,懂得应该以书取书,多半不会以序取书的。于是,虽力有不逮,仍愿作门外谈。

或许是由于拥有绵延不断的悠久历史,历史资源和文化遗产极为丰富的缘故,中华民族对历史格外重视,很早就形成了尊史、治史、读史的传统。王充有"知古不知今,谓之陆沉;知今不知古,谓之盲瞽"的断语,唐太宗有"以史为鉴,可以知兴替"的论说,孟浩然有"人事有代谢,往来成古今"的吟唱。这种重视历史的传统,弦歌不辍,今人的历史意识,实不输古人。人们重视历史,不只因为中国历史是个富矿,掘之弥深,采之不竭,足以令人肃然起敬,其中还另有一个原因,就是人们相信历史是可资借鉴的,历史经验可以为认识和处理当下的事情提供某种帮助。杜牧在《阿房宫赋》中说:"秦人不暇自哀,而后人哀之;后人哀之而不鉴之,亦使后人复哀后人也。"杜牧强调仅仅"哀之"是不够的,更要紧的是"鉴之",表明了对借鉴历史的肯定态度。对于历史经验可以示范后人,司马光更是深信不疑,他撰写《资治通鉴》,就是以"鉴前世之兴衰,考当今之得失,嘉善矜恶,取是舍非"为宗旨的,因此在编撰时"专取关国家兴衰,系生民休戚,善可为法,恶可为戒者"。但是,吕思勉先生在《中国简史》中却另有看法,他说:"从前的人,常说历史是'前车之鉴',以为'不知来,视诸往'。前人所做的事情而得,我可以奉以为法;所做的事情而失,我可以引以为戒。这话粗听似乎有理,细想却就不然。世界是进化的,后来的事情,决不能和以前的事情一样。病情已变而仍服陈方,岂惟无效,更恐不免加重。"经吕先生这么一说,问题来了,以史为鉴靠得住吗?到底该怎样看待借鉴历史?要弄清楚这个问题,需要再援引吕思勉先生的另一段论述:"凡讲学问必须知道学和术的区别。学是求明白事情的真相的,术则是措置事情的法子。把旧话说起来,就是'明体'和'达用'。历史是求明白社会的真相的,什么是社会的真相呢?原来不论什么事情,都各有其所以然。我,为什么成为这样的一个我,这决非偶然的事。我生在怎样的家庭中?受过什么教育?共些什么朋友?做些什么事情?这都与我有关系。合这各方面的总和,才陶铸成这样一个我。个人如此,国家社会亦然。……所以要明白一件事情,必须追溯到既往;现在是决不能解释现在的。而所谓既往,就是历史。"从这段话可以知道,现在与历史有着密不可分的关系,要明白事情的真相,必须追溯事情的历史,而明白事情的真相与措置事情的法子又是不同的。把吕先生前后说的话联系起来,对于该如何看待借鉴历史的问题,我以为可作如下解说:从"求明白事情真相"的角度看,现在需要借助历史才能得到解释,既然历史可以解释现在,那么把历史作为参考,予以借鉴,也就不成为问题了。但是从"措置事情的法子"角度说,借鉴历史则要小心,用旧法子处理新问题,往往南辕北辙,误入歧途。吕先生否定的正是这种食古不化,"病情已变而仍服陈方"的观念和做法。历史与现在之间的通达关系,在两个方面体现得尤为明显:一是,如果一个历史事件是人性使然的,就常会在后来重演。因为个体化的人性，如食色爱憎之类，前人后人，并无不同。例如，南朝陈后主，在位时生活奢侈，大造宫室，终日与嫔妃文臣游宴，制作《玉树后庭花》一类的艳词，不久即成亡国之君。随后的隋炀帝，在位时荒淫无耻，造离宫40余处，苑囿连接数百里，招致民怨沸腾，后被禁军将领缢杀，使隋成为短命王朝。同样的穷奢极欲，导致奢靡亡国的历史重演。二是，如果一个历史现象是规律使然的，在条件具备时就会重现。以"得民心者得天下，失民心者失天下"来说，如果一个政权不能抗击侵略，或不能造福民生，就会失去民心，丧失政权，这也是历史反复证明了的。说了这么一通历史与现在如何有联系的话，是想为东江这本书的题名作个注脚。东江说《天淡云闲》取自杜牧诗句"六朝文物草连空，天淡云闲今古同"，其中他隐去了"今古同"，但隐去的也许是更在意的，"天淡云闲"本就着落在"今古同"上。东江写这本书，每由新闻回溯历史，徜徉在历史与现实之间，怕是常常生出"今古同"的慨叹吧。

与史家治史常有侧重相似，人们读史也往往旨趣不同。读史的旨趣，通常表现为对某类历史人物或事件有特别的兴趣，例如政治家读史，多关注英雄人物和政治、战役一类。而东江读史的旨趣，并不表现在特别对某一类史料有兴趣上，在我看来，他的读史旨趣，可以概括为"用历史解读新闻"，新闻先行，史料跟着新闻走，撷取哪些史料，取决于所要解读的新闻内容。用历史解读新闻，首先要关注新闻。作为报人，又是理论评论界的骁将，东江自然重视对题材重大、主题严肃的新闻作深度阐释，但是在读史文章中，他没有刻意追求宏大叙事，而是把注意力放在了贴近社会生活、呈现人间百态的那些新闻上。这一类新闻虽然多是身边事、平常事，但未必没有新闻价值，其新闻内涵也未必表浅，关键在于发现和挖掘。就在写这个序的时候，《南方日报》刊出了一篇介绍东江和他的理论评论团队的文章，其中说："田东江对百姓的喜怒哀乐尤其是人文风情观察入微，善于从人们易于忽略之处或小处着眼，生发出立意较高的感慨，视角独到，言人所未言。"这个评语让我想到了韩愈在《进学解》中的一段话，他说："牛溲、马勃、败鼓之皮，俱收并蓄，待用无遗者，医师之良也。"东江善于平中见奇、粗铁成金，与此实有异曲同工之妙。这种小处着眼、以小见大的特质，体现在他的每一篇读史文章中。例如《造大佛》一文，从若干省份为增加旅游收入争相建造大佛的新闻切入，细数唐宋等朝代所造的尺寸不一的大佛，使读者一看即知，今日造的大佛早已让古代大佛相形见绌，即使"山是一尊佛，佛是一座山"的乐山大佛，在今日一些大佛面前，也已矮了三分。又分析建造佛像的动机，古人造佛，尚怀虔诚之意，今人造佛，却只盯着寺庙经济。结尾一语点破，如果各地继续在造大佛上这么攀比下去，将愈益成为社会之忧。为此担忧并非多余，因为造大佛表现出来的攀比之风、浮躁之气，已经侵蚀社会的诸多方面，确应反思和纠正了。又如《植树》，先拎出某地在植树节组织植树时，竟然给通往植树地点的道路铺上红地毯的怪事，随后用史料说明，自周以降，古人就已经鼓励植树，既有介绍植树方法的书籍，又有爱护树木、封山育林的规定，没有借植树作秀的心机，却有为准备嫁妆而植树的务实考虑。而在今天，在植树节上做表面文章，已使一些地方的植树活动变了味道。其实何止是植树节，在我们身边，形式主义可说是如影随形、挥之不去，在许多事情上都会有意无意地表现出来，这是更需要人们戒备的。从历史研究的角度说，重视观察普通人和平常事，体现了一种历史方法论。根据吕思勉等史学家的看法，历史是说明社会进化过程的学问，研究历史，不应专注于特殊人物和特殊事件，更要重常人、重常事，因为社会就是在普通人的平常活动中发生变迁的。人们容易注意到社会大变局中的特殊人物和特殊事件，往往忽略常人常事在社会变化中润物细无声的作用。殊不知，如果把特殊人物所做的特殊事情比作山崩，那么平常人所做的平常事就是风化，不了解风化，就不会了解山崩。知道了风化对于山崩的影响，也就可以知道东江重视社会生活、关注时下新闻的价值所在了。用历史解读新闻，不仅需要关注新闻，对新闻具有敏感的认知，同时需要丰富的史料积累。东江熟悉历史，运用史料堪称得心应手，不管是正史，还是稗官野史，皆为所用。他并不炫学卖弄，不引僻书，但所引史料中也有不少散落于野的零金碎玉，而这类史料搜检最难。扎实的历史知识储备，使东江在以古论今时游刃有余。用历史解读新闻，还需要善于思考和分析，因为解读必须有思想。东江的理论素养一直为人称道，本书的每一篇文章，最终都落脚在对新闻事件的评说上，东江在阐述看法时，或破或立，或赞或弹，不提玄妙莫测的观点，不发朦胧恍惚的议论，简洁明快，直指要害，锐思洞见，跃然纸上，让人读了之后，或产生共鸣，或疑团冰释，顿生诚哉斯言之感。

陈平原教授在《同舟共进》杂志上发表过题为《一个文学教授眼中的中国传媒》的文章，里面谈到了报章文体问题。他说："新闻报道本身，也是一种重要的文体。我们现在的新闻从业人员，包括报纸杂志、广播电视等，大都缺乏文体方面的训练。你在报刊上读一篇文章，不用看署名，马上知道是谁写的，这样的例子太少了。"说到文体，东江是有创新的，他"探索出了一种独具特色的评论文体：由新闻时事起兴，由历史事件解读，再回归新闻本身"（2016年10月3日，《南方日报》）。因此在东江的读史作品中，既有读者关注的新闻、丰富生动的史料，又有精当的解读和中肯的评论，更兼文字优美、语言洗练，从而形成了鲜明的文体风格。风格独具、特色鲜明的文章，才能给读者留下深刻印象，也才可能"不用看署名，马上知道是谁写的"，在经常阅读东江文章的读者中，或许已经有人有过这样的体验了吧。从体裁上看，东江这本书里的文章，用的是随笔形式。据美国学者徐贲在《明亮的对话》一书中的介绍，在西方，自16世纪开始，随笔（essay）成为"说理"最常用的写作形式。说理有公共说理和私域说理的区别，私域说理是不公开发表，说给特定对象听的，公共说理则具有公共话语特征，是公开发表，写给公众看的。东江用历史解读新闻的文章已结集出版，有许多还曾在报刊上发表，自然属于公共说理。公共说理必须考虑如何言之有据地提出自己的观点，如何客观理性地对待别人的看法，如何通过见识、善意、文采等使说理更有效果。从这几个方面看，东江是深谙公共说理之道的。以《屌丝》为例，文章首先介绍，有政协委员担心这个语词滥用可能导致社会不稳定；有电影导演直指这个用语是对境遇不堪者的蔑称，而中国人不以为耻反以为荣；还有语言学家指出这个用语确实不得体，大量流行语粗鄙化与社会心态有关。东江认同荣耻说，赞成这个用语不得体的看法，对于可能导致社会不稳定的说法，则认为有些言重了。在用史料说明这个用语确属粗俗的基础上，东江提出了自己的看法：传统的词语虽然越来越为网络用语所"改造""裹挟"，但大浪淘沙，充其量只能是热闹、喧嚣于一时。如此这般，该文围绕"屌丝"的语义和语用问题，作了一个丝丝入扣的说理。

《天淡云闲》即将出版了，东江的博读深研和勤奋写作，不能不让人心生敬意。中国的学人和报人，一向以担道义、著文章为理想追求，但也常有人半途而止或掉头而去。东江却是沉得住的，他有浓厚的自我鞭策意识，唯恐蹉跎度日，他的自励和勤勉，投射出了报人的责任和情怀。恐怕在本书付梓之际，他已经在谋划下一个集子了，或许已经写出了篇章若干。我期待他的新作，更相信那些作品，将一如既往，笔触所到之处，绽放出朵朵精彩，描绘出万般锦绣。

序成掷笔，夜色袭来，正想享受轻松，却又生出言而未中的恐惧，只能冀望于"虽不中，亦不远"了，果能如此，也就不误读者了吧。

2016 年 10 月 15 日

目 录

序（梁庆寅）　　I
甄嬛　　1
践诺　　4
一字师　　7
大火　　10
马　　13
谜语　　17
赵州桥　　20
屌丝　　23
涉黄　　27
造大佛　　31
你懂的　　35
兑残钞　　38
藏头诗　　41
三句半　　44
偶遇　　47
茶叶蛋　　51
无字碑　　54
蝗虫　　57
斗富　　60
鹳雀楼　　64
微笑　　67

高力士·荔枝　70
粽子　73
草药　76
足球·蹴鞠　79
教，邪教　82
大运河　85
冲绳·琉球　88
放榜之后　91
官不聊生？　94
无良商家　97
冲绳·琉球（续）　101
出名　104
名相戏　107
打油诗　110
放生　113
打油诗（续）　116
钱塘潮　119
公章·印　122
晏子　125
烈士　129
书院　132
批示　135
大写·繁体　139
西樵山　142
大写·繁体（续）　145
厚古薄今·厚今薄古　148
工匠　151
食盐专营　154
韩休　158
早婚　161
沉香　164
铲字　168
家训　171

节日腐败　175
羊　179
武媚娘　182
清明上河图　186
冤杀　189
奸臣　193
赘婿　196
书之火厄　200
长生　203
过年　207
投其所好　211
木棉　214
压岁钱　217
植树　221
二月二　225
店招　229
孤寒　233
席间　237
谷雨　241
乡射　244
阆中　247
滕王　251
颜值　254
"为官择人"与"为人择官"　257
象牙　260
茶乡，名茶　264
人参　268
公车　272
戏剧　276
戏剧（续）　280
土司　283
土司（续）　287
通州名迹　290

木兰　294
女扮男装　297
垂帘听政　301
黎平　304
萤火虫　307
割肝　311
北狩　314
阅兵　317
白露　320
北狩（续）　323
消防　326
古罗马　330
拉奥孔　334
青蒿　338
虾　342
须　346
聂隐娘　350
獬豸　354
立冬　358
同年　362
取暖　366
拔河　370
广告　373
任性　377
朱雀　381
日历　384

后记　388

甄嬛

1月1日出版的中共中央机关刊物《求是》杂志发表了一篇为电视剧《甄嬛传》正名的文章,引起了舆论的较大关注。在作者看来,《甄嬛传》对后宫斗争的展示虽比一般宫廷剧更为辛辣,但这不是歌颂阴谋、欣赏斗争,而是借一个个青春女性理想和生命的惨烈毁灭,揭示出封建社会的腐朽本质。对任何一部电视剧的褒贬都属正常不过之事,但出现在党报党刊上,按我们早已养成的思维习惯还是有定调的意味,尽管作者的身份只是个人。去年9月19日,中共中央机关报《人民日报》曾经有篇《比坏心理腐蚀社会道德》的文章,观点完全相反。作者在对比了同样表现宫廷斗争主题的韩剧《大长今》之后认为:《甄嬛传》的价值观不对,传播和宣扬的是比谁更坏;而《大长今》的主题是"只有坚持正义才能最终战胜邪恶"。此论即出,曾给《甄嬛传》捏把汗。

76集的电视剧《甄嬛传》从2011年11月首播到现在,两年多过去了,不少地方电视台都重播复重播,收视率始终高企,剧中化简为繁的文绉绉台词,甚至催生了"甄嬛体"网络用语。并且,《甄嬛传》不仅在国内爆红,还走出了国门,走进了美国、韩国、日本等国家。报道说尤其在日本,观众高达日本总人口的三分之一。这样一部影响巨大的电视剧,党报党刊先后进行导向性的评点,自然而然。

《甄嬛传》，望文生义亦知是关于甄嬛的传记。甄嬛者谁？主创者说历史原型是清世宗胤禛即雍正皇帝的孝圣宪皇后，"钮祜禄氏，四品典仪凌柱女"，乾隆皇帝的母亲，《清史稿》之"子一，高宗"是也。《清史稿》亦有钮祜禄氏的完整传记，可大致窥其"亲见曾玄"的八十六岁一生。可以划分为三个阶段吧。一、雍正登基之前，"后年十三，事世宗潜邸，号格格"。二、雍正登基之后，"封熹妃，进熹贵妃"。三、乾隆登基之后，"以世宗遗命，尊为皇太后，居慈宁宫"。从中似可看出，所谓皇后，来自乾隆根据雍正的遗命而尊，此前钮祜禄氏并无此一名分，"母以子贵"。名分之外，乾隆对母亲也很孝顺，"太后偶言顺天府东有废寺当重修"，乾隆马上行动，但太后"即召宫监"，责备他们："汝等尝侍圣祖，几曾见昭圣太后当日令圣祖修盖庙宇？嗣后当奏止！"自己无意发号施令，行越俎代庖之事。乾隆"每出巡幸，辄奉太后以行"。母亲六十、七十、八十大寿，不仅要"率王大臣奉觞称庆……庆典以次加隆"，还要"先期，日进寿礼九九。先以上亲制诗文、书画，次则如意、佛像、冠服、簪饰、金玉、犀象、玛瑙、水晶、玻璃、珐琅、彝鼎、瓻器、书画、绮绣、币帛、花果，诸外国珍品，靡不具备"。太后驾崩后，"嘉庆中，再加谥，曰孝圣慈宣康惠敦和诚徽仁穆敬天光圣宪皇后"，去其枝蔓，即"孝圣宪皇后"，是孙子最后拍的板。

说来惭愧，在下对这部"如神一般存在的电视剧"居然视若无睹，偶尔瞄上两眼，却从来没有完整地看过一集，因而也就无从将"孝圣宪皇后"与甄嬛做一对比。不过，即便看了，也无从比起。首先，电视剧不是历史的图解，你不可能苛求它对历史亦步亦趋，况且真正的历史也未必"好看"。其次，前几年，影视剧的翻拍到了发疯的地步，电影中的"红色经典"几乎被翻拍了个遍。殊途同归的是:翻拍的东西但取原作的片名及主要人物的姓名,其他的一概按自己的意愿另起炉灶。在这样的背景之下,即便钮祜禄氏确因"比坏"而上位,正史中也不会留下相关记载;而即便其他的什么地方留了,电视剧也未必去研究它,要的是这一"符号"而已。

有意思的是,《甄嬛传》如此轰动,但连甄嬛的"嬛"字该怎么读,还成了问题。《咬文嚼字》杂志说几亿国人都念错了,在他们公布的"2012年十大语文差错"中,"嬛"字读错为其一,说大家都念"huán",其实该念"xuan",读第几声没说。对此,《甄嬛传》作者、编剧流潋紫的经纪人辩解,他们知道这么读,但"嬛"读"huán"便于传播。甄嬛自己怎么看呢?剧中她说了,自己名字出自南宋词人蔡伸《一剪梅》中的"嬛嬛一袅楚宫腰",雍正还赞她"柔桡嬛嬛,妩媚姌袅",当得起。而雍正引用的这句话出自《史记·司马相如列传》,相如《天子游猎赋》里面的华丽句子。于是翻查手边商务印书馆《现代汉语词典》(第5版),"嬛"只读"huán";再翻上海辞书出版社1979年版《辞海》,问题来了:"嬛"的三个读音中有"huán""qióng"和"yuān",却偏偏没有"xuan"!而在 yuān 旁注明的"冤"字,表明他们不是把 x 误印成了 y,虽然y再伸一小腿就是 x;且词条例句中,"嬛嬛"捉的正是《史记·司马相如列传》中的那句,却读曰"yuān yuān"。倘说此《辞海》的版本过于陈旧,那至少可以说"嬛"在"甄嬛"名字的出处中曾经读过"yuān"吧?《咬文嚼字》倒把问题弄糊涂了。

说回对《甄嬛传》的弹与赞,都出自权威的党报和党刊,应该说是一种好现象。一部文艺作品如何,从来都是见仁见智,不可能也不必要"一锤定音",那种一锤砸下导致的后果,我们已经见识了不少。

2014年1月5日

践 诺

2014年第一天,杭州师范大学法学教授范忠信在杭州南湖边以爬行的方式行进了一公里。这不是行为艺术,而是在践诺。一年前,范教授在个人微博上公开打赌,预言"2013年里,除了民族区域自治的地方外,其他所有省市会实现县乡级公务员财产公示",赌输的代价是"罚自己爬行一公里"。现在,他自然是愿赌服输了。

践诺,即履行诺言。自古圣人就有"君子重然诺"的告诫,民间的通俗说法则有"大丈夫一言既出,驷马难追"之类。倘若谈论这方面的民族传统美德,少不了要津津乐道这些。战国时商鞅变法之前,有立木取信的做法。因为"令既具,未布,恐民之不信",乃"立三丈之木于国都市南门",声称谁能把它搬到北门,"予十金"。看大家都在观望,悬赏进而加码,"能徙者予五十金"。终于有个胆大的人行动了,商鞅立马兑现,这就是践诺。古往今来,一诺千金的豪侠之士数不胜数,共同特点是"其言必信,其行必果,已诺必诚,不爱其躯,赴士之厄困"。当然,践诺不局限于慷慨悲歌者,如元人王恽评价陶渊明:"古今闻人,例善于辞,而克行者鲜。践其所言,能始终不易者,其唯渊明乎,此所以高于千古人也。"这就是拿当不当官来说事了。"相逢尽道休官好,林下何曾见一人",此语虽出自唐人之口,但揭示的道理其前和其后都适用。陶渊明做到了,说不当就不当,尽管生活得捉襟见肘,然而"托身已得所,千载不相违"。这种"例善于辞,而克行者鲜"的情形在当下亦不乏实例,比如一方面好多人都抱怨公务员待遇如何之低,但另一方面每年的各级公务员考试,大家却又挤破了头。

像大量古训一样,践诺类往往也只是停留在文字层面的倡导,生活中可以看到大量背信弃义的相反事例。春秋时的泓水之战,宋襄公不去突袭正在渡河、渡河之后立足未稳的楚军,结果被人家打得大败,自己的大腿也受了重伤,至于不治。襄公此举不仅后世讥为"蠢猪式的仁义道德",就在当时,也是"国人皆怨公"。子鱼就说了:"兵以胜为功,何常言与!必如公言,即奴事之耳,又何战为?"襄公之所谓迂腐,实乃秉承规则来作战,遵循的是程序正义。他只是没有意识到,这种理念早被人家抛进了历史的垃圾堆,打赢就行,管他什么手段!千年之后,这一幕貌似原封不动地重演了一遍,这回是前秦与东晋的淝水之战。前秦"逼肥水而陈,晋兵不得渡"。谢玄让秦军退后一些,我们过了河大家再"以决胜负,不亦善乎?"也是苻坚的手下不干,但苻坚答应了,结果也是秦军大败,成就了我国古代军事史上以少胜多的经典案例。与泓水之战大异其趣的是,晋秦双方此时各拨各的算盘珠子。在晋方,早就打算好了,一旦对方后移,马上大呼"秦兵败矣";而在秦方,苻坚这么想的:"但引兵少却,使之半渡,我以铁骑蹙而杀之,蔑不胜矣!"实则双方皆无信誉可言,践行的是《孙子兵法》里的"兵不厌诈"。传统的诸多格言警句,细推之,适用情况都是"此一时也彼一时也"。

北魏末年,高欢与尔朱兆的势力不可同日而语,高欢为了避开他,以所驻之并、肆州频遭霜旱为由,"请令就食山东"。兆之长史慕容绍宗谏曰:"不可,今四方扰扰,人怀异望,况高公雄略,又握大兵,将不可为。"但尔朱兆说我们两个曾经"誓为兄弟",拜过把子,"香火重誓,何所虑也"。绍宗说:"亲兄弟尚尔难信,何论香火。"然而,尔朱兆的左右已被高欢买通了,大家说绍宗所以如此,在于他昔日与高欢有过节,尔朱兆耳朵软,干脆把绍宗关起来而催高欢快走。结果高欢"自晋阳出滏口",路逢尔朱兆伯母"自洛阳来,马三百匹,尽夺易之"。尔朱兆知道了,追上高欢却又为高欢的大哭所打动,还"刑白马而盟,誓为兄弟,留宿夜饮"。最后的结局历史交代得很清楚:孝武帝永熙二年(533)一月,高欢大军袭破尔朱兆于秀荣城,尔朱兆逃至荒山野岭,"自缢于树",恰似楚汉相争的情景再现。尔朱兆以为发了誓就该遵守,高欢则"好汉不吃眼前亏",所以后者才能奠定自家的基业,儿子高洋建立北齐后,追封其为神武帝。像尔朱兆这类人,要么极其单纯,要么胸无点墨。春秋时何其流行盟誓?理论上看有维持社会秩序的功能,但恰恰相反,反而引发诸国间更多的战事,而且战争规模越打越大,卷入的人口也越来越多。唐开元七年(719),吐蕃复遣使请玄宗亲署誓文,玄宗这么回应的:"昔岁誓约已定,苟信不由衷,亟誓何益!"

  作为法律界专业人士,范教授一年前有"实现县乡级公务员财产公示"的预言,很遗憾,他的这一"痴心妄想"没能实现。从视频中我们看到:身穿一身运动服的范教授,戴着毛线手套在枯黄的草地上爬行,一条不知是否他家的黑狗伴随着他。范教授事后在微博中透露,爬行过程中,掌膝渗血。然而,倘若觉得此景只是范教授的难堪,就失之浅薄了,且不论它。即以当下的社会诚信相对缺失而言,也正有方方面面的践诺太少的缘故。以此来看,范教授的行为到底是值得激赏的。

2014年1月9日

一字师

去年年底,《咬文嚼字》杂志公布了"2013年十大语文差错"。自2006年以来,这已是《咬文嚼字》的招牌动作。前几年,他们关注的主要是个人,一些名家有影响的作品所犯的语文差错。这一回,他们更关注公共媒介,"拔得头筹"的,是央视《中国汉字听写大会》将"鸡枞菌"判成"鸡枞菌"之误,且主持人李梓萌将"枞"念成了"cōng"而不是"zōng"。对于所以会造成语文差错泛滥的情况,《咬文嚼字》专家说,中国素有"一字师"传统,人们对汉字理应怀有一份敬意,然而现在人心浮躁,这份敬意已荡然无存。

语文差错泛滥的原因是否如此简单有待商榷,然"一字师"乃文化传统却绝对不假,且已经凝练固化为成语,以此来称呼善改诗文的人。最有名的,要算郑谷改僧齐己的《早梅》诗了。齐己有"前村深雪里,昨夜数枝开"句,郑谷说"数枝开"不如"一枝开"为佳。这一改,令"齐己矍然,不觉兼三衣叩地膜拜",称郑谷为"一字师"。早梅嘛,显然,一枝独秀更能突出"早"的味道。

一字之别,意境也每有不同。贾岛为"僧敲"还是"僧推""月下门"而踌躇不决的故事众所周知,概"推"与"敲"各自蕴含不同的意境。与之相类的,还有陶渊明的"采菊东篱下,悠然见南山",另有一种版本是"悠然望南山"。究竟是"见"还是"望",历来莫衷一是。当然,此事非关五柳先生自身,属于后人传抄搭建的"罗生门"。孰是孰非,已经不可能有明确结论,用哪个字都诠释得通。浏览所见,"见"字派占上风。如宋朝蔡启云:"此其闲远自得之意,直若超然逸出宇宙之外。"如果"望"呢,"便有寒裳濡足之态"。比喻很形象,但不知何以"望"便能生出那般联想。苏东坡《题渊明饮酒诗后》云:"因采菊而见山,境与意会,此句最有妙处。近岁俗本皆作'望南山',则此一篇神气都索然矣。"何以"望"就索然,也只是扔出个结论。明朝梁桥的阐明观点最可取了:"陶渊明意不在诗,诗以寄其意耳。"在他看来,如果是"望","则既采菊又望山,意尽于此,无余蕴矣";而如果是"见","则本自采菊,无意望山,适举首而见之,故悠然忘情,趣闲而思远"。

在许多时候,这一字之别非同儿戏,关键场合关键事情上处理不好,可能会带来严重后果。周寿昌《思益堂日札》有"字误"条,举了发生在南书房的两个事例。南书房在清朝是个什么所在?皇帝文学侍从值班的地方。值班的人得是翰林等官员中"择词臣才品兼优者",陪伴皇帝赋诗撰文、写字作画之外,有时还秉承皇帝的意旨起草诏令,"撰述谕旨"。程恩泽有一回就出事了,"误读圯桥之'圯'为倾圮之'圮'",直接后果是"眷少衰",至于"旋出书房",别在这儿干了,不称职。还有个画家叫戴熙的,"以命题画策骑清尘签子,误于策字加一画",就是把中间本来开口的那地方给封上了,"不久亦出书房"。关于戴熙这件事,《清稗类钞》里的一则补充来看很有意思:概"戴熙在南书房时,不善事内监",小人物没有打点好。所以写了错字之后,"宣宗令内监持令改之",但人家不告诉他错在哪儿了,"但令别书,……戴遂别写一纸,而误字如故",结果"上以为有意怫忤,遂撤差"。倘内监告知,戴熙肯定留任,亦可谓戴熙的另类"一字师"了。

一字师中之"一字",往往就这样决定仕途乃至事件的走向。冯梦龙《智囊全集》云,"顾蚧为儋耳郡守,文昌海面当五月有大风飘至船只,不知何国人,内载有金丝鹦鹉、墨女、金条等件",而"地方分金坑女,止将鹦鹉送县,申呈镇巡衙门"。不料上面追究下来了,分赃杀人的人一时间都没了主意,甚至"相率欲飘海",打算溜到国外去。顾蚧正好上任,只将原文"飘来船"改作"覆来船",便万事大吉。"覆来船",就剩了鹦鹉,谁知人和财哪去了?但这"一字"不甚光彩就是,墨写的谎言掩盖了血腥的事实。而一字师中之"师",却未必是学识很高的人物。前面的郑谷诚然大家,然"一字师"并非大家的专利。王定保《唐摭言·切磋》载李相读《春秋》,把叔孙婼的"婼"读错了,"小吏言之,公大惭愧,命小吏受北面之礼,号曰'一字师'"。罗大经《鹤林玉露》亦云:"杨诚斋(万里)与同舍谈及于宝。一吏进曰:'乃干宝,非于也。'"杨万里问你怎么知道?"吏取韵书以呈,'干'字下注云:'晋有干宝。'"杨万里也是放得下架子,大喜曰:"汝乃吾一字之师。"

《咬文嚼字》编辑部介绍说,鸡㙡菌是菌的一种,菌盖圆锥形,中央凸起,老熟时微黄,味道鲜美似鸡肉味,是食用菌中的珍品。因为生长在泥土中,所以字从"土"。鸡㙡是俗称,古代典籍中一般就写作"㙡"。而"枞"有两个读音,一个是"cōng",木名,即冷杉;再一个是"zōng",地名用字,安徽省有"枞阳县",都与食用菌无关。据悉,央视已经认可了《咬文嚼字》的意见,承认发生了误判。《咬文嚼字》此番的角色,果然堪称"一字师"。

2014 年 1 月 11 日

大火

1月11日凌晨,位于云南迪庆藏族自治州州府香格里拉县的独克宗古城发生大火,城中百余建筑被焚。古城本集区域民族风情、传统文化、特色建筑于一体,人文损失因而无可估量。起火原因,只是一个客栈管理者的取暖器使用不当。因其古城性质,与历史上的城市大火就有得一比。有学者统计,两宋300多年间,全国发生的大型火灾有200多次,平均不到两年就有一次。迪庆方面解释独克宗古城火灾规模大的原因有三个,其中最主要的是古城房屋多为土木结构,易燃烧。宋朝自然更是这样的情形了。

以宋朝京城发生的大火为例。太祖时有开封府通许镇市民家以及东京大相国寺大火,各毁房舍数百间;真宗时有开封府大火,烧了左藏库、朝元门、崇文殿等,光是救火就死了1500多人,且因为烧了藏书的秘阁,文化上的损失无法弥补;仁宗时有禁中大火,毁了八个殿;哲宗时有开封府大火,把府廨烧得精光,知府李之纯仅以身免;高宗时仅绍兴元年(1131)和二年(1132),临安就有三次大火,都是烧毁万余家的后果。如此等等。

为了对付大火,宋朝采取了务虚与务实两方面措施。在务虚方面,把祭祀火神作为国策。宋朝立国之初就宣布自己是火德,认为自己是从后周接管的江山,后周属木德,木生火。后来又专门设坛祭祀火神,建造火德真君殿、火德神殿等,规定不准侮慢火神。王安石变法提出可以租赁祠庙作为市场,有人因之询问配享火神的阏伯庙能不能租赁,结果神宗大怒,认为"慢神辱国,无甚于斯"。然火神并不因受到尊重或怠慢而行事,但有条件,自然就要肆虐一回。所以,降低火患关键还是要务实。务实,则首先要防火,其次要救火。研究指出,专业消防队即起源于宋,彼时从业人员叫潜火兵,队伍叫潜火铺,还有军巡铺。潜火即灭火。

真宗大中祥符二年(1009)六月,诏:"在京人户遗火,须候都巡检到,方始救泼,致枉烧房屋。先令开封府,今后如有遗火,仰探火军人走报巡检,画时赴救。都巡检未到,即本厢巡检先救。如去巡检地分遥远,左右军巡使或本地分厢界巡检、员僚指挥使先到,即指挥兵士、水行人等,与本主同共救泼,不得枉拆远火屋舍,仍钤辖不得接便偷盗财物。"伊永文先生说,这是目前所能找到的较早的关于宋代城市已设专门的防火、灭火机构和组织的记录。《东京梦华录》亦载,京城"每坊巷三百步许,有军巡铺屋一所,铺兵五人,夜间巡警,收领公事";还在"高处砖砌望火楼,楼上有人卓望"。这种情形,去今 30 年前也还常见,概彼时高楼尚凤毛麟角,登高望览尚可一目了然。宋朝的望火楼下,"有官屋数间,屯驻军兵百余人",备有各种救火的家什,"大小桶、洒子、麻搭、斧锯、梯子、火叉、大索、铁猫儿之类"。每当发生火警,"则有马军奔报军厢主,马步军、殿前三衙、开封府,各领军级扑灭,不劳百姓"。显然,这就是专职的消防队伍了。令人如鲠在喉的是,理宗绍定四年(1231)临安大火,"殿前司副都指挥使冯榯,率卫卒专护史弥远相府,火延及太庙、三省、六部、御史台、秘书省、玉牒所,俱毁,唯弥远府独全"。

在防火方面,《东轩笔录》有这么一则记载:"京师火禁甚严,将夜分,即灭烛。"谁家要是搞法事即醮祭呢,因为半夜后有烧纸钱这一项,得先打招呼。狄青为枢密使时,"一夕夜醮",他家上报了而"勾当人"没有上报,结果半夜透出火的光亮被探火军人发现,等潜火兵赶到,纸钱早就烧完了,没火灾。不过这一来,问题却意想不到地弄大了,"都下盛传狄枢密家夜有光怪烛天者"。为什么这么传?因为有人说,当年朱温家上演过这一幕,"夜有光怪出屋,邻里谓失火而往救,则无之"。朱温者谁?后梁开国皇帝,唐赐名"朱全忠",结果他取代了唐,落得"全不忠"。光怪烛天说一传出,狄青坐不住了,这是谋反的征兆啊,"遽乞陈州,遂薨于镇"。由此亦见彼时人们对火的恐惧,到了惊弓之鸟的地步。

  火灾的成因是多方面的,宋人在检讨时往往与天谴关联在一起。仁宗景祐四年(1037)京城兴国寺火,延及先祖殿,韩琦便上疏曰:"此女谒用事,臣下专政之应也。"保护史弥远房子那场火,蒋重珍对理宗也毫不客气:"今临御八年,未闻有所作为,进退人才,兴废政事,天下皆曰此丞相意。一时恩怨,虽归庙堂,异日治乱,实在陛下。焉有为天之子,为人之主,而自朝廷达于天下,皆言相而不言君哉!天之所以火宗庙、火都城者殆以此。……宰相之居,华屋广袤,而焦头烂额,独全于火之未然,亦足见人心陷溺,知有权势,不知有君父矣。"宁宗嘉定十三年(1220)临安府火,吴泳更有一番借题发挥:"京城之灾,京城之所见也。四方有败,陛下亦得而见之乎?夫惨莫惨于兵也,而连年不戢,则甚于火;酷莫酷于吏也,而频岁横征,则猛于火。"

  跳出火灾看火灾,看到的就是火灾的"社会"成因。迪庆大火一烧,同样烧出了诸多痼疾,取暖器使用不当,仅仅是直接的、表面上的。

2014 年 1 月 18 日

马

农历甲午马年就要来到了。

古往今来,马在相当长的历史时期都是交通、生产、战争的重要工具,国人对马的喜爱由来已久,《三国志》裴注的"人中吕布,马中赤兔"说法,家喻户晓,在夸人的同时没有忽略夸马。某种程度上,人在事业上的成功也离不开马的助力。唐太宗墓前原有著名的"昭陵六骏"浮雕。这六骏就是李世民在唐朝建立前先后骑过的战马,分别名为"拳毛䯄"(平刘黑闼所乘)、"什伐赤"(平王世充、窦建德所乘)、"白蹄乌"(平薛仁杲所乘)、"特勒骠"(平宋金刚所乘)、"青骓"(平窦建德所乘)以及"飒露紫"(平王世充所乘)。置于自己的墓前,可见李世民对这六匹战马的情愫。浮雕本身,则出自阎立德和阎立本两兄弟的手笔,早就成了稀世之珍。其中的"飒露紫"和"拳毛䯄",20世纪之初被古董商人盗卖至国外,现藏于美国费城宾夕法尼亚大学博物馆,其余的现藏于陕西西安碑林博物馆。六骏就此天各一方,团圆无期,是为憾事。

纪念功绩之外,马作为单纯艺术品的题材,同样由来已久。唐玄宗时的韩幹,其所画之马,大抵至今仍无人能出其右。钱易《南部新书》载,韩幹闲居,"忽有一人朱衣玄冠而至"。韩幹问他从哪来,他说自己是鬼使,"闻君善画良马,愿赐一匹"。传说到了神乎其神的地步。清朝宫廷画家郎世宁也有代表作《百骏图》与《骏马图》等,台湾地区发行过相关邮票,《骏马图》一套八枚,雪点雕、大宛骝、霹雳骧、如意骢什么的,应该是清廷画作的珍藏了。

汉武帝很喜欢马。《史记·乐书》载,汉武帝尝得神马渥洼水中,旋即做歌一首:"太一贡兮天马下,沾赤汗兮沫流赭。骋容与兮跇万里,今安匹兮龙为友。"裴骃《史记集解》引李斐曰:"南阳新野有暴利长,当武帝时遭刑,屯田燉煌界。人数于此水旁见群野马中有奇异者,与凡马异,来饮此水旁。利长先为土人持勒靽于水旁,后马玩习久之,代土人持勒靽,收得其马,献之。"后来武帝伐大宛得千里马,再作歌一首:"天马来兮从西极,经万里兮归有德。承灵威兮降外国,涉流沙兮四夷服。"脑袋里尽是马,汲黯听不下去了,进谏曰:"凡王者作乐,上以承祖宗,下以化兆民。今陛下得马,诗以为歌,协于宗庙,先帝百姓岂能知其音邪?"武帝被戳到痛处,默然。丞相公孙弘这时挺身而出:"黯诽谤圣制,当族。"

武帝为马而伐大宛事,《汉书·李广利传》说得比较详细。"太初元年(前104),以广利为贰师将军,发属国六千骑及郡国恶少年(颜师古曰:恶少年谓无行义者)数万人以往,期至贰师城取善马",李广利因此被称为"贰师将军"。但是,大军推进并不顺利,"当道小国各坚城守,不肯给食,攻之不能下。下者得食,不下者数日则去"。到了郁成城,更成了强弩之末,被"杀伤甚众"。广利与左右核计:"至郁成尚不能举,况至其王都乎?"撤退吧。撤至敦煌,"士不过什一二",就是十人之中仅一二人得还。广利派人上报朝廷:"道远,多乏食,且士卒不患战而患饥。人少,不足以拔宛。愿且罢兵,益发而复往。"不料武帝大怒,且封闭玉门关,声称"军有敢入,斩之"。广利吓坏了,只得留屯敦煌。终于,凭借增兵、断水源、大宛内讧,武帝算是尝其所愿,"取其善马数十匹,中马以下牝牡三千余匹"。大宛这种马,因其流"赤汗",别称"汗血宝马"。1969年9月,甘肃武威雷台出土了一匹铜奔马,被定名"马踏飞燕"(后亦名"马超龙雀")。研究认为,该马的原型就是汗血宝马。艺术家让奔马的右后蹄踏上一只凌空飞翔的燕子(或龙雀),从而把奔马的动势凝固在静止的空间,将骁勇矫健表现得淋漓尽致。

《水浒传》里有一次不知真假的献马,发生在第六十回。段景住对宋江说他盗得一匹好马,"雪练也似价白,浑身并无一根杂毛,头至尾长一丈,蹄至脊高八尺",唤做"照夜玉狮子马",本来是大金王子骑坐的,"放在枪竿岭下,被小人盗得来"。他说他久仰及时雨大名,没什么见面礼,想献上这匹马,不料路过曾头市时,"被那曾家五虎夺了去"。为什么说不知真假呢?马幼垣先生《水浒人物之最》中把段景住定性为"最懂得拍马屁之人",认为他在原先绝对没有献马的念头,咽不下曾头市夺马那口气罢了。当时梁山泊主晁盖还在旁边听着呢,段景住浑然不睬,"直向宋江示好,一击而中"。众所周知,因为这匹"照夜玉狮子马",梁山也是不惜发动了一场战争,而且"晁天王曾头市中箭",山寨之主彻底易手。

韩幹画的马,今天仍能见到,有一幅宋徽宗还题有"韩幹真迹"字样,台湾地区同样发行过邮票。苏东坡那时候见得自然更多了,他还写了篇《韩幹画马赞》,在描述了画面上四匹马的神态之后,东坡写道:"以为厩马也,则前无羁络,后无棰策;以为野马也,则隅目耸耳,丰臆细尾,皆中度程,萧然如贤大夫、贵公子,相与解带脱帽,临水而濯缨。遂欲高举远引,友麋鹿而终天年,则不可得矣;盖优哉游哉,聊以卒岁而无营。"这就是以马比人了,立意显然是推崇热爱自然、超尘脱俗的生活态度。

2014年1月28日

谜语

前几天看了中央电视台搞的直播猜谜语大赛,由各地遴选出的中学生代表队参加。看这个节目不同于看《中国汉字听写大会》,节奏感不强,任何一条谜语都要在50秒内给出谜底,每每难住小选手,答错的时候居多。搞这个节目,因为元宵节临近的缘故吧,这个时候猜灯谜是我们的一项传统。

谜语,是暗射事物或文字等供人猜测的隐语。周密《齐东野语》云:"古之所谓廋辞,即今之隐语,而俗所谓谜。"廋辞,谜语的雏形,可以溯至春秋战国。《国语·晋语》载,"范文子暮退于朝",武子问为什么这么晚,他说:"有秦客廋辞于朝,大夫莫之能对也,吾知三焉。"很得意。不料武子训斥儿子,人家那是谦让,你个毛孩子却三次抢先,"吾不在晋国,亡无日矣"。说罢还"击之以杖,折委笄",抡起手杖把儿子玄冠上的簪子给打断了。东汉时蔡邕于曹娥碑上书写的"黄绢幼妇,外孙齑臼",显然也是早期谜语的一种,曹操和杨修都猜出意思实际上是"绝妙好辞"。清朝学者赵翼认为,真正的谜语即"自曹魏始",盛于六朝。所以谓谜,乃"回互其词使昏迷也"。未知彼时"昏迷"是否还有别解,倘照今天的释义,则与"唐伯虎"(周星驰饰演之电影《唐伯虎点秋香》)调侃"宰相府军师",什么"对对子本为消遣作乐,今日穿肠兄竟然对出激情对出几十两鲜血"异曲同工了。

　　到周密生活的南宋,谜语已经相当流行,元宵看灯并猜灯谜据说是北宋的首创。《武林旧事》也说了:"元宵佳节,帝城不夜。春宵赏灯之会,百戏杂陈。诗谜书于灯,映于烛,列于通衢,任人猜度;所以称为灯谜。"见得多,周密觉得"间有可喜",于是"择其佳者"记载了下来,当时的目的是"以资酒边雅谈",客观上也为后世留下了一份宝贵资料。此番央视大赛出的字谜——"画时圆,写时方,寒时短,热时长"(谜底为"日"),径直就是周密的贡献,只是没交代——似亦不必交代出处,观众或以为是今人的成果了。此外,周密记载的以时人名来打古人名的那首诗,雅之又雅:"人人皆戴子瞻帽,君实新来转一官,门状送还王介甫,潞公身上不曾寒。"子瞻,苏东坡;君实,司马光;王介甫,王安石;潞公,文彦博。以此四位大名鼎鼎的"时人",分别打出仲长统、司马迁、谢安和温彦博等四位同样大名鼎鼎的古人,品味那四句作为谜面的诗意,如此之熨帖不是要令人拍案叫绝吗?

　　在文学作品里,不乏出谜猜谜的生动描写。《西厢记》里,张君瑞就自称猜谜的行家。第三本第二折,红娘带来莺莺的回书,害着相思病的张生"接科,开读科"之后,喜出望外:"呀,有这场喜事,撮土焚香,三拜礼毕。早知小姐简至,理合远接;接待不及,勿令见罪!"红娘不知怎么回事,张生告诉她:"小姐骂我都是假,书中之意,着我今夜花园里来,和他'哩也波,哩也罗'(张燕瑾先生说这句北方方言与'如此这般'同义)哩。"莺莺回的实际上是一首诗:"待月西厢下,迎风户半开。隔墙花影动,疑是玉人来。"红娘不懂,张生就讲给她听:"待月西厢下",是要我月亮出来的时候来找她;"迎风户半开",是她开门等我;"隔墙花影动,疑是玉人来",是要我跳墙过来。红娘笑他这样就成了私通,"端的有此说么?"张生自负道:"俺是个猜诗谜的社家,……那里有差的勾当。"待莺莺小姐"变了卦也",红娘对张生好一通挖苦,"山障了'隔墙花影动',绿惨了'待月西厢下'"云云,嘲笑张生自称行家,却是"一件件都猜不着"。

无论是出谜还是猜谜,都是智慧、学识的综合体现。《二十年目睹之怪现状》第七十四回,元宵佳节时"车文琴设谜赏春灯",用了好多《四书》里的句子作谜底。如"四",猜《论语》一句(谜底为"其非罪也");"硬派老二做老大",猜《孟子》一句(谜底为"吾必以仲子为巨擘焉");"谏迎佛骨",猜《论语》《孟子》各一(谜底为"故退之""不得于君");等等。还有一组,谜底干脆全是《西厢记》台词,如"强盗宴客"(谜底为"这席面真乃乌合")。谜面、谜底齐看,不啻一种阅读享受。王伯述是看过之后,在"旁边花厅"里一边说条数一边说答案的,车文琴拍手赞叹:"非但打得好,记性更好!只看了一看,便连粘的次第都记得了,佩服,佩服!"倘伯述活到今日,可以去江苏卫视当下热播的《最强大脑》上小试身手。书中的"我"则高度评价车文琴:"作也作得好,射也射得好。并且这个人《四书》很熟,是《孟子》《论语》的,只怕全给他射去了。"

智慧、学识之外,猜谜还要再加上反应速度,猜谜大赛尤其如此。显见的是,智慧、学识与速度呈正相关。央视大赛有一题为"成年后走出峻岭",打一山名(谜底为"大别山"),学生答不上来。嘉宾打圆场说,如果他们来自安徽恐怕就没问题了,言外之意是他们可能不知道有"大别山"这么一座山。如前述周密的今古人名也是这样,不具备相关知识,不要说限时了,任你猜去却根本无从猜起。

2014 年 2 月 13 日

赵州桥

春节期间游览了贵阳花溪。某日沿着花溪河漫步,忽见前方有座前几年落成的公路桥形同赵州桥。所谓形同,即一个大拱的两边之上,各有两个小拱。赵州桥的介绍及其插图,在我读中学的时候即为课本所收入,现在鲁迅先生的作品撤了不少,但想来它不会撤。很多人闭上眼睛,都能浮现出它的样貌吧。这样的拱桥形制,如今很常见,然由眼前此桥,还是忆起1998年3月曾经实地一睹赵州桥风采时的情景。虽是十几年过去,仍然历历在目。

赵州桥早已大名鼎鼎。《西游记》第二十一回"护法设庄留大圣　须弥灵吉定风魔"中,黄风怪对孙悟空喷了一口风,吴承恩在形容这风"真个利害"时,用了一连串的比拟,其中就有赵州桥:"老君难顾炼丹炉,寿星收了龙须扇。王母正去赴蟠桃,一风吹断裙腰钏。二郎迷失灌州城,哪吒难取匣中剑。天王不见手心塔,鲁班吊了金头钻。雷音宝阙倒三层,赵州石桥崩两断。"赵州石桥,显然就是位于洨河之上的赵州桥,原名安济桥,俗称赵州大石桥。从这一连串列举不难看出,老君啊、王母啊、二郎神啊什么的,均为神界中虚幻之事,唯赵州桥乃人间实有。那么,以人间实有之物与对神界的虚幻想象相提并论,可见赵州桥在吴承恩心目中的地位之高。

赵州桥巧夺天工，得此美誉也当之无愧。唐朝张鷟《朝野佥载》里有一则记载："赵州石桥甚工，磨砻密致如削焉。望之如初日出云，长虹饮涧。上有勾栏，皆石也，勾栏并有石狮子。"石狮子精工到了什么程度？唐高宗李治的时候，"高丽谍者盗二狮子去，后复募匠修之，莫能相类者"。在张鷟当时，赵州桥也已经染上了神话色彩。"至天后大足年，默啜破赵、定州，贼欲南过，至石桥，马跪地不进，但见一青龙卧桥上，奋迅而怒，贼乃遁去。"不知何时，赵州桥的传说中又添了张果老的驴蹄印、赵匡胤拉车过桥留下的车辙印以及膝盖跪下的膝盖印，等等。在口头文学方面，还有"唐僧桥头问鲁班""杨贵妃桥头会鲁姜"等动听的传说。明代戏曲大家汤显祖更把赵州桥作为"黄粱美梦"的发生地，写进了他的"临川四梦"之一的《邯郸记》（另为《牡丹亭》《紫钗记》《南柯记》）。在第四出《入梦》中，店小二道白："北地秋深带早寒，白头祖籍住邯郸。开张村务黄粱饭，是客都谈处世难。小子在这赵州桥北开一个小小饭店，这店前店后田庄，半是范阳镇卢家的。他家往来歇脚，在我店中。也有远方客商，来此打火。"未几吕洞宾登场，他是"从岳阳楼上，望见一缕青气，竟接邯郸"。于是一路寻来，发现气落"赵州桥西卢生之宅"。因为他已"从人中观见卢生相貌，精奇古怪，真有半仙之分"，所以来的目的是"便待引见而度之"，自然是度之升仙了。按汤显祖剧里的描述，卢生正是睡了吕洞宾给的一个枕头，才做了那出著名的黄粱梦。

关于赵州桥的诗铭记赞甚多，最重要的当推唐中书令张嘉贞的《大石桥铭序》，直接道出了修桥者的姓名："赵郡洨河石桥，隋匠李春之迹也。"张嘉贞于武则天朝官至监察御史，时距隋亡尚不足百年，此说自然要可靠得多。至于桥之本身，张嘉贞觉得"制造奇特，人不知其所以为"。奇特在哪里？张嘉贞是外行看热闹：

"试观乎用石之妙：楞平砧斗,方版促郁,缄穹隆崇,豁然无楹,吁,可怪矣！"他是惊异于石料的边棱平直,如砧石般整齐排列,构成的主拱又大又高,却连一个柱子也没有。在梁思成先生那里,则是专业视角。他说,"罗马时代的水沟诚然也是券上加券,但那上券乃立在下券的券墩上",而赵州桥"这种将小券伏在大券上,以减少材料、减轻荷载的空撞券法,……至十九世纪中叶以后,才盛行于欧洲",这么一算,欧洲同类桥梁的出现较之赵州桥,"竟是晚七百年,乃至千二百余年"。赵州桥之所以伟大,正在这里。

《邯郸记》中店小二的道白,表明赵州桥曾经车水马龙,前人诗句也可印证这一点。宋朝谦甫《安济桥咏》,有"长流不断东西水,往来驿驰南北尘",杜德源《安济桥三首之一》,有"坦途箭直千人过,驿使风驰万国通"；明朝蔡瑷有"迁客重来值秋暮",鲍捷有"来往征人急于蚁"等。各色人等,往来不绝。然我去凭吊之时,赵州桥已经被"供奉"起来了,成了需要买门票的公园。桥下的洨河呢,诚然有水,但是是假的水。当地人介绍说,不远处的两头都堵起来了,水是专门放进来与桥相映成趣的,一潭死水也。这倒怪不得今人,梁思成先生20世纪30年代去那里考察的时候已经发现："石桥所跨的洨水,现在只剩下干涸的河床。"

当年游览赵州桥纯属机缘巧合,在河北日报社开完会,本是去西柏坡,在回来的一个岔路上,当地同事忽云此去赵州桥不远,不知大家有无兴趣。好在一行有两部车,两派皆得满足,没兴趣的打道回府。回想起来,幸而有那一次无心插柳,否则今日亦未必能面晤赵州桥。苟如是,可不憾哉！

2014年2月16日

屌丝

2月20日,正在召开的广州市两会政协分组讨论中,市社科院副院长蔡国萱表示,诸如"屌丝"这样意义不明确的用语在人们生活中泛滥,带来现代生活中的很多不确定,甚至导致社会不稳定。她强调,在庄重和对社会有影响的场合,应该避免此类用语泛滥。此语既出,立即引发网友"反弹"。去年差不多这个时候,冯小刚导演也曾有过炮轰,他说"屌丝"的意思就是"××毛",并直指是对境遇不堪者的蔑称,中国人不以为耻反以为荣。这一言论当时也是引发诸多热议。

导致社会不稳定,似乎有一点儿言重,但我认同冯导演的荣耻说。考察历史,作为表示恼火或反感的詈辞,"屌"这种粗口一般来说只有粗人才会挂在嘴边。姑以元杂剧为例。

马致远《半夜雷轰荐福碑》第二折中,就出现了好多个"屌",全都出自"曳剌"之口。如"傻屌放手,我赶相公去";"洒家知道,我杀那傻屌去";"洒家是吉阳县伺候,教小人接新官去,接着这个傻屌";等等。他嘴里的"傻屌",目标指向各不相同。这一句,"怎的呵,是俺那傻屌的不是",便属于自嘲。"曳剌"是什么角色?走卒,衙役。显然,"屌"是他的口头禅,如同贾平凹《秦腔》里动辄出现的"毬"。武汉臣《李素兰风月玉壶春》第二折中,名妓李素兰与书生李唐斌(号玉壶生)双双坠入爱河,在李唐斌看来,"至如我折桂攀蟾,也不似这浅斟低唱",甚至认为自己就此沉浸在温柔乡里,也"比为官另有一种风光"。然老鸨贪财,要将李素兰许给山西商人甚舍甚黑子。某日二李正在饮酒品画,李素兰回敬一首《玉壶春》词表白心曲,正兴致勃勃间,老鸨冲进来叫道:"呆屌唱的好,踏开这屌门!"这些"屌",要么出自衙役,要么出自青楼老鸨,显见都不是登得大雅之堂之人。

当然了,凡事都没那么绝对。王实甫《西厢记》第三本第四折,张君瑞对崔莺莺害了相思病,且病得不轻,老夫人着人去请太医。君瑞自道:"我这颓症候,非是太医所治的;则除是那小姐美甘甘、香喷喷、凉渗渗、娇滴滴一点儿唾津儿咽下去,这屌病便可。"张君瑞正准备进京科考,怎么也会说出这样的脏字?细品可知,张生被莺莺玩弄于股掌之上,气的。气什么呢?莺莺的拿腔作势。这一点,红娘看得最清楚。张生给莺莺的柬帖,她预料到如直接给,"恐俺小姐有许多假处哩"。她对莺莺无意张生的辩解也一针见血:"你哄着谁哩!你把这个恶鬼,弄的他七死八活,却要怎么?"如此等等,俯拾皆是。"逾垣"被拒之后,张生自己也意识到了:自古人云"痴心女子负心汉",今日反其事了。在这种背景下,张生吐出"屌"来显然气愤已极。其实,张生在期盼天黑约会的时候先说过粗口,但非常隐晦,很容易溜过去。他这么说(唱)的:"万事自有分定,谁想小姐有此一场好处。……今日颓天百般的难得晚。天,你万物于人,何故争此一日?疾下去波!"这里的"颓",张燕瑾先生说:"詈词,犹'屌'。"且举马致远的套曲《般涉调·耍孩儿·借马》为例:"有汗时休去檐下拴,渲时休教侵着颓。"渲,洗刷;颓,即雄马的生殖器。张生在这里的隐晦表达,有难掩内心荡漾的成分在内;前面"颓症候"的"颓",已然埋下了开骂的伏笔,越说越气,便径直道出了。

作为丫鬟的红娘,也是"屌"不离口,只是又换了一个字眼:鸟。前本第三折,红娘"开了寺里角门儿",一面等张生,一面抱怨"偌早晚,傻角却不来'赫赫赤赤'来?"赫赫赤赤,用嘴发出的声响,有音无义,元剧中多用作约会的暗号。等到张生"赫赫赤赤"地到了,红娘说:"那鸟来了。"张燕瑾先生注曰:这里的"鸟"读"diao(上声)",指男性生殖器,宋元时音义并同于"屌"。这样推论,《水浒传》中,鲁智深之"赵员外这几日又不使人送些东西来与洒家吃,口中淡出鸟来";武松之"你休说这般鸟话来吓我";李逵之"杀去东京,夺了鸟位"……以及好汉之外,牛二朝杨志喝道:"什么鸟刀,要卖许多钱!"潘金莲恼羞成怒道:"自是老娘晦气了,鸟撞着许多事!"种种的"鸟",实则均为"屌"无疑了。有意思的是,同是梁山上的将领,官方出身的林冲、花荣等就不曾吐出这个字。甚至孙二娘也有"你这个鸟大汉!却也会戏弄老娘,这等肥胖,好做黄牛肉卖",而大户人家的扈三娘说话亦不然。所以如此,一个是表明鸟即屌之的确不雅,再一个就是表明其适用人群正是粗俗不堪之辈。

如今的年轻人不拘男女、文化程度如何,"屌丝"挂在嘴边,虽"屌"字有了陪衬,词语仍然谈不上"洗白"。当然,"小伙伴"乃生殖器的说法例外,那是某个"专家"的个人想象。按照"屌丝族"自己的说法:"屌丝"的流行其实是境况的自嘲而非对他者的蔑称。然正如语言学家郝铭鉴的评价,这个词确实不得体。他进而认为,当下大量的流行词语"粗鄙化""向下滑"的倾向非常突出,这跟整个社会的心理状态有关,因而与其说是语言问题,不如说是社会问题。确是。不过在我看来,传统的词语虽然越来越为网络用语所"改造"、所裹挟,但大浪淘沙,充其量只能是热闹、喧嚣于一时。

2014 年 2 月 23 日

涉黄

2月9日,中央电视台对东莞市部分酒店经营色情业的情况进行了报道,有声音有画面。此前东莞就给人扣上了"黄都""性都"一类的帽子,这下因为各种细致入微的情节,更给"坐实"了。旋即,东莞开始了声势浩大的扫黄专项行动,可以预料的是,未几便将取得阶段性成果。近些年来,这是我们"解决问题"的一种普遍模式,不拘全国哪个地方。

对于涉黄,今人大约要艳羡古人,因为这种事情在那个时候似乎不算什么。《开元天宝遗事》云:"长安有平康坊,妓女所居之地。京都侠少萃集于此,兼每年新进士红笺名纸游谒其中,时人谓此坊为风流薮泽。"公子王孙混在那里不足为奇,新科进士也大摇大摆于其中,显见时人的"三观"成色。有这则史料作前提,再看孟郊之"春风得意马蹄疾,一日看尽长安花",不是《登科后》嘛,就该有别层理解:是去平康坊"看花"吧?检索杨鸿年先生之《隋唐两京坊里谱》,平康坊乃朱雀门街之东第二街街东自北向南之第五坊。别看表述这么拗口,对照前面的彼时长安地图来看的话,相当于精确坐标。经过杨先生的爬梳,可知这条巷子里分布着好多名人宅第,裴光庭、孔颖达、褚遂良、李林甫、姚崇、李靖等等。其中的"三曲",

即妓女所居。孙棨的《北里志》，对在这个"红灯区"里"孟郊"们的活动描述甚详。

像央视曝光的一样，平康坊的妓女也分档次。"妓中有铮铮者，多在南曲、中曲"，不乏"多能谈吐，颇有知书言语者"；"其循墙一曲，卑屑妓所居，颇为二曲轻斥之"。而"南曲、中曲门前通十字街，初等馆阁者，多于此窃游焉"。文宗开成三年（838）的状元裴思谦，及第后便"作红笺名纸十数，诣平康里，因宿于里中"。《全唐诗》仅存裴氏一首作品，正是《及第后宿平康里》："银缸斜背解鸣珰，小语偷声贺玉郎。从此不知兰麝贵，夜来新染（惹）桂枝香。"他觉得，中状元的荣耀都不比待在温柔乡中。李标中进士，也跑来了，跟一个叫王苏苏的温存之后，还在窗上题诗，"洞中仙子多情态，留住刘郎不放归"云云，借刘晨、阮肇入天台山遇神女的故事，显摆自己的人间艳遇。不料王苏苏说谁留你啊，别自作多情，续诗曰："阿谁乱引闲人到，留住青蚨热赶归。"意思再明白不过：交钱，走人。热脸贴了冷屁股，弄得李标"头面通赤"。老孙怎么对平康坊的风流韵事了解得如此详细呢？他自己说了："予频随计吏，久寓京华，时亦偷游其中。"但他辩称"固非兴致"，而是"每思物极则反，疑不能久，常欲纪述其事，以为他时谈薮"，给后人留份史料。《北里志》也的确颇具史料价值，当然不是新科进士们如何涉黄，而是记录下来的那些诗作，成为晚唐文学之重要背景资料。

新中国成立后未几全国便消灭了妓院，这是一项了不起的成就。此前，如袁枚袁子才所说："二千年来，娼妓一门，历明主贤臣，卒不能禁，亦犹僧道寺观，至今遍满九州。"明朝谢肇淛说过："今时娼妓布满天下，其大都会之地动以千百计，其他穷州僻邑在在有之，终日倚门献笑，卖淫为活，生计至此亦可怜矣。"而"两京教坊,官收其税,谓之'脂粉钱'",表明从事这些根本不用偷偷摸摸。《清稗类钞》也有"京师之妓"条:"咸丰时,妓风大炽,胭脂、石头等胡同,家悬纱灯,门揭红帖,每过午,香车络绎,游客如云,呼酒送客之声,彻夜震耳。"并且,士大夫对嫖妓"相习成风,恬不知怪,身败名裂,且有因之褫官者"。褫官吗?下有对策。晚清四大遣责小说之一的《二十年目睹之怪现状》第七十五回有这么一段描写:

车文琴的大纸包不小心被弄湿了,"我"因此诧异地发现,原来里面包的是各种官照——户部发给官员的执照,上面载明姓名、年籍、官阶等。文琴笑曰可以送"我"一张。"我"说:"这都填了姓名、三代的,我要他作甚么。"文琴道:"这个不过是个顽意儿罢了,顶真那姓名做甚么。""我"道:"奇极了!官照怎么拿来做顽意儿?这又有什么顽头呢?"文琴说:"这个虽是官照,却又是嫖妓的护符。"因为京城里面,"妓禁极严,也极易闹事,都老爷也查得最紧";如果"逛窑姐儿的人,倘给都老爷查着了,他不问三七二十一,当街就打",查到官员诚然可以免打,但"犯了这件事,做官的照例革职",而身上揣着这么一张东西,"缴给他,就没事了"。从这番对话可窥知这样几点:首先,车文琴的东西可能是真的假官照。所谓真,就是空白官照本身来自户部,内外勾结作案;而所谓假,是官照上的姓名、官阶,想怎么写就怎么写,悉听尊便。其次,饶是"红灯区"公开存在,但对官员涉黄还是有相当的约束。第三,真的假官照"可以卖,可以借,可以送",车文琴"向来是预备几十张在身边",表明纪律归纪律,行为归行为。

在央视的东莞暗访中,跟踪了一名从娱乐场所出来的男子,好家伙,一直跟到位于珠海的中铁大桥局港珠澳大桥项目部。中铁大桥局后来的调查结果说,这一行五人只是受朋友之邀吃吃饭、唱唱歌,没涉黄。可能吧。不过,很多事情,抓现行往往还抵赖呢,何况没有抓住。

2014 年 2 月 26 日

造大佛

不久前,香港《南华早报》网站有一篇关于内地多个省份争造巨型大佛的文章,非常受到关注。文章认为,争造大佛的目的是为了复制无锡灵山大佛的经济成功。去年,高达88米的灵山大佛吸引了大约380万名游客,其所在景区门票为210元,那么,这笔经济账就不难算了。略一盘点果然会发现,神州大地,大佛真的不少。山东烟台释迦牟尼大坐佛38.66米,安徽九华山地藏菩萨99米,海南三亚海上观音108米,等等。河南鲁山是国家级贫困县,但他们也造了总高208米、身高108米的大佛,高度上争了个"世界之最"。

造大佛,在我们有悠久的历史可寻。佛像的诞生,唐朝李绰《尚书故实》说是从南朝刘宋时的戴颙开始,"颙尝刻一佛像,自隐帐中,听人臧否,随而改之,如是十年,厥功方就"。戴颙的爸爸即著名的画家戴逵。不过,清朝赵翼不同意这种观点,其《陔余丛考》云,《后汉书·陶谦传》已有"笮融大起浮屠寺,上累金盘,下为重楼堂阁",从规模上看,"周回可容三千许人,黄金涂像,衣以锦彩,招致旁郡好佛者五千余户,每浴佛,辄多设饮饭,布席于路,凡就食及观者且万余人"。由此来推断,笮融出手造了那么大的殿,殿里安放的不仅是佛想必还正是大佛。《南史·戴颙传》同时交代:"自汉世始有佛像,形制未工,逵特善其事,颙亦参焉。"这样来看,到戴氏父子这里,佛像的雕刻该是达到了一个顶峰。传中还有个细节描述:"宋世子铸丈六铜像于瓦官寺,既成,面恨瘦,工人不能改,乃迎颙看之。颙曰:'非面瘦,乃臂胛肥耳。'"就这么小小地一调整,"瘦患即除",观者"无不叹服"。

多大的佛像才算大佛,没有明确的标准,只是相对而言。综合各种记载,不妨挑一些至少是不小的来看看。东晋孝武宁康三年(375),襄阳檀溪寺沙门释道安"于郭西精舍铸造丈八金铜无量寿佛"。这里是丈八,前面宋世子那个丈六,按当时的尺寸来换算,大抵相当于今天的两米多。北魏文成帝拓跋濬兴光元年(454),敕有司"为太祖已下五帝铸释迦立像五,各长一丈六尺,都用赤金二万五千斤"。一下子立5个丈六的,成了规模。拓跋濬的儿子献文帝弘气魄更大,皇兴元年(467)"于天宫寺造释迦立像,高四十三尺,用赤金十万斤,黄金六百斤"。北魏的一尺约等于今天的31厘米,则这尊佛达到了13米。这个时期最著名的大佛,自然是见存于今的云冈大佛,其中第五窟的中央坐像高达17米。这是北朝的大略情形。"南朝四百八十寺,多少楼台烟雨中。"那么多的寺院,大佛自然是少不了的。齐永明七年(489)于江苏南京栖霞山凿成的坐佛,高达三丈一尺五寸。梁天监十五年(516)落成的浙江新昌大佛,前些年经光学经纬仪测算,佛座高1.91米,佛身高13.74米,佛头高4.87米,耳长2.7米,两膝相距10.6米,因而一度有"江南第一大佛"之誉。

有研究指出,唐代流行石窟巨像,但多依崖壁开凿。文献之外,见存的实物能够证实这一点。龙门石窟的卢舍那大佛,通高 17.14 米,作于唐高宗咸亨四年(673),传说还是取自武则天的形象。著名的乐山大佛开凿于唐玄宗开元元年(713),完成于德宗贞元十九年(803),通高达 71 米,"山是一尊佛,佛是一座山"。而到北宋,开始出现寺院巨像,在大殿高阁内设坛座,无所依傍,自然是铸造技术的应用,表明其时多范青铜造像技术已远非前代所能匹敌。如今河北正定龙兴寺高达 22.28 米的千手千眼观音铜像,正是北宋开宝四年(971)的原物。"沧州狮子景州塔,赵州石桥大菩萨",大菩萨,就是这尊观音像了。看石璋如先生口述史,当年他游日本京都方广寺,发现寺中特殊的是丰臣秀吉修造的木雕大佛,有 19 米高,是日本第一大佛,比奈良的还要大。不知道这数字准确与否,因为我们雍和宫里的弥勒大佛,前些年是以"独木雕刻佛像"载入吉尼斯世界纪录的,然地面部分高 18 米,地下那 8 米应该不算的吧。奈良大佛是铜像,铸于 8 世纪中叶,在日本铜佛里最大,坐高 14.9 米,算上台座则高约 17 米。不知道他们现在的情况如何,还是凭借这些的话,当年大家相比,他们还尚有一搏,如今显然已经不在一个量级了。

  然我们古今之造大佛,在本质方面当有不同之处,那就是从前的动机似纯正一些,虔诚的成分胜过现在。现在呢,如去年 4 月河南偃师出现的一座梳着"大背头"的怪异"佛像"不明何意之外,旅游部门和开发商争相建造大佛,一次次刷新纪录,大有"欲与天公试比高"之势,主要却是为了吸引游客,拨弄的是多少银两进账的小算盘。所以,虽然香港中文大学有个教授说,造大佛"是一种有助于社会和谐的办法",但我们都知道即便能够如此,充其量也只是客观效果,人家的主观动机不在于此。江苏扬州的一名佛教徒说:"我希望看到更多佛像。佛像有助于宣扬佛法。但我不觉得这些佛像都要有几十米高,或者打破世界纪录。"但如前所述,俗人的出发点不同,不啻鸡同鸭讲。不难预见,各地造大佛一旦继续攀比下去、较劲下去,将愈益成为社会之忧。

2014年2月28日

你懂的

3月2日下午,北京人民大会堂,第十二届全国政协第二次会议新闻发布会最后一刻,吕新华回答港媒《南华早报》记者提问时说了句"我只能回答成这样了,你懂的",逗发全场哄堂大笑。有报道说,不到5秒钟,"你懂的"即被在场记者通过微信发送到朋友圈,成为发布会的热点词汇。

"你懂的",本来就已是网络热词。被吕新华这一引进,知名度更加激增。"你懂的",还没有作为词条收入辞书,欲知精确的释义还有待时日。揣摩起来,大意是你应该知道的,我不能细说,尽在不言中。或者类似于杨震却金时的"四知":"天知地知,子知我知"。倘说超越"四知"之处,则"你懂的"在某种程度上已众人皆知。

大抵某个词语爆红之后,人们回过头来会发现,社会生活中发生了的诸多事情实际上都可适用。"你懂的"亦是如此,先前虽未得其名,却已得其实。

《晏子春秋》有好多晏子谏景公的故事,《内篇》"谏上""谏下"的50则皆是,其中一些我们就不难体会到"你懂的"。其一,晏子使于鲁,景公"使国人起大台之役,岁寒不已,冻馁者乡有焉"。大家都眼巴巴地盼着晏子。晏子回来后,公事交代完,景公

"延坐,饮酒乐",晏子说话了:"君若赐臣,臣请歌之。"然后就唱了起来:"庶民之言曰:'冻水洗我,若之何!太上靡散我,若之何!'"唱完,"喟然叹而流涕"。听话听声,锣鼓听音。景公"懂的",赶快劝他,"夫子曷为至此?殆为大台之役夫?寡人将速罢之。"其二,景公打算修建长庲之台,"将欲美之",正好碰上下雨,便与晏子一起进屋饮酒,"致堂上之乐"。喝到豪言壮语阶段时,晏子又唱了起来:"穗乎不得获,秋风至兮殚零落,风雨之拂杀也,太上之靡弊也。"唱完,又是"顾而流涕,张躬而舞"。景公又"懂的",止之曰:"今日夫子为赐而诫于寡人,是寡人之罪。"酒不喝了,台榭也不建了。浏览《晏子春秋》不难发现,晏子的那些进谏大抵都是一事一谏,而很多事情的性质其实完全一样,进谏的方式方法也完全一样,如此中所举二例。所以景公的所谓"懂的",难免有佯装的成分。你说的对,照你的办。好好好,先应承下来,过后想怎么干还怎么干。便在今天,也有很多人深谙此道。

关于官场上"你懂的",数不胜数,兹举与今日神似的二例来看。《古今笑》云,宋太祖时神泉县令张某,"外廉而内实贪"。有天他在大门上贴了张条子,写着哪月哪日是自己的生日,"告示门内典级诸色人,不得辄有献送"。就是说,我过我的,大家一概不准送礼哈。有个胥吏马上看出了其中的奥妙,对大家说:"宰君明言生日,意令我辈知也。言不得献送,是谦也。"大家一致认为他的分析有理,于是到县令生日那天全都"懂的"该怎么做,便"各持缣献之,命曰'寿衣'",乖乖地去给县令拜寿。县令自然"一无所拒"。大家想不到的是,县令接着又贴了一张告示:"后月某日,是县君生日,更莫将来。"县君者,其老婆也。这一回,"无不嗤者"。一纸告示叫大家把他看穿了,有人还做了首《鹭鹚诗》来讽刺:"飞来疑是鹤,下处却寻鱼。"鹤,长寿、吉祥和高雅的象征;鹭鹚同鹭鸶,样子很像鹤,是一种食鱼的水鸟,桂林漓江上的鹭鸶捕鱼早成一景。鹤生活在沼泽地里,应该也是吃鱼的吧,《鹭鹚诗》来个内外有别,目的是但取鹤的高雅一面来映衬鹭鸶的贪婪一面。不用说,鹭鸶在这里充当的是杭州西湖岳王庙里"铸佞臣"的"白铁"的角色,无辜得很。《点石斋画报》有一幅"请尝异味",说浙江某个官员下乡视察,先给地保打招呼,"令毋办供给",因为"本厅洁己奉公,民脂民膏加意体恤"。然而,这家伙实际上跟神泉县令一样,"实则意图干折钱文,希图实济也",土特产什么的他不稀罕,只想要钱。但地保不"懂的",以为"民脂民膏者,无非要酒肉",于是"肴核既具,承筐以进"。结果该官员"大失所望,又疑保之故违己意也,怒而笞之",到了气急败坏的程度。

《隋唐嘉话》载,唐高宗时杨德干为万年县令,"有宦官恃贵宠,放鹞不避人禾稼"。被杨德干捉住,杖之二十,把他的鹞也都给杀了。挨打的人"涕泣袒背以示于帝",明摆着去告状,不料高宗说:"你情知此汉狞,何须犯他百姓。"你懂的,还跑去碰钉子,不是自找的吗?关于周永康的传闻,"大老虎""康师傅""泡面""周元根""周斌之父"……各方面的零星信息汇总,事态已经有了清晰的轮廓,吕新华先生当下的这句"你懂的",潜台词不言而喻:时间问题。但他仍然不捅破这层纸糊的窗户纸,显然上面还有战略的考虑。我有兴趣知道的是,假如在场某名记者故意来一声"我不懂",吕先生该如何作答?

2014 年 3 月 7 日

兑残钞

如今的许多银行都有"兑换残钞"的业务,有的还在柜台窗口下置一个相关牌牌,以示提醒。残钞,是我们在日常生活中经常碰到的,信用卡以及电子银行等勃兴之后,纸币经过触摸的概率大大减少,问题好了许多。此前,收到残钞是件大家都不愿意的事,担心用不出去,往往要求对方"换一张"。其实,《中国人民银行残缺、污损人民币兑换办法》早于2004年元旦开始便正式实施了,之前也有1955年版的此类办法。新版的第三条明确:"凡办理人民币存取款业务的金融机构应无偿为公众兑换残缺、污损人民币,不得拒绝兑换。"就是说,兑换残钞是银行的义务。

古代也有兑残钞,约始于大金。历史教科书告诉我们北宋有了世界上最早的纸币交子,南宋又出现了性质相类的会子,但它们的流通往往局限于一隅,且充其量只具辅助性质。而在大金的币制中,最重要的正是纸币,因为"铸钱无益,所得不偿所费",所以他们发行纸币甚至早于铸造铜钱。海陵王贞元二年(1154),金开始发行纸币交钞,直到哀宗天兴三年(1234)亡国,一直以纸币为主要货币。本来交钞"与钱同行,以七年为限,易旧纳新",也就是到期换领新钞,但到1189年,章宗取消了此一制度,"交钞字昏方换"。这个取消使用期限的限制,为当代货币史学家和钱币学家彭信威先生高度评价,认为"南宋会子的无限期流通,还是六十年以后的事,所以这在中国纸币发展史上,是一件划时代的事"。

残钞从前叫昏钞,兑残钞叫倒钞。钞与币或钱不同,后者是有外郭的,可以保护币面的文字或图形,我们战国时的刀布之类已经这样做了,而西方大概要到一两千年之后才知道这一点,所以古希腊那些钱币全都光秃秃的。在我们这里,文字高挺的秦半两取消了外郭,等于倒退了半步;然自西汉的五铢钱起,轮郭便成了中国钱币不可或缺的组成部分。比较起来,纸钞更容易磨损,加上那个时候的纸质不佳,用到一定程度而进行兑换,就成自然而然之事。《金史·食货志》有交钞形制的记载,上面除了注明"伪造交钞者斩,告捕者赏钱三百贯"之外,还有这些字样:"其钞不限年月行用,如字文故暗,钞纸擦磨,许于所属库司纳旧换新。若到库支钱,或倒换新钞,每贯克工墨钱若干文。"就是说,以旧换新不像今天这样"无偿",而要支付一定的工本费,甚至领新钞都要。收多少呢?出使过金朝的范成大,在其游记《揽辔录》中有过记述:"每贯收工墨钱十五文。"这个数字当然不是一成不变的,大定二十三年(1183)曾"每张收八文";泰和五年(1205),章宗甚至欲罢工墨钱,只是"以印时常费,遂命只收六文"。收多少,与纸币的发行数量、流通状况密切相关。

《元典章·户部六·昏钞》载:"其倒下昏钞必须烧毁者,盖为昏钞不堪行使,故使讫退印,每季入炉烧毁。"刘时中的散曲《端正好·上高监司》,是少有的反映社会民生的作品,前套描写的是大旱之年颗粒无收、物价飞涨。一方面,人民生活痛苦不堪,"偷宰了些阔角牛,盗斫了些大叶桑。遭时疫无棺活葬,贱卖了些家业田庄。嫡亲儿共女,等闲参与商。痛分离是何情况?乳哺儿没人要撇入长江。那里取厨中剩饭杯中酒,看了些河里孩儿岸上娘,不由我不哽咽悲伤……";另一方面,社会金融市场混乱,"发迹了些无徒米麦行。牙钱加倍解,卖面处两般装,昏钞早先除了四两"。元朝的纸币发行太多,残钞相应地也多,甚至钞库有时没有足够新钞来兑换,或者有意不给兑换。至元十九年(1282),大都的钞库每天只许调换四百锭,或者干脆不开库。而残钞得不到兑换,唯有贬值一途。至元二十七年(1290),在江淮和浙西,同是中统钞(1285年起成为唯一合法的流通货币)一贯,如果边栏和金额的文字完整无缺,可作一贯二百文使用;而如果字迹不清,破损得厉害,则只能作八百文使用。一旦约定俗成,大家索性残钞也不去兑换了,就按这个价码来用了。越来越烂之后,如果还兑不了,干脆以物易物,或者私发茶帖、面帖、竹牌、酒牌等代币。20世纪90年代初,记得中山大学自印的饭菜票,就临时充当过周边菜市场的支付手段,当然,那是因为广州一度零钞奇缺,性质不同而功效相当就是。

明朝的币制是:百文以上用纸币,百文以下用铜钱。《明史·食货志》载,洪武十三年(1380),"以钞用久昏烂,立倒钞法,令所在置行用库,许军民商贾以昏钞纳库易新钞,量收工墨直"。但奇怪的是,百姓"每以堪用之钞,辄来易换者",或"非昏烂者亦揉烂以易新",以至钞值日跌,户部说这是"民多缘法为奸诈"。民间为什么要这样,假以时日要就教于方家了,或许正如前述情形:新旧钞票购买力发生了变化?所以要兑残钞,今《兑换办法》言:"为维护人民币信誉,保护国家财产安全和人民币持有人的合法权益,确保人民币正常流通。"从前的目的也差不了多少。然规定是这样明确,观诸报道,却时不时有不给兑换或折扣兑换的新闻出现。这是金融领域有法不依的一个缩影了。

2014年3月10日

藏头诗

3月8日,马航MH370航班失联之后,网上流传开李白早有预言的说法。说他有一首《腾云》诗,这么写的:"马腾驾祥云,航行阔海郡。失于蓬莱阁,踪迹无处寻。"把四句诗的第一个字连起来,就是"马航失踪"。然检索架上的《全唐诗》(中华书局,1960年4月版),从卷一六一直到卷一八五,即属于李白的那几卷,均未发现诗题有曰《腾云》者,遑论句子。敢是检索粗疏抑或编纂遗漏之故?《全唐诗》自有补遗本,然自家未备,只有留待日后查询了。

从所谓《腾云》中能辑出这类的句子,从前叫藏头诗,是作者有意为之的一种诗体。改革开放之初,港版电影《三笑》进入内地时轰动不小,尤其是大量运用了黄梅调的优美旋律,令影片悦目的同时十分悦耳。记得快到片尾时有个镜头:唐伯虎画完观音大士后在抬头题诗,先是一字排开径书"我为秋香屈居童仆",把磨墨的秋香吓了一跳。当然,那只是个前奏,紧接着唐伯虎在每个字下补足全句,成了一首诗。这一细节,把唐伯虎这个"江南四大才子"之一的形象刻画得生动丰满。不过,这显见是由电影主创人员代拟的"唐"诗,对华太师他们来说是"藏头",对秋香则显然是"露头"。唐伯虎的开宗明义,使她已然明了该诗的用意所在。

《水浒传》中，宋江想拉卢俊义入伙，但人家锦衣玉食且满脑袋忠君思想，"如何能勾得他来落草？"此前，梁山无论干什么，都是只要结果不计过程，因而各种阴招、损招甚至毒招无所不用其极，人性什么的根本不在考虑之列。比如为了断秦明的后路，让人穿上他的盔甲、拿着他的兵器，假扮他去把城里的男子妇人杀得"不计其数"。又比如为了断朱仝的后路，让李逵斧劈了年仅四岁的小衙内。对付卢俊义，军师吴用则拍胸脯要"智赚"，所谓智，如我们所读到，就是扮成个"讲命谈天，卦金一两"的算命先生，跑到他家去算命。于是，卢俊义报上生辰八字之后，吴用假装大惊失色，言其"不出百日之内，必有血光之灾：家私不能保守，死于刀剑之下"，化解的办法是前往东南千里之外躲避此灾。接着，吴用在卢家的白粉壁上写下四句卦歌："芦花丛里一扁舟，俊杰俄从此地游。义士若能知此理，反躬难逃可无忧。"这就是藏头诗，首字串通是"卢俊义反"。这是吴用后来对卢仆李固点破的，而卢府上下都没有人看出来，一方面说明其虽然恁多家人但文化程度极低，另一方面说明卢俊义自家本领也就局限于"冲开万马，扫退千军"，判词对他"文"的一面没有丝毫道及，倒是实话实说。结果众所周知，因为白墙黑字，令卢俊义面对官府而百口莫辩，终于被"逼"上了梁山。

按当下的说法，卢俊义充其量就是个"土豪"吧，历史中也有真实版本的土豪被如此愚弄过，恶作剧就是。《坚瓠集》有"皇甫氏"条，说明朝嘉靖时，"吴中皇甫氏最贵盛，而治家素宽"。杨循吉献了幅寿图，题诗曰："皇甫先生，老健精神。乌纱白发，龟鹤同龄。"皇甫公非常高兴，"悬之堂"。有人看见了告诉他，这是骂你呢，你看四句的头一个字联起来，是"皇老乌龟"。在"酉斋"条中，有富翁请杨循吉给写个门对，因为"此翁之祖曾为人仆"，杨就题了"家居绿水青山畔,人在春风和气中"。这回藏头"家人"二字,"见者无不匿笑"。杨循吉应该是个喜欢恶作剧的人,《明史》说,正德皇帝曾召他赋《打虎曲》,"称旨,易武人装,日侍御前为乐府、小令"。然"帝以优俳畜之,不授官。循吉以为耻,阅九月辞归"。正德皇帝把他归入优伶之列,他还觉得被小看了;但人家之所以那样看他,自然建立在"事实"基础之上。又如该书之"郑唐诙谐"条引《驹阴冗记》,一老写真乞题于郑唐,郑唐写的是"精神炯炯,老貌堂堂。乌金白髯,龟鹤呈祥",老人大喜之余被告知是"精老乌龟",唯有毁之。郑唐有"福州阿凡提"之谓,倒是宜乎于此。

还有一种藏头诗,是每句的头一个字皆藏于上句的尾一个字。如白居易之《游紫霄宫》:"水洗尘埃道未尝,甘于名利两相忘。心怀六洞丹霞客,口诵三清紫府章。十里采莲歌达旦,一轮明月桂飘香。日高公子还相觅,见得山中好酒浆。"其中,"甘"藏于"尝"(古字作"甞"),"心"藏于"忘",类推;甚至连第一个"水"字也不例外,藏于尾句的"浆"。无论是哪一种吧,藏头诗实际上如织锦回文一样,都可归为文字游戏的范畴。

忽焉焉,李白成了能预言后世的"神棍"。这不是头一遭,汶川地震的时候就已经传开了。那回更神,不仅"藏头",而且同时"藏尾",什么"北暮苍山兰舟四,京无落霞缀清川,奥年叶落缘分地,运水微漾人却震",头藏了"北京奥运",尾藏了"四川地震"。相同模式的,还有"日本版"(头"日本去死",尾"小泉定亡")、"法国家乐福版",等等。这些所谓诗句不仅平仄不对,且根本逻辑不通,集句都谈不上,纯属凭空编造。而不少人却竞相传诵,以为乐事,殊不可理喻。

2014年3月18日

三句半

新近看到一个段子,歪改大家熟悉的诗词以"古为今用"。道是:"锄禾日当午,汗滴禾下土,谁知盘中餐,有毒。""白日依山尽,黄河入海流,欲穷千里目,有雾。""日照香炉生紫烟,遥看瀑布挂前川,飞流直下三千尺,A股。""雕栏玉砌应犹在,只是朱颜改,问君能有几多愁,要拆。""一去二三里,烟村四五家,亭台六七座,豆腐渣。"这里面的"古",就是每个部分的前三句;"今",自然是后半句了。用大家耳熟能详的古诗词作"铺垫",以当下的社会生活现象"煞尾",既出人意料,又可发一噱。

记忆中,"文革"时常见这种表现形式,叫作三句半,每每于文艺演出时用作批判的武器。至少对孩童来说,这是能够入脑入心的一种宣传方式吧。那场面至今印在脑海里:四个人表演,乒乒乓乓一阵乐器响,说话的时候先迈前一步,说完了再退回队列;前三人各说一句完整的台词,一般正是五个字或七个字,到最后那位,敲一下锣,抖出俩字或仨字,观众的笑声就出现于此时。三句半,亦庄亦谐的组合,前三句乃"庄",因而要合辙押韵;那个"半",乃"谐"。严格地说,它必须简捷,字多味儿就淡了;然后要押韵,合意且诙谐,这里的诙谐往往来自出乎意料。"半",别看有时也就一个字,但因为点睛,是落脚点,往往产生结构突兀的效果,所谓"杂以鄙俚,曲尽要妙"。因此,三句半不仅保持了一般诗歌的概括性、抒情性和音乐性,又往往在协调中通过增加不协调的成分,增加了趣味性、通俗性,极具幽默诙谐的韵味。

三句半自然也是前人的创造,有考证说,唐末五代就已经出现了。它的别名很多,形象的叫"瘸腿诗",嗔怪的叫"无赖体",平铺直叙的则叫"十七字诗"。此外,还有"吊脚诗""翘脚诗"等等,不一而足。按王灼《碧鸡漫志》的说法,"长短句中,作滑稽无赖语,起于至和",也就是宋仁宗时期;神宗、哲宗时兴盛,而"兖州张山人以诙谐独步京师"。张山人的作品暂不得其详。蒋一葵《尧山堂外纪》说,王禹玉丞相既亡,有无名子作诗嘲之云:"太师因被子孙煎,身后无名只有钱。喏喏佞翻王介甫,奇奇歆杀宋昭宣。尝言井口难为戏,独坐中书不许年。东府自来无土地,便应正授不须权。"结果他家人告上去了,点名说是张山人作的;府尹把张山人招来,张怎么说?"某自来多作十六、十七字诗",这么多东西我还写不了呢。"府尹笑而遣之"。

浏览其他古籍,则可窥见不少三句半。褚人获《坚瓠集》载,"正德中,有无赖子好作十七字诗,触目成咏"。时天旱,府守祈雨,"神无感应",雨没来,"无赖子"就作"无赖体"嘲之了:"太守出祷雨,万民皆喜悦。昨夜推窗看,见月。"月亮高悬在夜空,显见是没可能下雨了。府守把他抓来,让他再作一首,作得好就放人,言罢以自己的别号"西坡"命题。"无赖子"脱口而出:"古人号东坡,今人号西坡。若将两人较,差多!"府守这回大怒,下令打他十八大板。哪知那人果能触目成咏:"作诗十七字,被责一十八。若上万言书,打杀!"同书还有一则,有个能写诗的贴出润格:"一文作一字。"一妓将十七文求诗,他拿出的是:"美貌一佳人,妖娆体态新。调脂并傅粉,观音。"一个和尚见了,"以十六钱求诗",这回人家吟的是:"和尚剃光头,葫芦安个柄。睡到五更时,硬。"冯梦龙编的《广笑府》里,也有不少"三句半"。看这个:"剧情太平常,演技更乖张。为求观众看,脱光。"简直超越时空,完全是针对现实而言了。当然,诸种齐东野语旨在表明此中的智慧,无须较真了。

《明史纪事本末》卷四有"太祖平吴"条,讲到吴王张士诚"委政弟士信",而士信荒淫,"出师多携樗蒲、蹴鞠,拥妇女酣宴。其命将,将或卧不起,邀官爵美田宅。既至军,即失地丧师,多不问,或复用之"。在政事上也是如此,"每事唯与黄敬夫、叶德新、蔡彦夫三人谋",这三个人却又是"谄佞憸邪,唯事蒙蔽"之辈,"故其国政日非"。朱元璋闻之曰:"我无一事不经心,尚被人欺。张九四(士诚原名)终岁不出门理事,岂有不败者乎!"对张士信,当时就有一首三句半:"丞相做事业,专用黄蔡叶;一朝西风起,干瘪。"在《梵天庐丛录》中,文字略有不同:"丞相做事业,只凭黄蔡叶。一夜西风来,干瘪。"并紧接着交代了三人的下落,士诚被擒,朱元璋"取三人,剐其肠而悬之,至成枯腊,真干瘪矣"。人们猜测,"三人皆机要重臣,而黩货乱政,以致败国丧家,太祖特恶焉,故极于此典"。

《论语·子张篇》中,孔子的弟子子夏说过:"虽小道,必有可观者焉,致远恐泥,是以君子不为也。"他的意思是说,像农工商医卜虽然是些小的技艺,也一定有可取的地方,但用它来达到远大目标就行不通了。三句半正可归为"小道"之列,然像开头那几首,对当下社会现象无论怎样鞭辟入里,亦聊作茶余饭后的解颐而已。概无须借此"以观民风",情况如何大家全都清楚。

2014年3月23日

偶遇

最近,有不少领导干部体察民情的新闻。与先前电视、报纸上"轰轰烈烈"的场景不同,这类新闻中他们都是单独行动,大约本意不在张扬吧。然而此类行动的一个共同特点是:均被公众所偶遇。

3月22日,有网友在百度"我爱抚顺吧"发帖称,"又见到王桂芬书记了",说自己当天早上路过一所小学门口,遇到王书记正与环卫工人一起扫大街。还有一种说法,此情此景是被一大拨等信号灯的出租车司机意外发现。不管哪种说法吧,总之街是扫了,且有照片为证。王桂芬,辽宁省抚顺市委书记。"又见到",是因为王书记此前一天乘公交了解民情时,也曾被偶遇。稍早,1月18日,周六下午,安徽阜阳市委书记于勇乘坐公交时也被偶遇,那是一名网友先觉得他很熟悉,再经仔细辨认发现的。再早,去年年底,郑州市委书记吴天君在郑东新区开完会后临时决定乘坐地铁返回市委,当他与秘书在自助机前买票时,被正在采访的郑州电视台记者认出。

够了,不用再列举了。谣言尚且三人成虎,遑论最终还是上了媒体、变成了如假包换的新闻?所以这三件偶遇足以构成一种现象。

偶遇，就是碰巧遇到。从前也有偶遇，前提是官员得微服，这一点现在倒是简单多了。那时当到一定级别的官有一定级别的官服，去哪儿都鸣锣开道，因此如果想了解点儿真实的现状，自己转悠，不微服不行。不过，古今"微服"不大一样的是，从前的官员是去偶遇百姓，现在的官员是被百姓偶遇。并且，从前官员如果不是自报家门，百姓无从认起，就是皇帝也不例外。这该归咎彼时媒体不够发达之故了。

《中朝故事》载，唐宣宗特别喜欢"微行坊曲间"，不仅"要采访民间风俗事"，而且他发现，"明皇帝未平内难已前，在藩邸，间出游城南韦、杜之曲，间行村落之舍，遇王琚闲话，果赞成大事"。所以，他也用这招"以要访人物焉"。《涑水记闻》载，宋太祖初即位，便"亟出微行"。有人谏曰："陛下新得天下，人心未安，今数轻出，万一有不虞之变，其可悔乎！"太祖则有自己的考虑："周世宗见诸将方面大耳者皆杀之，然我终日侍侧，不能害我。若应为天下主，谁能图之？不应为天下主，虽闭门深居，何益也？"因此而"微行愈数"。元杂剧中，则变成太祖一行天没亮便和石守信等人骑马跑到酒馆喝酒的曲目，起太祖于地下而问之，怕要气得倒仰。唐宣宗还是真有收获的。"一日到天街中，道旁见一人，状若军将，坐槐树下石上"，两个人便聊起来。那人自云"姓赵，淮南人也"。干什么去？"闻杜悰相公出镇淮南，欲往谒耳。"老朋友吗？"非旧识，始往投诚。"老杜这人怎么样？"杜是累朝元老。圣上英明，复委用之，非偶然也。"宣宗高兴了，第二天批示杜悰，把老赵"授淮南别敕押衙"。而杜悰其人究竟如何？孙光宪《北梦琐言》如此评价："无他才，未尝延接寒素，甘食窃位而已。"那么，从老赵"见上来，遽起鞠躬而立"来恶意推断，他是认出了微服的皇帝的，则这出褒扬戏码是杜赵二人上演的双簧也说不定。

要听到真实评价的话，得做好与预期效果恰恰相反的心理准备。比如前文曾经提到的北齐崔暹，《魏书》把他列入《酷吏传》，传记中只一实例，却正关偶遇。崔暹"尝出猎州北，单骑至于民村。井有汲水妇人，暹令饮马"，借此拉拉话。村妇不知道他是崔暹，所以面对"崔瀛洲（暹时为瀛洲刺史）何如"的问题，来了个实话实说："百姓何罪，得如此癞儿刺史！"讨了个老大的没趣，崔暹"默然而去"。癞儿，犹无赖。癞儿刺史，自此成为崔暹的专指。又比如唐朝的令狐绹。今人新辑唐朝笔记《玉泉子》载，其父令狐楚在东平任上时，绹陪伴在侧。某天去送亲友，郊外的旅店里正有几个父老在谈天。"时方久旱，绹因问民间疾苦。父老即陈以旱歉，盗贼且起"；但转而又说"而今却是风不鸣条，雨不破块时也"——社会安定，风调雨顺。令狐绹奇怪为什么前后说话这样矛盾？父老答曰："自某月不雨，至于是月，得非不破块乎？赋税征迫，贩妻鬻子，不给，继以桑柘，得非不鸣条乎？"雨根本不下，枝叶被搜刮得荡然无存，能淹了什么，大风又如何吹得响树枝？这分明是在控诉地方官员的作为了，所以"绹即命驾，掩耳而去"。在令狐绹那里，这次偶遇真是得不偿失。

今天的领导干部被偶遇，同样有这种味道。前面那几则都被舆论质了疑，疑就疑在作为体察明证的"立此存照"。有网友分析扫大街和坐公交的照片，认为无论从拍摄的角度还是连拍的方式，都出自专业摄影人士之手；进而调侃领导的运气真好，"坐一次公交车就遇见拿专业摄影器材并喜欢抓拍的高手了"，重要的是"还能一眼认出领导"。这话的弦外之音，我们都不难体会。当然，我们也不能就此把偶遇到的情景一概做"诛心之论",然"偶遇"成风,此伏彼起,则公众起疑就不仅难免,而且必然。毕竟,良好的政治形象,不是靠一两次被公众偶遇就能够得到的。

2014 年 3 月 30 日

茶叶蛋

早几年台湾某个电视综艺节目,新近不知被谁给翻出来了,因为那里面有个叫高志斌(台湾劳务部门产业辅导讲师)的嘉宾的一番言论。在回应一名女士"我看见大陆没有人在卖茶叶蛋"时,老高说"事实上消费不起",因为大陆"人均所得是很低的"。他还说,在深圳火车站,吃一碗泡面都会引来四五十个人的围观:"这是什么东西呀,这么香?"这则陈年旧事有图有声音。客观地看,先得承认对老高关于方便面的话有误读的成分,他的意思其实是台湾某食品企业之所以进军大陆市场,是因为当年创办者在深圳火车站吃泡面引起观者好奇,从中嗅到了商机。但茶叶蛋部分"货真价实",以其荒诞不经引起了不小的轰动,尖刻者立即掷去"茶叶蛋教授"的雅号。

茶叶蛋,别说现在了,即使倒退回改革开放之前,至少在笔者生活的北京郊区也不是什么高贵东西,就是用茶叶、酱油、茴香等为佐料煮熟的鸡蛋嘛。袁枚那么讲究吃的人,蒸鸡蛋要"将竹箸打一千回",同时"斩碎黄雀蒸之",但在《随园食单》中介绍的茶叶蛋做法,也无外是"加茶叶煮者,以两炷香为度。蛋一百,用盐一两;五十,用盐五钱。加酱煨亦可"。如果说袁氏做法有什么特别引人之处的话,只能是茶叶蛋一次可以煮那么多,打个折还50

枚。然而也就是仅此而已,与奢侈与否还沾不上边,即使咱为数量流口水,那也是二三十年前的事。袁枚煮茶叶蛋要"两炷香"时间,多长呢?通常认为,古代一炷香相当于现在的40分钟至1小时。《清稗类钞》有"煮茶叶蛋"条:"茶叶蛋者,以鸡蛋百个,盐一两,粗茶叶煮至两支线香燃尽为止。"这一条,或正是从老袁那里改头换面搬来的。线香即无竹芯的香,从前常用于作为时间计量的单位。

晚清《图画日报》里也涉及了茶叶蛋。那是中国近代出版史上第一份综合性画报类日刊,1909年8月16日创刊于上海,"每期印数近万册"。该报不仅以社会乱象为主要报道领域,毫不避讳鸦片泛滥、迷信风行、崇洋媚外、官场腐败等负面题材,而且以大量篇幅记录了上海滩的社会生活。其《营业写真》部分,在"箍桶""磨剪刀""修缸补瓮"等三百六十行之外,还有各种小贩,"卖梨膏糖"的、"卖琥珀灯"的等等,其中就有"卖茶叶蛋"的。每幅图画都辅以广告类的竹枝词,妙的也正是词,说着说着就借题发挥。比如《卖洋皂》的:"洋皂最好大英货,趸卖零售有销路。衣裳洗得碧波清,不论新绸与旧布。昨日路过皂荚林,皂荚之树高成荫。奈何制皂不如洋皂好,只为西人化学深。"表达了在洋货冲击下,传统手工艺的无奈衰落。《铜匠担》又云:"铜匠司务真玲珑,修旧一等大名工。配钻包铜钉铰链,零碎生活皆精通。可惜工艺近来尚机器,铜匠司务勿留意。若肯要紧关子学一点,也替中国工艺争争气。"传递的无疑又是正能量。《卖香蕉》的:"广东香蕉甜而香,生者微青熟者黄。芝麻之焦味尤美,食之清火且润肠。此果乃自芭蕉结,却笑小说多荒唐。当时不明植物学,附会琼花一开隋国亡。"这里的小说荒唐,或是指《说唐》吧。《说唐》第三十二回"王世充避祸画琼花　麻叔谋开河扰百姓",说王世充是因画出了扬州羊离观的琼花图而被炀帝赏识,被封为"琼花太守"。随后,宇文化及出主意去扬州看花,"可传旨意,令魏国公李密作督工官,将军麻叔谋作开河总管",于是炀帝便开凿了大运河。虽然"尽道隋亡为此河"(唐皮日休句)的确不假,但凿河与看花关联在一起,就是典型的附会了。

在《卖茶叶蛋》这里,竹枝词的结句也耐人寻味:"五香茶叶蛋,有甜也有咸。最怕勿甜又勿咸,烧得勿好滋味淡。淡而无味不可吃,廿文一个勿值得。应语卖蛋须改良,赶紧明朝换法则。"须改良、换法则云云,翻开十九世纪末二十世纪初的那段历史,可知戊戌变法失败以后,社会上曾有过中国究竟该实行革命还是该改良立宪的大讨论。那么,《图画日报》似乎借此表明了自己的政治倾向。不知道这是否属于过度解读?

宝岛日月潭上有著名的"阿婆茶叶蛋"。据说,该阿婆在那里已经卖了六十来年,但2008年7月台湾开放大陆居民直接赴台旅游以后,生意才火爆起来。阿婆茶叶蛋是以日月潭名产——阿萨姆红茶加上香菇及独门香料慢煮六小时而成,比袁枚的充其量两小时更加讲究。去年有幸登岛的时候品尝了一下,10元新台币一枚,不算贵,大陆客几乎都"到此一吃"。当然,"茶叶蛋教授"日前回应该节目的言论时辩解了,郑州农村才消费不起,不能拿温州说事。难得他还知道这两个地方。对大陆的认知荒谬到了这种程度,这样的辅导讲师能辅导出什么,真要让人存疑。可喜的是大陆网友的达观态度,你说我吃不起,我就吃不起吧,索性娱乐开来。"太过分了,我今天早上只是偷偷舔了一口,差点被妈妈打死,毕竟是花了家里一辈子的积蓄买来闻闻的"……各种搞笑的"神回复",反倒映衬了老高等人其实"很傻很天真"。

2014 年 4 月 13 日

无字碑

4月10日,备受争议的扬州曹庄隋炀帝墓还是高票入选了2013年度全国十大考古新发现。昨天,扬州双博馆展出了出土的135件/套文物。报道说,为保证文物安全,鎏金铜铺首等部分文物采取真空包装展出,这在全国尚属首次。另外,由于历史上对隋炀帝的评价存在较大争议,主办方在展厅入口处设了个无字墓碑,旨在"为其功过留白"。

以我的有限浏览,较大争议之说未必准确,因为隋炀帝一直以来就是十足的负面人物,至少我们就是这么被教育的。"炀"这个谥字已经能说明一些问题,《谥法》中,"好内远礼曰炀,去礼远众曰炀,好内怠政曰炀,肆行劳神曰炀,去礼远正曰炀,逆天虐民曰炀",没一个好听的。而"谥者,行之迹也",被冠以这个字,无疑等于恶谥。前人这样盖棺论定,今天一些人不同意,觉得恶谥是唐朝给的,后代定性前代不会有好的结论;而炀帝修运河、立科举等,既是"中国封建社会历史上建树最多的皇帝之一",也是"一个被历史严重歪曲的大皇帝",他统治的那些年"是中国历史上最有光彩的一页",否定之,"是中国士大夫传统思维模式偏狭、脆弱一面的反映"。基于这些背景,此番无字碑的设立,摆明是要做炀帝的"翻案"文章。孰是孰非,弄不清,只好说说无字碑本身。

无字碑,最有名的该是武则天墓前的那通。为什么无字? 历来众说纷纭,其中一种猜测正是功过是非留待后人评说。然而曾有报道说,陕西文物研究所在一次考查时发现,在无字碑的阳面从上到下刻满了方格子,每个长 4 厘米,宽 5 厘米,排列整齐。如果此消息为真,这通无字碑当初显然是打算刻字的,且根据格子计算,碑文大约有 3300 多字。那么,再名之无字碑,有些名不副实,你都准备好了,没实现而已。在武则天的之外,还有一些形形色色的无字碑。

泰山上玉皇顶那里有一通。谁立的? 有的说是秦始皇,有的说是汉武帝。明朝谢肇淛曾"亲至其地,周环巡视"过,以为"此石既非山中所产,又非寻常勒字之石,上有芝盖,下有跌坐,俨然成具,非未刻之石也"。他又翻了《史记·秦始皇本纪》,说那上面有始皇"上泰山,立石封祠祀下,……刻所立石"的字样,"则泰山之石已刻矣。今元君祠旁公署中尚有断碑二十九字,此疑即所刻之石也"。他觉得还在立着的那个也不是无字碑,乃"祠祀表望"。顾炎武则认为就是无字碑,但为汉武帝所立。他翻的也是《史记》,"反复读之,知为汉武帝所立也"。《封禅书》中有武帝东封,"泰山之草木叶未生,乃令人上石立之泰山巅"。在他看来,此石如果刻了文辞,史书不可能不记载,"不言石刻,是汉石无文字之证"。诸如此类,都只能立存此说。

东晋名相谢安的那一通可能没什么争议。顾起元《客座赘语》云:"梅冈晋太傅谢安石墓碑,有石而无其辞,人呼为'无字碑'。"这一个的原因很明确:"以安功德,难为称述,故立白碑。"顾起元同时介绍,岳珂《桯史》说金陵牧牛亭有南宋奸相秦桧的墓,"桧墓前队碑,宸奎在焉,有其额而无其辞"。宸奎,犹言御笔,这是在强调此碑如假包换。然而只是"卧一石草间",原因在于

"当时将以求文,而莫之肯为"。莫之肯为,可信吗?《宋史》记载,秦桧病重,高宗曾"幸桧第问疾",时"桧无一语,惟流涕而已",君臣情感不薄。唯一的不大愉快,恐怕只是桧子熺"奏请代居相位者",高宗一句"此事卿不当与"给噎了回去。桧死,"赠申王,谥忠献",那是褒扬他"危身奉上、智质有圣"。至于对秦桧"追夺王爵,改谥谬丑",还是宁宗时的事,中间隔了孝宗、光宗俩皇帝呢。就是说,秦桧死的时候,恰似后世康生、谢富治等死的时候,人并没倒,还是"无产阶级革命家",哪里就到了正常歌颂而人们"莫之肯为"的地步?

还有一种无字碑,纯属社会学意义的了。比如《北梦琐言》所载的唐朝赵崇(宋朝亦有词人赵崇),"凝重清介,门无杂宾。慕王濛、刘真长之风也,标格清峻"。因为他不写东西,大家就叫他"无字碑"。关于他的文字记载过于简略,也搞不清这个称号是褒是贬。借助一个旁证来看,其时"每遇转官,旧例各举一人自代",但赵崇从来不推荐别人,理由是"朝中无可代己也",只有他自己最能,因而"世亦以此少之"。逻辑上推论的话,他那个"无字碑"趋贬的可能性更大。

尽管扬州曹庄隋朝墓葬墓主身份早已确证为隋炀帝和萧后,但仍有不少人表示质疑,当地文保部门强调出土的文物及墓葬形制等最有说服力,这么快将文物展出,除了让大家先睹为快外,也希望有疑问的人来看看。根据现实需要来剪裁历史,向来是我们的传统,如今对隋炀帝的"正眼相看"难逃窠臼。去今十几年、几十年的不少事情往往都还是一团无法廓清的迷雾,遑论去今一千多年的事情?以余之"小人之心"揣摩,这个新的无字碑是在为炀帝墓成为新的旅游景点进行铺垫和造势。

2014年4月19日

蝗虫

有人新近发现,在广州从化的一处隐秘山林里,盖着一个白色塑料温棚,看上去像蔬菜基地,实际上里面养殖的是蝗虫(蚂蚱)。跟进的报道告诉我们,那是个体养殖户所为,他说他的养殖面积已经达到10000平方米,每批货的产量在6吨到8吨之间,折算成只大约有700万只,一年最高可以产9批货。养这些干什么?他看准了食用的商机,去年年底的从化美食节上,有一家档口把蝗虫作为美食销售,虽然价格不低,也引起不少关注。而从化农业局方面对此却颇为紧张,因为这些蝗虫一旦集体飞出来,附近的农作物将遭灭顶之灾。

蝗虫能吃,在许多地方都应该是妇孺皆知。笔者童年生活在京郊顺义县,小朋友在野外割草之余一起捉蝗虫来吃,是经常的事,吃那种大的,找些干草来就地火烧。那个时候极少吃到肉,蝗虫、麻雀等起到了"拾遗补阙"的作用。但从化农业局的担心却不是没有道理,蝗虫在历史上一直被视作害虫,且属于为害甚烈的一类。蝗虫一过,用白居易的描写叫作"雨飞蚕食千里间,不见青苗空赤土"。因此,历代不少《会要》里面,都有关于蝗虫的专项,与水灾、旱灾、火灾等而论之。比如随手翻开《明会要》,在"祥异"条下可以找到"蝗",记录了从洪武六年(1373)六月起到崇祯十四年(1641)六月止,差不多300年间全国各地发生的蝗灾。大多是平铺直叙,只有若干地方多着了笔墨:一个是宣德五年(1430),宣宗遣官捕近畿蝗虫,同时谕户部曰:"往年捕蝗之使,害民不减于蝗,宜知此弊。"因作《捕蝗诗》示群臣。一个是弘治六年(1493),"飞蝗过京师,自东南而西北,日为掩者三日";次年,"命捕蝗一斗,给米倍之"。寥寥这些字,足见蝗虫与捕蝗使双重之害。关于前者,《枣林杂俎》里的一则更有意思,明朝有个时候山东大蝗,"许收蝗五十石补诸生",可以抓蝗虫来换学位。结果大家管这样上来的学子叫"蝗虫秀才",这是讥讽与实指兼而有之了。

宣德皇帝的《捕蝗诗》,内容暂未得其详,然从官员"害民不减于蝗"来推断,当有针对"此弊"的成分。"蝗"之归属"祥异",正在于此,人们对蝗灾几乎束手无策,也就套用了"天谴"的原理,在"人"这方面多做文章。历来的此类诗作能见到不少,上乘的,基本上关联吏治。像白居易那首,诗题即开宗明义"刺长吏也",后面的句子还有:"一虫虽死百虫来,岂将人力定天灾。我闻古之良吏有善政,以政驱蝗蝗出境。又闻贞观之初道欲昌,文皇仰天吞一蝗。一人有庆兆民赖,是岁虽蝗不为害",云云。其中的"文皇仰天吞一蝗",指的是唐太宗,《贞观政要》里有相关记载。说"贞观二年(628),京师旱,蝗虫大起",都侵入到皇家园林了。太宗视之,捉了几只蝗虫进行诅咒:"人以谷为命,而汝食之,是害于百姓。百姓有过,在予一人,尔其有灵,但当蚀我心,无害百姓。"说罢要吞掉蝗虫,左右赶忙说,不能吃啊,会吃出病来。太宗曰:"所冀移灾朕躬,何疾之避?"终于还是吞掉了,"自是蝗不复成灾"。太宗此举,正是要试图"感天"。

有人研究,宋朝对飞蝗的生命周期已有较准确的认识,所以对蝗虫的防治也有很大进步。而蝗虫之害,在实指的同时,更多地如白居易诗、明宣宗谕,说的是"害上加害"。《点石斋画报》有"查蝗舞弊",说江宁(今南京)蝗灾,地方官下乡查勘。用今天的俗话说:这些地方官总的是好的,"然其间容或有不肖者存焉"。其中一个县官是这么干的:"先委廉捕及某杂佐赴乡查办",人到之后,不去捕蝗,而是马上要"地保传谕各圩速集民夫搜捕蝻贼",自己则带着家丁胥吏登高四顾,看到没集民夫的,"立拘数人,赠以两部肉鼓吹"。"肉鼓吹"者何?鼓吹是古代的一种合奏乐,那是原指,借指则是公堂之上,屁股被打得啪啪响,被打者嗷嗷叫,"人肉合奏乐"是也。这一来,"乡民无不毛发悚然"。地保弄明白了,讽示各圩董:"苟能酾洋四元为廉捕寿,再酾其数为从者寿,管教汝圩鸡犬不惊。"奉上银子,关保没事。于是大家"典衣粜谷,果得四境安静"。《点石斋画报》就此感慨:"夫委员查蝗,所以为民除害也,乃一害未除,一害复至。蝗之害,人共知之;查蝗之害,特乡民知之而大宪所不及知者也。"只怕"大宪"即便知之,装聋作哑而已。

面对蝗灾,还有另一种形式的装聋作哑。柴小梵《梵天庐丛录》说某一年,京师飞蝗蔽天,许景澄对庆亲王奕劻说,蝗灾这么厉害,"宜上言命顺天府尹及直隶督抚分勘灾状,并转饬地方官速行扑捕"。不料奕劻大怒:"何处来此不祥语!蝗灾并未禀报,汝安知外间情状?近来四海幸安靖,两宫稍解忧烦,奈何作此败兴之语!况外间选事人多,岂可更以此惹之!"许景澄吓得不敢吭声了。过两天余联沅又来以蝗事入奏,奕劻同样态度:"汝观言官如此恣横,才有小事,便用为口实,我辈安有立足地耶!"今天不少官员仍然是奕劻这副德行,一切从上司出发,倒是不作"败兴之语",积累矛盾,待其激化便是。

2014 年 4 月 24 日

斗富

4月23日《人民日报》有篇批评"斗富心态"的文章,指出当下在一些地方的婚丧嫁娶、民俗节庆中,存在竞奢斗富的现象,铺张浪费之大令人瞠目。在作者看来,有了竞奢斗富这种心态,"于个人,物质上的层层加码,精神上的空虚苍白,必然会消解幸福生活;于社会,不计成本的操办、你追我赶的攀比,常常会助长奢靡之风"。文章说的事情虽然发生在"一些地方",但于我们都不陌生,应该说是普遍习见的现象。并且还应该说,这也不是当下才有的一种心态。

如同文章所言,斗富最有名的可以上溯至西晋时的王恺与石崇。不知从何时起,一旦谈到"成由节俭败由奢",这二人如何就是当然的反面教材,估计这要归功于史籍中的白纸黑字。比如《世说新语·汰侈》,说"石崇与王恺争豪,并穷绮丽,以饰舆服";又说"王君夫(恺字)以饴糒澳釜,石季伦(崇字)用蜡烛作炊。君夫作紫丝布步障碧绫里四十里,石崇作锦步障五十里以敌之。石以椒为泥,王以赤石脂泥壁",等等。瞧,你用糖水刷锅,我就用蜡烛烧饭;你用碧绫做的屏幕四十里长,我就用锦缎做个五十里的;你用花椒涂墙,我就用赤石脂⋯⋯总之,不会输给你。关于这二人斗富我们还都知道,晋武帝司马炎因为是王恺的外甥，每每暗中助阵王恺，可惜还是败给石崇。比如有一次，武帝"以一珊瑚树高二尺许赐恺，枝柯扶疏，世罕其比"。王恺刚拿出来给石崇显摆，不料人家根本没瞧上眼，"以铁如意击之，应手而碎"，随后"命左右悉取珊瑚树，有三尺、四尺，条干绝世，光彩溢目者六七枚，如恺许比甚众"，弄得王恺"惘然自失"。

在这两个著名人物之外，史上自然也不乏其他斗富。就笔记而言，《履园丛话》载康熙时，"有阳山朱鸣虞者，富甲三吴，迁居申衙前"。他的左邻是平西王吴三桂的侍卫，混名叫作赵虾，"豪横无比，常与朱斗富"。他的斗法很奇怪，"凡优伶之游朱门者，赵必罗致之"。也不知道他用了什么手段，逢年过节的时候，优伶们欲赴朱门，都得先来赵家"贺节饮酒"。然而一旦斗不过，他就来混的。"朱曾于元宵挂珠灯数十盏于门，赵见之愧无以匹，命家人碎之"，然"朱不敢与较"，别人给他出了个主意，"以重币招吴三桂婿王永康来宴饮"。吃饱喝足了游园，"置碎灯于侧"。王永康问了："可惜好珠灯，何碎不修？"朱鸣虞回答："此左邻赵虾所为，因平西之人，未敢较也。"王永康听出弦外之音来了，"语家人连夜逐赵出城另迁"。逻辑上推断，彼时吴三桂尚未起兵，正"勉从虎穴暂栖身"，为了大事而不能不丢卒保车了。

《水窗春呓》里有"豪富二则"，讲的也是斗富，发生在乾隆时。云"江浙殷富至多，拥巨万及一二十万者更仆难数，且有不为人所知者，唯至百万则始播于人口"。洞庭山有家姓席有家姓陶，正堪匹敌，两家也就当仁不让地扮演了斗富的领头羊。一天，"陶至席所，自泊舟处至席屋约二里许，夹道皆设灯棚，夜行不秉炬，至则张乐欢宴累日"。席客套地问陶："我所居有未尽善乎？"陶则不客套地回答："无他，唯大厅地砖纵横数尺，类行宫之物。书室窗外池塘欠荷芰耳。"老席不吭声了。两个时辰的工夫,老席再邀老陶走走,"过水榭,则已荷叶盈目,送客出,厅事地砖皆易为及尺矣"。结果老陶服了。老陶的豪奢,则是怄的闲气。他有一次到苏州看绝秀班的戏,演戏的从衣着上没瞧得起,开他的玩笑:"尔好观,何不于家中演之?但日需风鱼、火腿方下箸耳。"彼时"戏价需二百金",老陶回家后,"遽定一百本,闭之厅事使其自演,无人阅者,一日两餐,舍风鱼、火腿外无他物"。连弄了十天,"诸伶大窘,乃谢过始罢"。

《西游记》第十六回也有一段有趣的斗富描写。唐僧一行夜宿观音院,院僧想看看他们的宝贝,唐僧说没带,孙悟空说观音菩萨给咱们的袈裟不错,应该算。众僧听了"一个个冷笑",院主也不屑:"老爷才说袈裟是件宝贝,言实可笑。若说袈裟,似我等辈者,不止二三十件;若论我师祖,在此处做了二百五六十年和尚,足有七八百件!"然后叫人开库房,抬出十二柜,"放在天井中,开了锁,两边设下衣架,四围牵了绳子,将袈裟一件件抖开挂起,请三藏观看"。这一摆不要紧,轮到悟空笑了,在他眼里,"都是些穿花纳锦,刺绣销金之物"。当他要"把我们的也取出来看看"时,唐僧悄悄地说:"徒弟,莫要与人斗富。你我是单身在外,只恐有错。"唐僧毕竟阅历更广:"你不曾理会得,古人有云,珍奇玩好之物,不可使见贪婪奸伪之人。倘若一经入目,必动其心;既动其心,必生其计。汝是个畏祸的,索之而必应其求可也;不然,则殒身灭命,皆起于此,事不小矣。"结果如我们所知,果为唐僧所言中。

不过,《人民日报》的那篇文章针对的只是个人,而现实中我们都不难窥见"公家"的竞奢斗富,比如官员比着坐豪车,比如各地比着把办公大楼修得富丽堂皇,等等。把目标对准这些,可能更具现实意义,毕竟这种"斗富心态"的危害更为严重,掏空的是民意基础。

2014 年 4 月 28 日

鹳雀楼

前些天，在山西省永济市鹳雀楼前的广场上，有一男一女用纸箱摆起了临时香案，然后于大庭广众之下对着鹳雀楼倒头便拜。那是一对父女。当女儿的解释说，之所以如此，是因为父亲临近退休仍是一名普通公务员，感觉很没面子，拜一拜，是希望能让父亲能落实个副科级待遇，也就是在仕途上"更上一层楼"。

鹳雀楼，我国四大名楼之一。其所以闻名，众所周知正在于唐代诗人王之涣的《登鹳雀楼》："白日依山尽，黄河入海流。欲穷千里目，更上一层楼。"以诗句或诗赋而闻名，可能是四大名楼"成名"的共同特点，有"楼以文贵"的意味。湖北黄鹤楼因为崔颢的《黄鹤楼》，江西滕王阁因为王勃的《滕王阁序》，湖南岳阳楼因为范仲淹的《岳阳楼记》，概莫能外。而文之闻名，又在于里面脍炙人口的句子，千百年间，令不同时代的人们都能产生共鸣："黄鹤一去不复返，白云千载空悠悠"，"落霞与孤鹜齐飞，秋水共长天一色"，"先天下之忧而忧，后天下之乐而乐"，等等。王之涣的《登鹳雀楼》，自然是人人能脱口而出的"欲穷千里目，更上一层楼"。

资料上说，鹳雀楼兴建于北周时期，因此地常有鹳雀栖息，故名。鹳雀，就是鹳，一种水鸟的名字。《诗·豳风·东山》中有"鹳鸣于垤，妇叹于室"，郑玄笺曰："鹳，水鸟也。将阴雨则鸣，行者于阴雨尤苦,妇念之,则叹于室也。"则鹳有预报天气的本能。陆玑疏曰:"鹳,鹳雀也。似鸿而大,长颈赤喙,白身黑尾翅。树上作巢,大如车轮,卵如三升栖。望见人按其子令伏,径舍去……又泥其巢一傍为池,含水满之,取鱼置池中,稍稍以食其雏。"则鹳之食物,鱼虾也。《旧五代史·齐藏珍传》载,周世宗向藏珍咨询扬州之事,藏珍因为对扬州没好感,说起话来添油加醋:"扬州地实卑湿,食物例多腥腐。臣去岁在彼,人以鳝鱼馈臣者,视其盘中虬屈,一如蛇虺之状,假使鹳雀有知,亦应不食,岂况于人哉!"其实,人家说不定是当成好东西送他的呢。《清稗类钞》云,"同、光间,淮安多名庖,治鳝尤有名,胜于扬州之厨人",至少说明扬州人做鳝曾经尤有名。

　　在王之涣之前,鹳雀楼是否即河中府名胜不得而知。晚唐昭宗时的状元李瀚说过,鹳雀楼"遐标碧空,影倒横流,二百余载,独立乎中州,以其佳气在下,代为胜概"。之涣乃盛唐时人,则李瀚所云逻辑上存在对其诗句的襄助之功,以后就更不用说了。宋沈括《梦溪笔谈》云:"河中府鹳雀楼三层,前瞻中条(山),下瞰大(黄)河。"元王恽《登鹳雀楼记》云:"(世祖)至元壬申(1272)三月,由御史里行来官晋府。十月戊寅,按事此州,遂获登楼址,徙倚盘桓,逸情云上,虽杰观伟地,昔人已非。而河山之伟,风烟之胜,不殊于往古。是当元初楼已就毁。"王恽登的"楼址",显然已是遗址。如今的鹳雀楼,正像四大名楼中的另外三个一样,无外是近年复建的产物。1997年5月,余曾偶至永济,对顾炎武《蒲州西门外铁牛唐时所造以系浮桥者今河西徙十余里矣》诗题所云"铁牛",因为新近出土,得以一饱眼福;而黄河之西徙又不知几里矣,概于普救寺塔顶眺望,河面只呈一线,经当地陪同点拨乃知。然未闻鹳雀楼。检索资料,方知1997年12月开始复建,2002年9

月一期工程才竣工,这就难怪了。

在鹳雀楼登临吟咏的作品,沈括说"唐人留诗者甚多",但认为"能状其景"的只有三篇,王之涣的之外,还有李益的和畅诸的。前诗乃《同崔邠登鹳雀楼》:"鹳雀楼西百尺樯,汀洲云树共茫茫。汉家箫鼓随流水,魏国山河半夕阳。事去千年恨犹速,愁来一日即为长。风烟并在思归望,远目非春亦自伤。"李益,凉州人。凉州陷于吐蕃前举家迁居洛阳,后辗转入渭北、朔方、幽州节度使等幕府从戎,有人考证此诗即作于这一时期。那么,李益通过登楼所见,在感慨汉、魏气象已为陈迹,感叹故乡沦落、辗转漂泊之余,以千年犹速与一日为长进行对比,将个人的坎坷命运和国家的衰败动荡结合起来,表达的是盛世遗恨和现实悲愁的伤感。畅诸的诗,沈括录了四句:"迥临飞鸟上,高出世尘间,天势围平野,河流入断山。"畅诸,开元初登进士第,官至许昌尉。《全唐诗》只存其一首《早春》("献岁春犹浅"),这首《登鹳雀楼》却被放到了舒当的名下,《全唐诗补编》才予以订正。这四句先虚后实,以鹳雀楼的高耸入云、飞鸟难及,来展现作者的志向,再通过勾勒山河形势来显示开阔的胸襟与奔放的豪情,使作者超拔的心志与超然的心态因之跃然纸上。三首的确各有千秋。

在众多关于鹳雀楼的作品中,王之涣的诗句之所以能"脱颖而出",用清朝评论家的话说:"短短二十字,前十字大意已尽,后十字有尺幅千里之势。"后十字,此前横竖看去,都是催人奋发向上的用意,却不意被今人理解为官职向上,未知地下的王之涣被惊动与否?然而,对"更上一层楼"的歪解,正是现实官场生态的一种折射。对"公仆"职位何以迷恋到这个程度,女儿已经自道,自家的颜面之事,与应有的"鞠躬尽瘁"了不相干。

2014 年 5 月 3 日

微笑

5月8日是世界微笑日。据说,在众多的"世界××日""国际××日"中,这是唯一一个庆祝人类行为表情的节日。感觉上,由世界精神卫生组织设立的此"日"虽诞生于1948年,这么多年算是"养在深闺"了。以前热闹过吗?没大引起注意。

微笑无疑是世界通用的语言,也可能是最美的笑容。前人留下的大量佛像造像,露天的或洞窟内的,巨型的或寻常尺寸的,嘴角都凝结着一丝令人莫测高深的微笑,表现出慈祥、优美、宁静的审美情调。达·芬奇名作《蒙娜丽莎》中的神秘微笑更是众所周知了。一种说法是,当时蒙娜丽莎的幼子刚刚夭折,她一直处于哀痛之中;达·芬奇在作画时请来音乐家和喜剧演员,想尽办法让蒙娜丽莎高兴起来。果如是的话,这一幕与我们周幽王的做法便有些类似。为博褒姒一笑,幽王烽火戏诸侯,"诸侯悉至,至而无寇"。弄多几次,褒姒倒是笑了,诸侯却生气了,假作真时真亦假,结果如《诗经》所归罪:"赫赫宗周,褒姒灭之。"褒姒之笑应该正是微笑。后世李延年笔下之李夫人"一笑倾人城,再笑倾人国",白居易之杨贵妃"回眸一笑百媚生",都属此类。

《列子·仲尼》有这么一句:"鲁侯大悦,他日以告仲尼,仲尼笑而不答。"钱锺书先生认为,孔子这里的笑就是微笑。但《列子》

以孔子之笑"似迦叶之破颜",钱先生则认为"装模作样,更过于《墨子·非儒》下所讥之'会噎为深'"。翻开《墨子》,再翻到《非儒》那里,可知这话说得有多重。非儒嘛,驳斥你的。所以儒者刚说了句:"君子若钟,击之则鸣,弗击不鸣。"驳斥的马上就说:"夫仁人,事上竭忠,事亲得孝,务善则美,有过则谏,此为人臣之道也。"那意思很明确,明知不对,因为说了而不会给自己带来好处,就装聋作哑,"是夫大乱之贼也"。会,通哙,咽也;噎,饭窒也。"笑而不答"而已,何以就上纲上线到超过了"会噎为深"?就需要了解一下背景。鲁侯之所以大悦,是因为他听说陈国也有个圣人,是老子的弟子亢仓子,乃"使上卿厚礼而致之",亢仓子果然来了,还进行了友好交谈;那么孔子知道此事后的"笑而不答",实际上是酸不溜秋。钱先生且举李白《山中问答》说话,"问余何意栖碧山,笑而不答心自闲",认为"题曰问答,诗曰不答而笑,此等张致,《论语》中孔子所无也"。在钱先生眼中,孔子的道德文章显然都没有那么高不可攀,20世纪30年代,在为父亲钱基博代笔钱穆《国学概论》序言时,钱先生即言"孔子近乎乡绅",令张申府"深感其创辟可喜"。乡绅,那不是一抓一把吗?

"似迦叶之破颜",即禅宗中的佛祖拈花微笑。说的是释迦牟尼在灵山法会上一言不发,只是拈花示众,"是时众皆默然,唯迦叶尊者破颜微笑"(《五灯会元》),表示自己心领神会。于是释迦牟尼把佛法"于教外别传一宗,传给摩诃迦叶",也就是佛祖有了"衣钵真传"。中国禅宗因之把摩诃迦叶列为"西天第一代祖师"。但有研究指出,这则公案是为禅宗尤其是南宗禅的立宗提供合法依据而精心创造出来的,目的是为了展现禅宗的宗教观:佛法的传承不在于语言文字的理解,而在于心灵的感悟。所以到了唐代,大字不识一个的广东边远山区卢姓农民,也能因为悟性被五祖弘忍选为接班人，成为禅宗六祖慧能。明了这些，可见钱先生之所洞悉，"笑而不答"与"迦叶之破颜"在内涵上不仅不似，而且南辕北辙。当然，钱先生只是看不惯此处孔子充满醋意的微笑，因为在其他场合他说过，释迦"恐人言佛不知笑故"而开笑口，并且嘴巴、眼睛甚至全身毛孔都透着笑，耶稣正相反，总是悲悲戚戚的模样，因而孔子的"时然后笑"，才"较得中道"。

唐人笔记《明皇杂录》中，杨国忠也有一种耐人寻味的微笑。那是他的儿子杨暄参加科举，礼部侍郎达奚珣是考官。杨暄考得不行，"将黜落，惧国忠而未敢定"，遂派儿子达奚抚去国忠府上"具言其状"。杨国忠正要出门，看见达奚抚来了，"谓其子必在选中，抚盖微笑，意色甚欢"。等到达奚抚实话实说之后，国忠恼了："我儿何虑不富贵，岂藉一名，为鼠辈所卖耶？"说罢"不顾，乘马而去"。但杨国忠倒打的这一耙，把达奚抚吓坏了，赶紧告诉父亲："国忠恃势倨贵，使人之惨舒，出于咄嗟，奈何与校其曲直！"没办法，达奚珣昧着良心还是把杨暄录取了。杨国忠先前的微笑，流露出的是一种得意扬扬，他觉得凭借自己的地位和权力，没有摆不平的事情。这样的微笑，如今我们也并不眼生，且颇有些见怪不怪。

世界微笑日在今天得到重视，以愚意度之与社会充斥着戾气相关，不少恶性事件的诱因细看去都是些寻常小事。与此同时，随着学习、生活、工作压力的增加，现代人脸上的微笑也日渐稀少。有人说，微笑传递的是一种幸福感，而这种幸福感是可以"传染"的，所以在微笑日应该微笑，有媒体打出的标题就是：今天，你微笑了吗？然而须知幸福感产生的一个重要前提，须是先有幸福感可言，使微笑得以自然流露；硬是要微笑，就只能是应节而已。

2014年5月10日

高力士·荔枝

前两天到高州走了一趟。古今高州都是个比较有名的地方。在当代,因为它被公认为是"三个代表"的发源地;在古代,则是因为著名的冼夫人和高力士都诞生于此,相对而言,高力士更为民间所熟知。《旧唐书·高力士传》载:"高力士,潘州人。"潘州,就是今天的高州。虽然彼时地图上潘州的右隔壁也有高州,但古今两个高州在行政区划上不能画等号。潘州于唐贞观八年(634)易名南宕州而来,为了纪念西晋道士潘茂名。

高力士之著名,在于他一时间权倾朝野,于唐代首开宦官执掌中枢政柄的先例。力士的权势到了何种程度?史书记载得很清楚:"每四方进奏文表,必先呈力士,然后进御,小事便决之。"玄宗甚至说出"力士当上(值日),我寝则稳"的话。老子如此礼遇,小子更不敢怠慢。"太子李亨(即肃宗)呼之为二兄,诸王、公主呼之为阿翁,驸马辈呼之为爷。"钱穆先生发现:"历史上宦官擅权,与王室骄奢成正比。东汉、唐、明三代皆是。西汉与宋代之王室,皆能制节谨度。东晋、南朝王室不像样,故均无宦寺擅权。"具体到唐朝,"宦官之盛兆自武后,而极于玄宗,到德宗时,干脆兵权在握"。这样来看,高力士属于阶段性的代表人物了。为皇帝的家奴一旦大权在握,同样难免权力寻租。宝寿寺钟落成,力士"斋庆之,举朝毕至",规定"凡击钟者,一击百千",而"有规其意者,击至二十杵,少尚十杵"。这就跟今天借打麻将来故意向权力人物输钱异曲同工了。

玄宗时,高州所处的岭南还是欠发达地区,高力士何以能高攀京城?《旧唐书》说,力士"本姓冯,少阉,与同类金刚二人圣历元年岭南讨击使李千里进入宫……内官高延福收为假子"。陈寅恪先生综合诸如此类的史料,在《唐代政治史述论稿》中进行了归纳:"宦寺多冒养父之姓,其籍贯史籍往往不载,然即就两《唐书·宦官》及《宦者传》中涉及其出生地域或姓氏稀异者观之,亦可知其梗概也。"这个梗概即是:"唐代阉寺多出自今之四川、广东、福建等省,在当时皆边徼蛮夷区域。"则岭南的高力士出现在西北的宫廷中,实乃正常不过之事。

黄永年先生指出,马嵬坡杨贵妃之死,看似禁军最高长官陈玄礼的发难,实则后台正是高力士,高力士的"内相"性质容易和外廷的宰相发生矛盾。郭湜《高力士外传》云,天宝十三载(754)秋,"大雨,昼夜六十日"。有天"上因左右无人",和力士有番对话:"自天宝十年之后,朕数有疑,果致天灾,以殃万姓,虽韦(见素)、陈(希烈)改辙,杨(国忠)、李(林甫)殊途,终未通朕怀。卿总无言,何以为意?"力士伏奏曰:"开元二十年以前,宰臣授职,不敢失坠;边将承恩,更相戮力。自陛下威权假于宰相,法令不行,灾眚备于岁时,阴阳失度,纵为轸虑,难以获安,臣不敢言,良有以也。"结果,"上久而不答"。黄先生认为,其时李林甫已死,高力士这段话就是劝玄宗把杨国忠剪除,但玄宗显然还犹疑不决。到了马嵬坡,两不偏袒行不通了,而高力士、陈玄礼都是玄宗"青年时代夺取政权中结合的老伙伴,是经历了四十多年考验的旧交情",加上二人掌握禁军,"是唯一可恃的护驾力量",所以《旧唐书·玄宗纪》所书"上即命力士赐贵妃自尽",乃"史官的直笔"。苟如黄先生之说,则"杨贵妃方有宠,每乘马则高力士执辔授鞭",与之构成的鲜明对照,难免令人慨叹真乃此一时彼一时也。

高力士与杨贵妃之间的关联,还有一个交集:荔枝。清朝阮元诗曰:"新歌初谱荔枝香,岂独杨妃带笑尝。应是殿前高力士,最将风味念家乡。"而杨贵妃这一尝,众所周知后果相当惨烈,"宫中美人一破颜,惊尘溅血流千载"。但贵妃吃的荔枝来自哪里,古人已争执不下。苏东坡有"天宝岁贡取之涪",认为来自他的家乡。《方舆胜览》因袭了此说:"妃子园,在涪州之西,去城十五里。当时以马递驰载,七日七夜至京,人马毙于路者甚众。"但此前杜工部说荔枝来自广东,其《解闷十二首》之九云:"先帝贵妃今寂寞,荔枝还复入长安。炎方每续朱樱献,玉座应悲白露团。"炎方,泛指广东。杜甫与贵妃同个时代,逻辑上看更可信些。刘隆凯先生保存了1957年听陈寅恪先生讲授"元白诗证史"时的听课记录,前些年已经出版。其中陈先生讲到,唐时只有广东、四川出产荔枝,且川产不如粤产;而杨妃小时在四川吃过荔枝。这里一点儿也看不出陈先生的观点,许是笔记没有记全之故?

高州荔枝树之漫山遍野,不目睹不知其壮观的程度,尤其这个季节,荔枝正在成熟。涪陵的妃子园不知还存在与否,高州如今有个"贡园",占地80多亩,全都是荔枝树。按照门口的铭牌介绍,其中树龄500年以上的有30多株,镌石命名,标明品种、年份,更有几株1300年的,如"力士回首""进奉母树""贵妃醉酒"等,摆明是要对接历史。在这个争抢文化"源头"的时代,涪陵方面有没有相关动作?

2014年5月31日

粽子

今天是端午节。前些天开始,关于粽子的话题循例已经蜂拥而至,焦点仍然是"天价"与否。这种话题持续好几年了。端午民俗事项之一,正是吃粽子。从前我在京郊顺义县那个三县(顺义、通县、三河)交界的村庄生活时,都是自家动手包粽子,不仅绝对"平民",而且回想起来绝对纯天然:到苇塘里劈苇叶做粽子叶,在井台边割马蔺做绳。馅儿嘛,就是江米加红枣。蒸熟的粽子因而是淡的,吃的时候要蘸糖。到广东之后,发现广式粽子真是另外一个天地,不要说裹蒸粽连外形都大异其趣,就算模样相似,糯米包裹着的"内容"也百花齐放得令人瞠目结舌,鲜肉、蛋黄、香菇……似乎什么都不在话下。

粽子的历史相当悠久。西晋周处《风土记》有"仲夏端五,方伯协极。享用角黍,龟鳞顺德",角黍就是粽子;还有"俗重此日也,与夏至同"。据说,这是关于粽子和端午的最早记载,显然还没有和屈原关联。南朝梁吴均《续齐谐记》云:"屈原五月五日投汨罗水,而楚人哀之,至此日,以竹筒贮米投水以祭之。"他还引进一个传说:东汉刘秀时,长沙区曲见到一个自称"三闾大夫"的人,告诉他:"闻君当见祭,甚善。常年为蛟龙所窃,今若有惠,当以楝叶塞其上,以彩丝缠之。此二物,蛟龙所惮。"区曲照着办了,相沿下来,粽子就成了端午节的标志性食品。这两则记载,正可小小地验证一下顾颉刚先生的"古史层累说":时代愈后,传说中的中心人物愈放愈大。

"端五数日间,更约同解粽。"此陆游《过邻家》句。粽,即粽子。查《说文解字》:粽,"芦叶裹米也,作弄切"。《水浒传》写到了宋朝的很多节日,元宵节、盂兰盆节、中秋节、重阳节、腊八节等,端午节自然不会例外。第十三回"青面兽北京斗武"之后,杨志就在梁中书的手下做事,转眼间端午来到,梁中书与蔡夫人"在堂家宴,庆贺端阳",这里有一段端午民俗的文学化描写:"盆栽绿艾,瓶插红榴。水晶帘卷虾须,锦绣屏开孔雀。菖蒲切玉,佳人笑捧紫霞杯;角黍堆金,美女高擎青玉案。食烹异品,果献时新。弦管笙簧,奏一派声清韵美;绮罗珠翠,摆两行舞女歌儿。当筵象板撒红牙,遍体舞裙拖锦绣。消遣壶中闲日月,遨游身外醉乾坤。"其乐融融之际,蔡夫人提醒老公别忘了"富贵功名从何而来",梁中书说早为丈人蔡京的生日准备了十万贯金珠宝贝,就是后来被晁盖他们"智劫"的那些"生辰纲"。比照纪实的《东京梦华录》,可知《水浒传》对端午民俗的所言不虚。在节物方面,《东京梦华录》说有"百索、艾花、银样鼓儿,花花巧画扇,香糖果子、粽子、白团、紫苏、菖蒲、木瓜,并皆茸切,以香药相和,用梅红匣子盛裹"。这些东西都是什么,含义如何,前人都已做出考证。比如百索,高承《事物纪原》引《续汉书》曰:"夏至阴气萌作,恐物不成,以朱索连以桃印,文施门户",目的是以止恶气。宋之"百索",在高承看来"即朱索之遗事也",只是"本以饰门户,而今人约以臂,相承之误也"。《水浒传》为什么说"角黍堆金"呢?南宋陈元靓《岁时广记》引《岁时杂记》说:"端五因古人筒米,而以菰叶裹粘米,名曰角黍相遗,俗作粽。或加之以枣,或以糖,近年又加松栗、胡桃、姜桂、麝香之类。近代多烧艾灰淋汁煮之，其色如金。"也就是说，角黍堆金是剥掉了棕叶的情形，形容的不是粽子的外表而是"内涵"。

端午到来之前，《东京梦华录》说："自五月一日及端午前一日，卖桃、柳、葵花、蒲叶、佛道艾。次日家家铺陈于门首，与五色水团、茶酒供养。又钉艾人于门上，士庶递相宴赏。"这种浓郁的节日氛围，与《水浒传》中的描写可相印证，后者正建立在前者的基础上也说不定。就粽子本身而言，也是"名品甚多，形制不一。有角粽、锥粽、茭粽、筒粽、秤锤粽，又有九子粽"，等等，或者都有相应的文化含义吧。2005年6月，江西省德安县意外发现一座宋墓，墓主右手拿一根长40厘米的桃枝，桃枝上吊有两个棱形粽子。粽子长6厘米，宽3厘米，分别系于桃枝两边，外皮为棕叶，苎麻捆扎。这两个粽子，被认为是世界上最早的实物粽，只不知该归为宋代那么多粽子品种中的哪一种？

传说中的端午节来源有好几个，千百年来，占上风的自然是纪念屈原。前两天看央视科教频道的一个应时节目，在什么地方拍的忘了，那地方保留的民俗是真的要在江中投粽，且要坐船到"屈平河"去投。一名年轻的女记者跟着采访，上船之前一再询问那条为什么叫屈平河。村民或许没有听懂，或许也不清楚，总之是语焉不详，答非所问，最后说到那条河在乐脚坪还是落脚坪，沾了个"ping"音吧，女记者乃有恍然大悟之感。而"屈原者，名平，楚之同姓也"，《史记·屈原贾生列传》开篇就是这句。你说为什么叫屈平河，还用问吗？女记者不仅连常识都不具备，而且专事此行却连必要的功课都不做一做，悲哉！

2014年6月2日

草药

6月11日参观了位于广州大学城的广东中医药博物馆。甫一进门,映入眼帘的情景即非常壮观。那是由600瓶岭南中草药原色液浸标本组成的两面"高墙",每个瓶子大约半米高,直径至少半尺,书架一样叠上去,贯通了三个楼层。加上光线设计得好,令标本瓶晶莹剔透、色彩斑斓,站在馆内不同楼层观赏,都会呈现出不一样的视觉美感。仔细看去,每个标本瓶的旁边都有铭牌,标明草药的名字,扶桑、两面针、溪黄草、五指毛桃什么的。

草药是中药的一种,属于植物药,其他还有动物药、矿物药等等。在我们的众多神话传说中,"神农尝百草"是很有名的一个,这一尝,尝出了百草"平毒寒温"的药性一面,于是就有了草药。还有一种说法,神农正是为了给大家治病才去遍尝百草。先秦成书的《山海经》,堪称上古社会生活的一部百科全书,其中也有医药部分,不啻中华民族最早的中药档案。有统计说,它所保存的植物、动物、矿物的原始中药档案共计113处,明确它们可以医治五官科、神经科、妇科、消化科等几大类别的疾病,还有一些具有美容、养生、调理作用。如《西山经》云,符禺山"上有木焉,名曰文茎,其实如枣,可以已聋。其草多条,其状如葵,而赤华黄实,如婴儿舌,食之使人不惑"。又如《中山经》云,青要山"有草焉,其状如薽,而方茎、黄华、赤实,其本如藁木,名曰荀草,服之美人色";并且,发源于騩山的正回水,"其中多飞鱼,其状如豚而赤文,服之不畏雷,可以御兵"。正如我们所看到,以其"原始",疗效的神怪成分亦居多。吃了某种草药就能"使人不惑""可以御兵",还不够神怪吗?

西汉刘向的说法褪去草药的神话色彩,建立在现实基础上了:"今夫辟地殖谷,以养生送死。锐金石,杂草药,以攻疾苦。"研究指出,中药学正是在西汉初具雏形,现存最早的草药学专著《神农本草经》即成书于这一时期。本草,盖因中药中以植物药居多,所谓"诸药以草为本";倘若仿照"农本商末"的思维逻辑推开,动物药、矿物药等该是"为末"了。《神农本草经》既出,后世各种本草著作莫不以之为宗,中草药著作以本草命名的,如恒河沙数,到李时珍的《本草纲目》达到了一个辉煌的顶峰。该书载有药物1892种,植物药占了58%,每种药物分列释名、集解、正误、主治、附方等项,对本草学进行了全面的整理总结。当然了,《神农本草经》托名神农无疑,属于"拉大旗作虎皮",今天也是这样,否则似乎书的权威性就不那么牢靠一样。

草药能够治病,是由"草"的药物性能决定的。药物的不同性能,以及药性的不同组合,构成了药物作用的千差万别。唐朝甄权所著的《药性论》早就是一部佚书,但后人从他书中还是能辑出许多佚文,从而得知该书以讨论药物性能为主。有趣之处在于其所承袭的前人观点:把草药分出三六九等,名之以君、臣、佐、使等药,其中君药76味、臣药72味、使药108味。这样划分,与天人感应的原理不同,具有"社会学"意义。用沈括《梦溪笔谈》中的话说:"其意以谓药虽众,主病者专在一物,其他则节级相为用,大略相统制。"跟治国理政有那么点近似的意思。不过,沈括显然不认同这种借喻,他不客气地指出:"《药性论》乃以众药之和厚者定以为君,其次为臣、为佐,有毒者多为使,此谬说也。设若欲攻坚积,如巴豆辈岂得不为君哉?"巴豆,众所周知是强力泻药,一服即灵。在甄权的分类中,巴豆显然不在君药之列。草药可分君臣,并非《药性论》的原创,而是借鉴了《内经》《素问》那些奠基性的中医著作。揣摩起来,沈括未必是对君臣的划分有意见,而可能是不认同"和厚者为君、有毒者为使"吧。想想也是,像隋炀帝那样的,和厚?

草药的名称异彩纷呈,有以十二生肖的,有以天地人日月星辰的,有以春夏秋冬东南西北的,其他诸如产地、数字、颜色、气味、功效等,应有尽有,药名因而可以成诗,或径用,或谐音,或双关。我在前几年的《药名文章》中提及了一些,实际上多得很。比如《青箱杂记》记载的陈亚,"尝著《药名诗》百余首,行于世",至于凡事都到了可以用药名来填诗作词的程度,自认为"药名用于诗,无所不可;而斡运曲折,使各中理,在人之智思耳"。有人想难倒他,问延胡索能入诗吗?他想了很久,还是吟出"布袍袖里怀漫刺,到处迁延胡索人",以为"此可赠游谒穷措大"。陈亚和章得象"同年友善",章发迹了,要提拔一下朋友,"而为言者所抑"。陈亚乃作《生查子·陈情》献之,曰:"朝廷数擢贤,旋占凌霄路。自是郁陶人,险难无移处。也知没药疗饥寒,食薄何相误。大幅纸连粘,甘草《归田赋》。"表明自己也没那种再当上去的瘾。在这里,有蒴藋、凌霄花、桃仁、芫荑、没药、薄荷、大腹皮、甘草等,所以陈亚有"近世滑稽之雄"的雅号。《青箱杂记》是北宋元祐年间的作品,意味当时陈亚的药名诗或许独步天下。如我们所看到,这些作品不是一句"滑稽"所能承载,充满了智慧。

2014年6月13日

足球·蹴鞠

第 20 届世界杯足球赛已于 6 月 12 日在南美国家巴西吹响了哨声。在 32 支参赛队伍中虽然没有我们自己的队伍,却丝毫不影响国人的观赛热情,这一点连老外都感到奇怪。说来惭愧,我们连亚洲十强赛都提前无缘,争取代表亚洲的机会都没有,遑论其他?不过,我们也有可堪自豪之处,那就是世界足球的起源地。不少人都认为,蹹(蹋)鞠或蹴鞠什么的就是足球,并且起源地十分明确:山东临淄。2004 年 5 月,临淄足球博物馆馆长马国庆曾经起草了一份《关于确认足球起源于齐国故都临淄的请示》报告。2006 年 5 月,蹴鞠作为非物质文化遗产经国务院批准被列入了第一批国家级非物质文化遗产名录。

对蹴鞠的记载的确很早就有,算上传说的话,循他例又要追溯到黄帝那里。在正史方面,《战国策·齐策》中苏秦为赵合纵而游说齐宣王,便提到了蹴鞠,"临淄甚富而实,其民无不吹竽、鼓瑟、击筑、弹琴、斗鸡、走犬、六博、蹹踘者"。这是旨在表明齐之"家敦而富,志高而扬",再加上形胜的昭示、张力的强大,苏秦觉得这么好的条件齐国称霸才对,现在却"西面事秦,窃为大王羞之"。《汉书·霍去病传》说完霍去病 A 面的功绩之后有个转折,又言及了他的 B 面:"然少而侍中,贵不省士。其从军,上为遣太官赍数十乘,既还,重车余弃粱肉,而士有饥者。"更甚的是,"其在塞外,卒乏粮,或不能自振,而去病尚穿域蹋鞠也"。大家吃都没得吃,他还是照玩不误,举出的例子就是蹋鞠。在野史方面,《西京杂记》说刘邦荣华富贵之后把老父接来长安生活,老人家却"凄怆不乐"。原来,老父"生平所好,皆屠贩少年,酤酒卖饼,斗鸡蹴鞠,以此为欣",深宫大院里没这些,所以很不开心。

然蹋(蹹)鞠或蹴鞠,踢的虽然是皮球,与现代足球恐怕还不是一回事。对《霍去病传》中的"穿域",服虔注曰:"穿地作鞠室也。"对"蹋鞠",颜师古注曰:"鞠,以皮为之,中实以毛,蹴蹋而戏也。"鞠室与球场,大约很难等同。北京故宫藏明人《明宣宗行乐图》上,有一段即绘有蹴鞠。从画面上看,虽场上有七人,却似乎只有三人在状态中,两边也没有球门,踢球的动作更像是在踢毽子;另三人袖手,还有一人抱球呈待命状。《金瓶梅词话》第十五回可以印证这一点。西门庆在丽春院吃了一回酒,"出来外面院子里,先踢了一跑(局)",又教妓女李桂姐上来,跟两个人踢,"一个捎头,一个对障,拗踢拐打之间,无不假喝彩奉承"。三个人搞掂,并不是两支队伍在较量。有球门的蹴鞠也不大像,因为只是一个球门而已,且网上开洞。马端临《文献通考》云:"蹴球盖始于唐。植两修竹,高数丈,络网于上,为门以度球。"陈元靓《事林广记》还画有图样,"径二尺八寸,阔九尺五寸",除了标明中洞的尺寸,还说那个洞叫作"风流眼",球要穿过风流眼才算破门吧。这种球门,又有橄榄球的味道了。

蹴鞠对体力要求较高是可以肯定的。《西京杂记》另有一则,说汉成帝好蹴鞠,"群臣以蹴鞠为劳体,非至尊所宜"。成帝就说,那你们给我找个运动量没这么大的玩儿啊?结果"家君作弹棋以献,帝大悦"。《史记》中有个故事更说明问题。淳于意"为人治病,决死生多验",某天皇帝对此发生了兴趣,让他说说"所为治病死生验者几何人也,主名为谁",淳于意便娓娓道来,其中有给项处看病。说当时诊完脉曾告诉项处:"慎毋为劳力事,为劳力事则必呕血死。"可惜项处没遵医嘱,"后蹴鞠",果真"汗出多,即呕血"。复诊,麻烦了,被预言"当旦日日夕死",就是明天天黑前的事。项处,是有记载的为蹴鞠献身的第一人吧。淳于意,即著名的"缇萦救父"故事中的那个父亲。

《水浒传》中高俅依靠踢球发迹的故事尽人皆知,今人调侃国足也每每捎带上他,说他退役了,国足一千年没缓过劲来。高俅故事实乃小说家言,然因踢球而发迹,史上亦实有其人。宋太宗即位,以前跟他的王荣也一路腾达,甚至认为"我不久当得节帅",狂得不得了。"寄班供奉官张明护定州兵,睹荣不法,间尝规正",但王荣觉得张明是跟自己过不去。这时,好朋友、定州监军王斌代王荣出头了,"因摭明以报怨"。传到太宗那儿,怒了,语左右曰:"张明起贱微中,以蹴鞠事朕,洁己小心,见于辈流。……今王斌以荣故而曲奏明罪,欲致刑宪,苟失其当,适足以快荣之心,而诬罔得以肆行矣。"这个张明,不是有点儿小说家笔下高俅的味道吗?只是其作为与后者截然相反。

《客座赘语》有"国初榜文"条,列了明朝圣旨明确的禁令:"在京但有军官、军人学唱的,割了舌头;下棋打双陆的,断手;蹴圆的,卸脚。"蹴圆,就是蹴鞠,宋朝蹴鞠的组织曾叫圆社。令下之后,"龙江卫指挥伏禹与本卫小旗姚晏保蹴圆,卸了右脚,全家发赴云南"。对踢球有如此严厉的惩罚,饶是针对军官、军人,亦觉对蹴鞠的发展是沉重打击,倘其确等于足球的话,大众基础"断层"的基因未尝不可来此寻找。

2014 年 6 月 15 日

教，邪教

5月28日晚间，山东省招远市一家"麦当劳"快餐店内发生一起血案。张某等六人在该快餐店内就餐时，向顾客吴某索要电话号码被拒绝，张某等六人乃将吴某殴打致死。初步调查显示，6名犯罪嫌疑人均系邪教组织成员，索要电话号码是为发展组织成员。被拒绝后，嫌疑人等认为被害人是"恶魔""邪灵"，应当将其消灭，遂有如此令人发指的事件发生。

邪教，是危害社会的非法组织。其往往冒用宗教或者其他名义建立，神化首要分子，利用制造、散布歪理邪说等手段蛊惑、蒙骗他人，发展并控制成员。宗教与邪教，虽然只是一字之差，却有本质区别。这种本质区别表现在许多方面，比如宗教是一种思想信仰和精神寄托，是人们对人间力量的一种敬畏和崇拜；而邪教以教主崇拜、精神控制、编造邪说等手段，行反人类、反科学、反社会之实。当然，笼统地区分是相对容易的，衡之以现实，有时可能不知所措。比如历史上有不少农民起义，利用的都是某"教"的名义，但亦如识者所指出，从来没有一桩起义是为宗教而战，无论披着怎样的外衣，目的无非只是表明自己造反称王的合理性。这些"教"该如何定性，是个比较棘手的问题。严格地说，是颇有些"邪"气的，但在我们的史观中，因为他们往往被归为社会进步的动力,却又不敢下这个结论。

先看几个影响极大的。

东汉末年的黄巾起义,招兵买马凭借的是太平道(教)。《后汉书·皇甫嵩传》载,钜鹿张角自称"大贤良师",他奉事黄、老道,"畜养弟子,跪拜首过,符水咒说以疗病,病者颇愈,百姓信向之"。张角充分利用这些人脉资源,发展了太平道,"因遣弟子八人使于四方,以善道教化天下,转相诳惑。十余年间,众徒数十万,连结郡国,自青、徐、幽、冀、荆、杨、兖、豫八州之人,莫不毕应"。《三国志·张鲁传》裴松之注曰:"太平道者,师持九节杖为符祝,教病人叩头思过,因以符水饮之,得病或日浅而愈者,则云此人信道,其或不愈,则为不信道。"

元末韩山童、刘福通的红巾军起义,凭借的是白莲教。《元史·顺帝纪》载,韩山童祖父"以白莲会烧香惑众,谪徙广平永年县。至山童,倡言天下大乱,弥勒佛下生,河南及江淮愚民皆翕然信之"。所谓"大劫在遇,天地皆暗,日月无光"云云,白莲教的教义大抵也离不开"世界末日"论的腔调。《元史》又将刘福通径称"颍州妖人",在这里,我们未必要认定这是封建官修史书的诬蔑字眼。

清朝的太平天国起义,凭借的是拜上帝教。罗尔纲《太平天国史》云,洪秀全看了一本叫作《劝世良言》的小册子,然后用"创造天地人物的独一真神上帝,并附会六年前(自己)那一场死去两日复苏的大病,来制造上天受命、下凡诛妖救世的'天命'说法的"。在《李秀成自述》中说得更明白:"有一日,天王忽病,此是丁酉年(1837)之病,死去七日还魂。自从还魂之后,俱讲天话,凡间之话少言,劝世人敬拜上帝,劝人修善,云若世人肯拜上帝者,无灾无难,不拜上帝者,蛇虎伤人,敬上帝者不得拜别神,拜别神者有罪。"为此，洪秀全把自己神化为天父上帝的次子、天兄耶稣的胞弟，杨秀清、萧朝贵则分别假托天父上帝与天兄耶稣附体。在起义前夕，又在农村里广泛散布上帝讲演："将遣大灾降世，有田无人耕，有屋无人住。凡坚信的前来，都将得救。"在罗尔纲先生看来，这些巫术类的手段都是十分必要的，宗教在历代起义当中对于组织散漫的农民，"都起着显著的作用"。可惜的是，太平军定都天京之后还玩儿这套，就不明智了，到这时候，"就必须放弃上帝教，丢掉这个工具"。然而，革命的根基如此，放弃谈何容易？

影响没那么大的，恐怕就数不清了。北宋王则利用弥勒教、方腊利用明教，南宋钟相利用巫教，明代唐赛儿利用白莲教起义，等等。没什么名气的就更多，如《清稗类钞》载，道光年间，"江苏里下河一带，有两杯茶教"，是个寺僧发起的以茶饮为名义的教派组织。僧死之后，为传扬人盛广大、黄朝阳等所利用，"受戒诵经，敛财聚众，愚民为所惑"，也能发展起一支队伍，一度还与太平军发生了关联。其原始教义不过是茶禅结合而受戒、诵经、敛财及为众人治病。由此亦可见，宗教可以变质为邪教，邪教则不可能转化为宗教。二者的不可逆性，也可视为区别的一个要素吧。

现代"教"之正邪大抵泾渭分明。我国目前明确认定的邪教组织共有14个，全能神是为其一。值得引起注意的是，以前提到邪教都是国外的事情，如美国吉姆·琼斯的"人民圣殿教"，日本麻原彰晃的"奥姆真理教"，等等。现在，邪教已经来到了我们身边。邪教是人类文明和社会进步的敌人，它和国际恐怖主义并称为国际社会的两大瘟疫。招远血案犯罪嫌疑人对命案之所以发生的"坦然"陈述表明，打击邪教已到了刻不容缓的地步。

2014年6月21日

大运河

6月22日,在卡塔尔首都多哈召开的第38届世界遗产委员会会议同意将"中国大运河"列入《世界遗产名录》。这是我国列入《世界遗产名录》的第46个项目。

提及大运河,首先想到的一般会是隋炀帝。炀帝开凿大运河,乃其暴政之一,隋之短命亦与此密切相关。其次想到的会是京杭大运河。中国大运河者何?京杭大运河易名而来,易于2007年,国家文物局许是为了申遗的需要吧。老外未必了解京、杭是什么,换成"中国",哦,China,明白明白。当然,京杭大运河并非简单易名,内涵也相应地扩大了,扩成三部分:隋唐大运河、京杭大运河和浙东运河。怎么又析出了"隋唐"?概大运河是不同历史时期利用天然河道、湖泊分段开挖形成的,公元前五世纪就开始动工了。《左传》有"吴城邗沟,通江淮";宋祝穆《方舆胜览》引《元和郡县志》说得更详细:"昔吴王夫差将伐齐北霸中国,自广陵城东南筑邗城,下掘深沟,谓之曰邗江,亦曰邗沟。"隋之后,亦有元对大运河的裁弯取直,包括挖通北京到通县的通惠河、山东临清到东平的会通河、东平到济宁的济州河。如此一来,大运河不必绕经洛阳,缩短了900多公里。因此,现存京杭大运河并非全为隋功,但不知干唐朝多大的事?

中国大运河的三部分里面,比较陌生的是浙东运河。那是浙江境内的一条运河,西起杭州,经绍兴,东至宁波。明余永麟《北窗琐语》载有时人——永乐年间进士张得中的两京水路歌,其中《南京水路歌》云:"车厩丈亭并蜀山,余姚江口停泊处……绍兴城上会稽山,蓬莱仙馆云雾间……六和塔近月轮边,龙山闸枕澄江浒……丹阳地势控丹涂,舟向镇江城外涉。"清晰地勾勒了两条运河连接的路线图。有研究认为,这是宁波人张氏赴南京科考时的沿途实录。其《北京水路歌》,更细致描述了从宁波水路赴北京沿途所经地名、名胜古迹,在篇尾尤其点明:"所经之处三十六,所历之程两月矣。共经水闸七十二,约程三千七百里。"浙东运河既与京杭大运河连为一体,纳入中国大运河也就不无道理。

对这条南北交通大动脉主体框架贡献最大的,无疑还是隋炀帝。然而,他却是在当时即被定论的暴君,谥字已经道得分明,"逆天虐民曰炀"嘛。大运河的具体施工时间,《资治通鉴》里有清晰的记载。大业元年(605)三月,炀帝"命尚书右丞皇甫议发河南、淮北诸郡民,前后百余万,开通济渠"。从洛阳开挖,沟通了黄河与淮河。同年,"又发淮南民十余万开邗沟,自山阳至杨子入江",沟通了长江与淮河。大业四年(608),"诏发(黄)河北诸军五百余万穿永济渠,引沁水南达于河,北通深郡",沟通了黄河与海河。大业七年(611),"敕穿江南河,自京口至余杭,八百余里"。值此,这几大工程汇聚在一起,沟通了钱塘江和长江、淮河、黄河、海河的联系,形成了以洛阳为中心,向东北、东南成扇形展布的大运河。

而大运河之所以与暴政关联,一方面在于工程的浩大,另一方面在于使用前后的排场。比如通济渠,"渠广四十步,渠旁皆筑御道,树以柳;自长安至江都,置离宫四十余所"。再如江南河,

"广十余丈,使可通龙舟,并置驿宫、草顿"。这么大的工程,势必动用大量的人力物力,按《资治通鉴》的说法,开永济渠时"丁男不供,始役妇人",然则《隋书·炀帝本纪》载,此前开通济渠,"发(黄)河南诸郡男女百余万",妇女已经是施工大军中的一员了。为了准备行幸,炀帝先是"遣黄门侍郎王弘等往江南造龙舟及杂船数万艘",结果"东京官吏督役严急,役丁死者什四五,所司以车载死丁,东至城皋,北至河阳,相望于道"。再看行幸本身。大业元年八月炀帝到江都,"舳舻相接二百余里,照耀川陆,骑兵翊两岸而行,旌旗蔽野"。这么多的人马,花销是不得了的,所以"所过州县,五百里内皆令献食,多者一州至百舆,极水陆珍奇",然而"后宫厌饫,将发之际,多弃埋之"。大业七年二月炀帝到涿郡,"渡河入永济渠,仍敕选部、门下、内史、御史四司之官于前船选补,其受选者三千余人,或徒步随船三千余里,不得处分,冻馁疲顿,因而致死者什一二"。不过,今天我们看故宫关于康熙、乾隆南巡那些纪实场面的大量绘画,阵仗有过之而无不及,难道就没有相应的严重后果吗?未必。前人云"不以憎而增其恶",炀帝被示众,有对该句反其道而行之的成分吧。

"尽道隋亡为此河,至今千里赖通波。若无水殿龙舟事,共禹论功不较多。"唐人皮日休的诗句,道出了大运河"利在千秋"的一面。申遗成功,人们在欣喜之余马上生出了忧虑,忧虑是否会造成过度开发从而使大运河生态环境遭到破坏。这种忧虑绝非杞人忧天。申遗是为了保护文化遗产,使之传承子孙后代,但有些人看到的却只是商机,这方面早有不胜枚举的实例。所以,大运河申遗虽然成功,保护仍需努力。

2014 年 6 月 27 日

冲绳·琉球

7月上旬到冲绳游览了几天。虽然那是个离岛,从冲绳飞到东京的时间和从香港飞到冲绳差不多,也算是第一次到了日本。

这在以前是算不上的。因为他们叫作冲绳的岛以前叫琉球,是我们的附属国,要按时进贡,王子继位时要前来接受册封。如今走在冲绳的大街上,"琉球"二字也举目可见。有一种广告无处不在的酒叫"琉球泡盛",有一个保留了该岛昔日风貌的景点就叫"琉球村"。琉球二字根本无须翻译,一模一样的汉字。隋唐的时候,台湾在典籍上也叫"流求",一直沿用到宋元。《宋史·外国列传》中的流求,还是台湾,"流求国在泉州之东,有海岛曰澎湖,隔海相望"嘛。到了《明史》中的琉球,就是冲绳了。

《明史·外国列传》载:"琉球居东南大海中,自古不通中国。元世祖遣官招谕之,不能达。洪武初,其国有三王,曰中山,曰山南,曰山北,皆以尚为姓,而中山最强。五年正月命行人杨载以即位建元诏告其国,其中山王察度遣弟泰期等随载入朝,贡方物。帝喜。"按照此说,中琉正式发生关系,是洪武五年亦即1372年的事。所谓发生关系,就是琉球"从此苞茅勤入贡"。王士禛《池北偶谈》云,其门生汪楫出使琉球回来,"多方购得琉球《世缵图》一卷,今译者以汉文释之。知其国自南宋始称王,元延祐(仁宗年号,1314—1320)间国分为三。明宣德时,复合为一。自宋及今,代已四易"。据《世缵图》,王士禛认为"谓皆尚姓者,亦非也"。而本文开头说的"以前",时间节点是 1879 年。概日本"明治维新"以后,即着手吞并琉球,他们把相关的一系列政策及过程称为"琉球处分"。从 1872 年设置琉球藩,到 1879 年宣布完成"琉球处分",琉球国划入日本版图,就那么短短几年间的事情。对此,《清史稿·属国传》云:"光绪五年,日本入琉球灭之,夷为冲绳县,虏其王及世子而还。"

日本对琉球可谓觊觎良久。万历四十年(1612),日本即"以劲兵三千入其国,掳其王,迁其宗器,大掠而去。浙江总兵官杨宗业以闻,乞严饬海上兵备,从之"。琉球王被放回来后,仍然对明朝遣使修贡,鉴于"其国残破已甚,礼官乃定十年一贡之例",但琉球"明年修贡如故。又明年再贡,福建守臣遵朝命却还之,其使者怏怏而去"。而在琉球被日本夺走之前,中硫间的文化交往也是非常密切的。洪武二十五年(1392)夏,中山、山南贡使先后遣"从子及寨官子"偕来,"请肄业国学"。这个肄业,自然不是今天的没有完成学业,而是旧时修习课业的意思。到永乐八年(1410),"山南遣官生三人入国学",这是真正的留学生了。因为对他们"赐巾服靴绦、衾褥帷帐,已复频有所赐",礼部尚书吕震觉得过于优待,永乐帝还当面解释说:"蛮夷子弟慕义而来,必衣食常充,然后向学。此我太祖美意,朕安得违之。"诸如此类,因而明朝《太学志》有云:"向慕文教,琉球于诸夷为最笃,国家待之亦为最优。"到了清朝也是这样,康熙年间,与汪楫一道出使琉球的林麟焻,作竹枝词如此描述岛上的孔庙:"庙门斜映虹桥路,海鸟高巢古柏枝;自是岛夷知向学,三间瓦屋祀宣尼。"

明朝对琉球非常重视。《万历野获编》云,其时出使高丽、琉球,"但赐一品服以往,复命缴还"。也就是说,虽然派去的官员真正级别没那么高,但名义上很高,有效期就是出使期,出使回来再把一品服给脱下、该几品还是几品就行了。在二者当中,琉球又被高看一眼,因为出使高丽,"必出疆始改服","惟琉球一差,以五年为限,第必于福建造船逗留。又有出五年外者,以故在闽中腰玉被麟,用八人肩舆,多设中军旗鼓等官,其尊与抚臣无异"。这意味着,出使高丽,出国界时使者才是一品,才可以换上一品官服;而出使琉球,令下之日便已经开始享受一品大员的待遇,神气非常了,至于"识者以为非体",显然表明对出使琉球重视得有点儿过头。然这一重视也收到了相应的成效,"后(明)两京继没,唐王立于福建,犹遣使奉贡。其虔事天朝,为外藩最"。

"迎恩亭下蕉荫覆,相逢野老吞声哭。旌麾莫睹汉官仪,簪缨未改秦衣服。"琉球被日本掳去之后,黄遵宪创作了长篇咏史诗《流求歌》。作为中国首任驻日公使何如璋的参赞官,黄遵宪亲身体验了"琉球处分"的过程,自然对琉球的命运感慨万千。他写的"迎恩亭",《大清一统志》云"在那霸港地方,明洪武时建,离海口三里许,即天使登岸之所也"。那霸,即今日冲绳之首府。对琉球的失去,《清史稿》有一句"总理衙门以灭我藩属诘日本,日人拒焉"。次年,李鸿章奏言:"琉球初废之时,中国体统攸关,不能不亟与理论。今则俄事方殷,势难兼顾。且日人要索多端,允之则大受其损,拒之则多树一敌,唯有暂从缓议。"就是说,因为中俄正在伊犁问题上进行交涉,就"牺牲"琉球了。呜呼!

冲绳岛上,风狮爷、石敢当无处不在。面对正宗的中华文化遗存,同样只有无限感慨了。

2014年7月12日

放榜之后

今年的高考已经开始放榜了。因为不是百分之百地录取,放榜对考生而言就必然是"几人欢乐几人愁"的结局。"贤郎更在孙山外"的,不仅没理由高兴,而且会相当沮丧。自家当年有过两次落榜经历,对此深有体会。榜上有名的就是另一番心境了。

从前的科举考试自然也有放榜,进士榜大约就相当于高考吧。张籍《喜王起侍郎放牒(榜)》诗云:"东风节气近清明,车马争来满禁城。二十八人初上牒,百千万里尽传名。谁家不借花园看,在处多将酒器行。共贺春司能鉴识,今年定合有公卿。"这首诗首先说明唐朝的进士放榜时间不像现在是夏天,是在春天,所以又叫春榜。唐文宗时的何扶有一绝寄旧同年曰:"金榜题名墨上新,今年依旧去年春。花间每被红妆问:何事重来只一人?"在点明放榜时间的同时,得意之情也溢于言表。当然了,讲到得意,千百年来传诵的是孟郊的"春风得意马蹄疾,一日看尽长安花"。

以唐朝而言,放榜之后,榜上有名的人往往要雁塔题名和曲江游宴。李肇《国史补》云:"既捷,列书其姓名于慈恩寺塔,谓之题名会。大宴于曲江亭子,谓之曲江会。"慈恩寺塔,就是至今仍然屹立着的大雁塔。届时,"同年中推一善书者纪之,他年有将相,则朱书之"。曲江亭子在曲江池,是唐代著名的风景区,位于长安城东南隅,因水流曲折而得名。按五代王定保的说法,曲江会始于中宗神龙时期,盛于玄宗开元之末。他这么推断出来的:玄宗天宝元年(742),"以太子太师萧嵩私庙逼近曲江,因上表请移他处,敕令将士为嵩营造"。萧嵩饶是太子太师,也断不至于曲江池正热闹的时候抢块地盘建家庙,显见如敕批所云:"卿立庙之时,此地闲僻;今傍江修筑,举国胜游。与卿思之,深避喧杂。事资改作,遂命官司。"也就是说,曲江会办得规模越来越大,如同今天的城市扩张一样,把原本的僻地也变成了热闹所在。曲江会极盛的时候,"行市罗列,长安几于半空"。

新晋进士们到曲江池都干什么呢?王定保《唐摭言》记载颇详。首先是"宴"和"游"。所谓"既彻馔,则移乐泛舟,率为常例"。而"宴前数日,行市骈阗于江头",表明此时的商家也嗅到了商机。这么隆重,大约也与时值上巳节相关。还有意思的是,僖宗时"新进士尤重樱桃宴"。比如乾符四年(877),刘覃及第,他爸爸时以故相镇淮南,"敕邸吏日以银一铤资覃醵罚",给儿子作经济上的后盾。刘覃"于是独置是宴,大会公卿",把刚上市的樱桃干脆包圆了,"虽贵达未适口,而覃山积铺席,复和以糖酪者,人享蛮榼一小盎,亦不啻数升。以至参御辈,靡不沾足"。

其次是"拣选东床",就是挑女婿。"公卿家倾城纵观于此",至于"车马阗塞,莫可殚述",表明此乃有权有势或者有钱人家的专利,因此"有若中东床之选者,十八九钿车珠鞍,栉比而至"。《西厢记》里,张君瑞中了状元,游街时给卫尚书家的小姐抛中绣球,卫家人随后"把那张生横拖倒拽入去"。虽然他嘴里大叫"我自有妻,我是崔相国家女婿!"但"那尚书有权势气象,那里听?则管拖将入去了"。这种择婿法,宋人彭乘《墨客挥犀》说叫脔婿。脔,比喻珍美的、独自占有,不容别人分享、染指的东西。因而彭乘说:"其间或有意不愿而为贵势豪族拥逼不得辞者。"明朝沈德符《万历野获编》则将商婿列在了"嗤鄙"条下,表明了对这种择婿法的鲜明态度。

放榜之后,如今要谢师,每年"谢师宴"如何都是一个舆论话题。那个时候也是。不同的是,现在的老师对学生成长付出了艰辛的努力,以前是谢吏部员外郎,捡现成的。进士及第,只是取得出身资格,还要到吏部参加关试,取得铨选授官的资格后才算步入仕途。关试时,考生就要向吏部员外郎称门生,即所谓"一日门生"。这种做法,李德裕为相时曾经一度禁止,以为"国家设文学之科,求贞正之士,所宜行敦风俗,义本君亲,然后申于朝廷,必为国器。岂可怀赏拔之私惠,忘教化之根源!自谓门生,遂成胶固。所以时风浸薄,臣节何施?树党背公,靡不由此"。他进而提出:"今日已后,进士及第任一度参见有司,向后不得聚集参谒,及于有司宅置宴。其曲江大会朝官及题名、局席,并望勒停。缘初获美名,实皆少隽;既遇春节,难阻良游。三五人自为宴乐,并无所禁,唯不得聚集同年进士,广为宴会。"有人认为,这是因为李德裕"不由科第,故设法以排之",所以他下台后,一切便"悉复旧态"。曲江会真正遭受到的打击,一次是安史之乱,玄宗"幸蜀之后,皆烬于兵火矣,所存者唯尚书省亭子而已";再一次是"巢寇之乱",这一次是毁灭性的,从此"不复旧态矣"。

前几年到过一次西安,住在曲江新区,距曲江池遗址公园很近,自然要去看一看。据说,那是西安"皇城复兴计划"的扛鼎之作,被誉为人文西安、古今融合、人与自然和谐的建设典范。规模不小,也的确营建得非常雅致。然名曰遗址,却觅不到丝毫旧时痕迹与气象,或许行色匆匆,看得不细之故?

2014 年 7 月 20 日

官不聊生？

《新京报》记者在采访作家二月河的时候发问:目前有观点认为"官不聊生",为稳定计,应对官员宽容一些,你怎么看？二月河回答:十八大后的反腐才开始一年半,反腐力度是史无前例,但远没有到所谓"官不聊生"的程度。而且,如果一个官员不贪不腐,怎么会担心自己的前途？在这里,"官不聊生"是一个很有意思的新词。

从来我们熟知的都是"民不聊生",老百姓没法生活下去,聊者,依赖、凭借也。《史记·张耳陈馀列传》中,武臣奉陈涉之命"北略赵地",一路上对守城诸将晓之以理:"秦为乱政虐刑以残贼天下,数十年矣。北有长城之役,南有五岭之戍,外内骚动,百姓罢敝,头会箕敛,以供军费,财匮力尽,民不聊生。"可以说,民不聊生在历史上堪称一个常态。每逢较大规模的农民起义爆发,原因自然多方面,但能呼应者众,往往正有这一前提。"官不聊生"从何说起,难道说如今他们的生活也到了艰难的地步？苟如是,恐怕近乎天方夜谭。结合中纪委及各级地方纪委通报各级官员违法违纪成为常态的做法,则不难品味了,其实是说因为对官员举手投足限制得越来越严,没法像以前那样当官了。以前干起来根本不算什么的事情,现在可能要掉"乌纱帽"了。比如公款宴请、公车私用原来完全就是"正常现象",现在则要曝光,"使人民都知道"。如果这就是"官不聊生"的话,历史上却也不乏实例。海瑞不知从哪里听来朱元璋对贪官"剥皮实草",属实的话也可归为极端,而对官员行为进行约束或者划些"高压线",在正常时代都是正常举措,能否落实当然是另一回事。

"官不聊生"说的出现,某种程度上是"官位自有黄金屋"破灭了的一种反映。《邵氏闻见录》载,宋太祖派曹彬伐江南,出发前承诺:"功成以使相为赏。"但当曹彬凯旋之后,太祖改主意了:"今方隅未服者尚多,汝为使相,品位极矣,岂肯复战耶?姑徐之,更为吾取太原。"等于在驴嘴之前又吊了根胡萝卜,虽然太祖也因此"密赐钱五十万",曹彬还是怏怏而退。进得家门,赐钱已经运到,"见钱布满室",曹彬终于想通,叹口气说:"好官亦不过多得钱耳,何必使相也!"曹彬在历史上是个形象相当正面的官员,失意之际不免心生此念,遑论那些专等着就位之后便捞一把的人物。

旁观者就不用说了,可能百分之百地认同必须制约权力的使用。在位的官员认同"官不聊生"与否,折射出的实际上就是其对权力本身的认识、认识的程度如何,这完全取决于其自身的修养。元朝张养浩《风宪忠告》的开篇,就是以切身经历忠告官员要"自律第一"。他说:"士而律身,固不可以不严也。然有官守者则当严于士焉;有言责者又当严于有官守者焉。"层层递进的关系表明,官员的职责越重,自律应当越严格。为什么呢?"盖执法之臣,将以纠奸绳恶,以肃中外,以正纪纲,自律不严,何以服众?"至于什么叫严格,张养浩开列了一个"负面清单":"或巧规子钱,或盗行盐帖,或荒耽曲糵,或私用亲属,或田猎不时,或宴游无度,或潜托有司之事,或妄兴不急之工,或旷官第而弗居,或纵家人而不检,于斯数者而有一焉,皆足为风宪之累。"其中一些,如"盗行盐帖""田猎不时"自有其时代的局限性,但总的说来,与今日之官员理应具备之操守并无二致。

　　清朝汪辉祖的《学治臆说》,围绕可操作层面谈及了自己的体会。如"嗜好宜戒"条这么说的:"一人之身,侍于旁者,候于下者,奔走于外者,不啻数十百人,莫不窥伺辞意,乘间舞弊。不特声色货利,无一可染,即读书赋诗,临池作画,皆为召弊之缘。"用明朝冯梦龙的话说,就是"高飞之鸟,死于美食;深泉之鱼,死于芳饵"。用今天厦门远华案主犯赖昌星的一句"名言"来注释,就是"不怕领导讲原则,就怕领导没爱好"。又如"勿以土物充馈遗"条这么说的:"地产土宜,非有土官之利也。偶因取给之便,奉上官、赠寮友,后遂沿为故事。甚至市以官价,重累部民,毒流无既,如之何可为厉阶也。故旧规所有,尚宜斟量裁减,若所产之物素未著名,断不可轻用馈遗,贻后人之害,祸同作俑。"这方面,余前有《特产之害》文专门论及。

　　唐朝宋守敬"清白谨慎,累迁台省,终于绛州刺史"。然而,他在58岁的时候还只是龙门县丞,几年工夫就当上去了。他对那些眼热的人说:"公辈但守清白,何忧不迁。"宋朝苏轼有个比喻:"士人历官一任,得外无官谤,中无所愧于心,释肩而去,如大热远行,虽未到家,得清凉馆舍,一解衣漱濯,已足乐矣。况于致仕而归,脱冠佩,访林泉,顾平生一无可恨者,其乐岂可胜言哉!"今天相当之多的官员已经做不到这一点,回归了正常的权力制约,在他们已然相当不习惯。所以,套用当下用得烂俗了的一句话:"官不聊生"属于伪问题。党纪政纪的"紧箍咒"越念越紧,官员再不会像以前那么"率性而为",仅此而已。

2014 年 7 月 26 日

无良商家

上海记者在福喜食品有限公司卧底两个多月,拍摄到了许多令人震惊的画面,从而掀开了该公司"无良"生产的黑幕:采用过期食品回锅重做、更改保质期标印等手段,加工过期劣质肉类,再将生产的麦乐鸡块、牛排、汉堡肉等提供给麦当劳、肯德基、必胜客等洋快餐。节目在 7 月 20 日晚间播出之后,举国哗然。随后,福喜公司相关责任人承认,对于过期原料的使用,公司多年来的政策一贯如此,且"问题操作"由高层指使。为掩盖这些行为,福喜还处心积虑做了对内、对外两本账。

福喜的生产手段不可告人,与之相映然而并不成趣的是,元杂剧里面的店家,虽然无良,但都坦诚得很,毫不掩饰,店小二登场之时每有这样的自白。

《朱砂担滴水浮沤记》第二折,小二自道:"别家水米和匀搅,我家水多米儿少。若到我家买酒来,虽然不醉也会饱。"

《丁丁当当盆儿鬼》第一折,小二自道:"别家做酒全是米,我家做酒只靠水。吃的肚里胀膨脖,虽然不醉也不馁。"

《看钱奴买冤家债主》第四折,小二自道:"不是自家没主顾,争奈酒酸长似醋,这回若是又酸香,不如放倒望竿做豆腐。"望竿,悬挂酒旆的旗杆。

马致远《吕洞宾三醉岳阳楼》第一折，酒保自道："俺家酒儿清，一贯卖两瓶。灌得肚儿涨，溺得脬儿疼。"脬儿，秽语，指男性生殖器。

郑庭玉《包龙图智勘后庭花》第三折，小二自道："酒店门前七尺布，过来过往寻主顾。昨日做了十瓮酒，倒有九缸似头醋。"七尺布，酒幌子，所谓酒旗是也。尺寸原不拘，宋人窦象有联曰："无小无大，一尺之布可缝；或青或紫，十室之邑必有。"大小不论，但是得有，彼时一定是很显眼的标志，入了好多诗人的法眼。白居易有"酒旗摇水风"，杜牧有"水村山廓酒旗风"，刘禹锡有"酒旗相望大堤大"，陆龟蒙有"酒旗风影落春流"，陆游有"酒斾摇摇出竹篱"，等等。

这些都是说卖酒掺假的。鲁迅小说《孔乙己》里，"我"在咸亨酒店里当小伙计，起初就是负责往酒里掺水，然而短衣帮们"往往要亲眼看着黄酒从坛子里舀出，看过壶子底里有水没有，又亲看将壶子放在热水里"，搞得"我"干不来。元杂剧中的这些小儿自道，自然是艺术的夸张，这种自轻自贱的遗风，倒是为今天的不少相声、小品在某种程度上借鉴或继承了。尤其是现场版的"二人转"，相互之间，几乎就是自轻自贱大比拼。

卖酒的如此，卖粥的也是这样。《争报恩三虎下山》第三折，小二自道："我卖稀粥真个稀，谁不与我做相知。由你连喝一百碗，吃了依然肚里饥。"从念白中可知，他这个店的位置不错："但是南来北往，经商客旅，做买做卖，推车打担，赶不上城的，都在我这里买粥吃。土地老子保佑，则愿的买卖和合，百事大吉，利增百倍。"不过这一天他失算了，遇到茬子了，关胜、徐宁、花荣三个喝霸王粥，不仅"一个钱不曾与我，粥又吃了，连碗盏都打破了"。这三个一看人名就知道，梁山好汉，不过，其时《水浒传》尚未问世。

而元杂剧里的水浒戏,正是水浒故事丰富发展的一个重要阶段,对《水浒传》的成书产生了极大的影响。本出之外,还有李文蔚的《同乐院燕青博鱼》、高文秀的《黑旋风双献功》、李致远的《都孔目风雨还牢末》等。那么,这些戏里的故事与《水浒传》里的相关故事区别甚大,便是正常不过之事。

曾瑞卿《王月英元夜留鞋记》楔子中,王月英家开个胭脂铺,"自谓状元探手可得"、却"时运不济,榜上无名"的郭华,借买胭脂之名来接近"生得十分娇色"的王月英,王不知是计,且不理它。有趣的是丫鬟的说法:"待我去问他,你买这胭脂是做人事送人的,还是自己要用的?"郭华不解,丫鬟云:"你若自用,我取上等的与你;若送人,只消中样也够了。"这种"为顾客着想"的店家有良与否,自然是另一个话题了。

《清稗类钞》有"饮食决定论"条,说"东方人常食五谷,西方人常食肉类。食五谷者,其身体必逊于食肉类之人。食荤者,必强于茹素之人"。还不知从哪儿听到"美洲某医士云,饮食丰美之国民,可执世界之牛耳。不然,其国衰败,或至灭亡。盖饮食丰美者,体必强壮,精神因之以健,出而任事,无论为国家,为社会,莫不能达完美之目的"。这就有点儿与"地理环境决定论"异曲同工的意味了。所以,"吾国人苟能与欧美人同一食品,自不患无强盛之一日",肯定未必,然"饮食一事,实有关于民生国计"却是不错。但那个时候,咱们的无良商家是怎么生产牛乳的?"搀泔水,或以提取乳油之余料,其有腐败者,更加碱以灭其臭味。又有臭气或酸味者,以及病牛之乳"。这跟福喜的行为简直可以诠释历史惊人相似的"定论"了。

上海福喜食品有限公司的母公司是美国 OSI 集团,此乃世界上最大的肉类及蔬菜加工集团,也是麦当劳、百胜集团等重要的全球合作伙伴之一。这种有组织的害人行为,用"无良"名之已经属于轻描淡写,该用"罪恶"更恰如其分。

2014 年 7 月 30 日

冲绳·琉球(续)

明朝张瀚说,琉球"俗无文字,入学中国,始陈奉表章,著作篇什,有华风焉"。的确,琉球在历史上和中国存在着千丝万缕的关联,特别是和福建,在文化、语言各方面的密切度,远比他们和日本本岛要高得多。福州至今尚存"柔远驿",民间又称之为琉球馆,明清时就是用于接待琉球国赴华朝贡的宾客和商人的,琉球贡使也是在福州登陆后先住在柔远驿,然后再奔赴北京觐见。柔远驿,驿名取自《尚书·舜典》之"柔远能迩",意谓安抚笼络远近之人而使归附。

彼时琉球向中国进贡,完全是一个常态。《永宪录》有"琉球岁贡"条,云"成例,贡期,琉球二年",也就是两年进贡一次。其他如"朝鲜每年有年贡、节贡,安南三年,荷兰五年,暹罗三年",等等。当然,如"惟西洋以地远未定贡期"属于意淫。琉球的贡品中,有一种"蕉布"很有特色。沈复鉴于自己"尚囿方隅之见,未观域外",乃于嘉庆五年(1800)跟使团到琉球去看了看,其《浮生六记》中因有一记曰《中山记历》,中山即琉球。元末,琉球分裂为中山、山南和山北等三个独立国家,后来中山实现一统。沈复介绍蕉布云:"米色,宽一尺,乃芭蕉沤抽其丝织成,轻密如罗。"但《永宪录》中值得引起注意的,还是"顺治元年设四译馆",设译字生、通事若干人,专司翻译和各语种教学。四译馆不是四个译馆,而是由"四夷"转化而来,即鞑靼、女直、回回、缅甸、百译、西番、高昌、西天竺、八百媳妇、暹罗等。设译馆的目的,"盖诸国各有字书,必加翻译乃知"。我们看到,这其中不包括"如朝鲜、安南、琉球诸国",因为它们"疑与中华同文",无须翻译。加上康熙二十三年(1684)又"设琉球官学",收效是显著的。

《养吉斋丛录》中的一件事,足以佐证这一点。乾隆五十五年(1790),"圣寿八旬,朝鲜、琉球、安南、巴勒布皆诣阙祝厘,因复赐宴于御园"。乾隆很高兴,对外国来的正使,"皆手卮以赐",每人先亲手赐酒,然后"宣示御制诗章,俾使臣能诗者恭和"。这就犹如对汉语通晓程度画了一道杠杠,区别了楚河汉界,"于是朝鲜、安南、琉球三国使臣皆拜效颂祝,得诗九章"。其中,琉球国副使、正议大夫郑永功的贺诗是这样写的:"御极垂衣正八旬,普天沐德献琛频。四夷骈贡蒙皇化,五代同堂仰圣人。召入华筵龙液酒,飞登紫苑凤卮亲。天颜咫尺沾恩湛,永祝升平万寿仁。"不仅颔联、颈联对仗工整,而且还能奉和,也就是韵脚与乾隆"御制诗章"的用字完全相同,显见其与中华文化的融入之深,几乎可以等同看待了。

诗文之外,我们在琉球文化中至少还可以看到两种鲜明的中华元素。

一个是文庙的建立。文庙是祭祀我国伟大思想家、教育家孔子的祠庙建筑,明清时期,我国的州、府、县治所所在都有文庙,是古代文化遗产中极其重要的组成部分。《清史稿·琉球传》载:"康熙五十八年,琉球国建明伦堂于文庙南,谓之府学,择久米大夫通事一人为讲解师,月吉读圣谕衍义;……八岁入学者,择通事中一人为训诂师教之。文庙在久米村泉崎桥北,创始于康熙十二年。庙中制度俎豆礼仪悉遵会典。"沈复正是在久米村看到了文庙,"堂三楹,中为神座,如王者垂旒捂圭",像我们这里一样,也有"至圣先师孔子神位"的字样,"左右两龛,龛二人立侍,各手一经,标曰《易》《书》《诗》《春秋》"。沈复看罢还敬题一诗,"洋溢声名四海驰,岛邦也解拜先师"云云。

　　再一个是妈祖的信仰。从琉球到中国大陆,彼时虽不过"计六昼夜,径达所届",但南中国海的波涛也称得上汹涌澎湃。《永宪录》即云,某年"琉球岁贡遇风覆艘,贡使毛宏健并随从水艄百二十人俱沉没。福建巡抚以闻,上命表文各物俱免补进,所余亦赍回给赏次船林宗琏等归国"。沈复也经历了航行中的惊心动魄,"午刻,大雷雨以震,风转东北,舵无主,舟转侧甚危。……忽闻霹雳一声,风雨顿止。申刻,风转西南且大,合舟之人,举手加额,咸以为有神助"。什么神呢?张瀚《松窗梦语》说得就更直接了,"至往来海上,见巨鱼横亘数十里,草木蒙丛,望之无异山峙,而舟人指示为巨鱼脊。一日,舟停不进,左突右倾。……人力无如之何,惟焚香叩首呼神。俄而鸟止于桅",这时舟师说:"天妃至矣。"大家赶快"罗拜桅前"。天妃,妈祖,以中国东南沿海为中心的海神信仰。

　　明朝的《松窗梦语》把琉球归入《南夷纪》,而把日本归入《东倭纪》,表明在时人眼里,二者实际上了不相涉。1945 年 7 月,美、英、苏三国首脑和外长在柏林波茨坦举行会议,26 日发表了《波茨坦公告》,督促日本投降。在征得了中国同意的《波茨坦公告》第 8 条明确:"开罗宣言之条件必将实施,而日本之主权必将限于本州,北海道,九州,四国及吾人所决定其他小岛之内。"然而,琉球即冲绳今天却成了日本领土,该是吊诡年代催生的吊诡之事了。

2014 年 8 月 2 日

出名

　　曾经的网络红人郭美美，因涉嫌赌博罪近日被北京市公安局东城分局依法刑事拘留，从而使她继2011年以"中国红十字会商业总经理"身份微博炫富而一夜出名之后，再度成为网络关注焦点。8月4日凌晨，央视播出了相关采访画面，郭美美戴手铐、穿囚服，素颜出镜，表情看起来还算淡定。郭美美所以有富好炫，全因为她有个干爹；干爹现在有了幡然醒悟的意味。他说郭美美整个人极度贪图虚荣，为了出名和挣钱不择手段，是他一生的噩梦。郭美美本人供述则称，甭管是好名还是恶名，名声给她本人从物质上带来了很大的利益，她也就故意拿名声炒作。

　　当代一些人要不择手段地出名，前人也是这样，"不痴不狂，其名不彰；不狂不痴，不能成事"嘛。郭美美的出名思路，有点儿类似清朝的潘安笙，参见《清稗类钞》之"潘安笙甘得恶名"条。潘安笙"尝谓三代以下之人，唯恐不好名"。别人说，好名声哪那么容易得到啊。潘安笙说什么？"能得恶名，亦胜于无名耳，不流芳百世，亦须遗臭万年！"看到这儿，大家自然知道这是效颦东晋的桓温了，桓温的"既不能流芳后世，不足复遗臭万载邪"，早成了一句名言。然桓温之所以那样说，实际上是在抒发胸中的忿气，"以雄武专朝，窥觎非望"的他，并不甘心臣服于司马氏。他对亲僚曰:"为尔寂寂,将为文、景所笑。"文、景,就是从曹魏手里夺得天下的司马昭、司马师两人,放着唾手可得的江山而不得,将来肯定被他俩在地下笑话。他道出那名言的时候,《晋书》里是说着说着"既而抚枕起曰",《世说新语》里是"既而屈起坐曰",虽姿态不同,但愤懑之情溢于言表是显而易见的。因此,桓温的"遗臭万载",并非要干些伤天害理的事情,而是他流露出是否夺取东晋江山的踌躇,因为这种僭越至极的行为在正统世界观中不能被容忍,要背负骂名,所以桓温才会那么说。当然,如我们所见,桓温终于还是"为文、景所笑",他自己没有登基,只在公元403年,其幼子桓玄称帝后,被追尊为宣武皇帝,庙号太祖。

像潘安笙的这种"甘得恶名",才是真正的要干坏事。看他的思维逻辑:"夫三十年为一世,百世,亦仅三千年,为善而名仅三千年,毋宁努力恶,而转多七千年之名也。"他这是把"流芳百世"的"百世"与"遗臭万载"的"万载",一概视为实数来算账。这样一来,美名才能传三千年,而恶名能比美名多七千年,还是恶名划算。并且在他看来,"为善之事,恒于金钱有关系,非以金与人,即不能取人之金。若欲为恶,则仅以贪而即得大名,无论在朝在野,但效盗贼之行为可也,且利既得而名亦随之矣"。这就是说,留恶名比留美名要容易得多,有官职的贪赃枉法,没官职的为非作歹,名利就可双收。我忽然想,潘安笙这是不是气得正话反说,在描述他所耳闻目睹的社会现象?

在历史上的许多时候,那些听不进正常意见的人,往往会给对方扣一顶在搏出名的帽子。比如宋理宗时,叶梦鼎这样进言:"陛下惑于左右之谗说,例视言者为好名,中伤既深,胶固莫解。近岁以来,言稍犯人主之所难者,不显罢则阴黜,不久外则设间,去者屡召而不还,来者一鸣而辄斥。"又比如同时期的陈㙔。先是李全在楚州有异志,陈埙写信告诉他的舅舅、宰相史弥远,宜"痛加警悔,以回群心。蚤正典刑,以肃权纲"。弥远不纳。未几,贾贵妃入内,陈埙又言:"乞去君侧之蛊媚,以正主德;从天下之公论,以新庶政。"弥远这回说话了:"吾甥殆好名邪?"他的潜台词很清楚:当你的嘉兴通判(在州府长官下掌管粮运、家田、水利和诉讼等)算了,管这些闲事干吗。

对那些真正干事的官员来说,未必想要留名却可能名留千古。比如《明史·循吏传》中的方克勤,"以德化为本,不喜近名,尝曰:'近名必立威,立威必殃民,吾不忍也。'"近名,就是好名,搏出名。其为济宁知府,盛夏,守将督民夫筑城,克勤曰:"民方耕耘不暇,奈何重困之畚锸。"请之中书省,得罢役,凑巧久旱之际来了场大雨,济宁人歌之曰:"孰罢我役?使君之力。孰活我黍?使君之雨。使君勿去,我民父母。"

《曲洧旧闻》载,秦少游被贬官南下,"道过桂州秦城铺"。有个省试下第的举子"归至此",听说了少游的事情就来了首题壁诗:"我为无名抵死求,有名为累子还忧。南来处处佳山水,随分归休得自由。"打个也许不恰当的比喻,前两句倒是颇适用于郭美美。当年,郭美美横空出世的同时,把我们红十字会的上上下下一概给弄了个灰头土脸,公信力大打折扣,至今也没有完全恢复过来。她所出的正是一种恶名,类似的其实还有很多。比如一段时间以来,国产雷人"抗日剧"此伏彼起,批量出现,目不暇接。徒手撕开鬼子、女子裸体敬军礼、扔颗手榴弹炸下飞机……各种离奇怪异的情节完全是在侮辱观众的智商,亵渎艰苦卓绝的抗战。主创人员都算是文化人,未必意识不到"雷人"之点,不排除有意为之。诛心的话,正是潘安笙"能得恶名,亦胜于无名"理论的实践。

2014 年 8 月 5 日

名相戏

湖北公安县今年有个高考考生名叫"武发春",毕业于荆州某重点高中。他计划考取一本学校,结果却只过了三本批次线。查找失利原因,他觉得是自己名字惹的祸,"武发春"谐音"我发春",因此"在学校里经常受到同学们的嘲笑,心里很不好受"。他说,上小学和初中时,还没觉得名字会有这么大影响,成绩也不错;进入高中后,名字把自己弄得身心很受伤,也静不下心学习,学习成绩的下滑与此有直接关系。

小武同学的说法未必是没有考好的托词。拿姓名的谐音或结构来开玩笑,想来大家的身边都碰到过。这也是古人的拿手好戏。刘声木《苌楚斋随笔》云:"以名氏相戏谑者,始于宋人。"他举的是"陈亚有心终是恶,蔡襄无口便成衰",实则这样的例子很多。宋人《齐东野语》里有刘攽戏谑王觌:"公何故见卖?"王觌反谑:"卖公直甚分文。"陈亚、蔡襄,刘攽、王觌,俱一时之选。陈亚乃藏书家,以药名融入诗词见长,"风月前湖夜,轩窗半夏凉"云云;蔡襄乃书法家,其书帖今日依然占有相当地位;刘攽是史学家,"预司马光修《资治通鉴》,专职汉史";王觌是清正廉明的官员,其可贵之处在于"持正论始终,再罹谴逐,不少变"。那么,这些名相戏看上去好像不那么中听,实际上只是体现智慧的文字游戏。

《北梦琐言》载,唐朝吏部尚书张祎曾比较纠结自己的名字。祎,祖衣也,婴儿的包被。有人问他为什么取这个字为名,"祎以少孤,为无学问亲表所误"作答。他曾经想改,只是没有改成。后梁有个宰相叫姚洎,人戏之曰:"洎训肉汁,胡为名?"姚洎答不上来,其实"洎"还可以是"到"或"及"的意思。看来姚洎对自己的名字没有研究过。《老学庵笔记》中有则关于姓名的笑话,不是源于谐谑而是冬烘了。说岭南有个监司叫但中庸,某天"朝士同观报状,见岭南郡守以不法被劾,朝旨令但中庸根勘",有个人在旁边叹气了:"此郡守必是权贵所主!"大家问你怎么知道呢?他说,不法必须痛治,"此乃令但中庸根勘,即是有力可知"。大家给逗得哈哈大笑。那人显然把"但中庸"这个名字,理解成"但求中庸"的处置方式了,并且,最终也"不悟而去"。

凑巧的时候,姓也能给人以相戏的感觉。比如《封氏闻见记》载:"阳伯博任山南一县丞,其妻陆氏,名家女也。县令妇姓伍也。"某天县令的老婆"会诸官之妇",夫人外交吧。寒暄之后照例要问询尊姓,县丞夫人自然答曰"姓陆";次问主簿夫人,人家答曰"姓漆",她生气了,"勃然入内",令大家都下不来台。"县令闻之,遽入问其妇",她说:"赞府妇云姓陆,主簿妇云姓漆,以吾姓伍,故相弄耳。余官妇赖吾不问,必曰姓八姓九。"看到这一段时,不禁想起自己在工厂的经历。我们科的科长姓妣,有一次他给别科的武姓科长打电话:"老武吗?我老妣啊。"逗得大家哈哈大笑。

以上这些有玩笑的成分,下面就是直截了当的针砭了。《枣林杂俎》有:"周延儒字玉绳,先赐玉,后赐绳。绳系延儒之颈,一同狐狗之头。马士英号瑶草,家藏瑶,腹藏草。草贯士英之皮,遂作犬羊之鞬。"又有:"史册流芳,虽未灭奴犹可法;洪恩浩荡,未能报国反成仇。"前一则的周延儒、马士英,在《明史》中都列入了《奸臣传》。虽顾诚先生《南明史》评价马士英固然不是救时之相亦不至于为奸臣,但这个名姓联毕竟乃时人的结论。后一则说的是史可法、洪承畴,二人的作为一正一反,判若云泥,不必多说。《养吉斋丛录》载,雍正十三年(1735)顺天乡试,正副主考为工部侍郎顾镇和学士戴瀚。有个叫许秉智的秀才用人情和贿赂手段得中解元,引起人们愤慨。于是又有了这样一副名姓联:"顾司空,顾人情不顾脸面;戴学士,戴关节不戴眼睛。"

还有一种名姓文章不是相戏,属于纯粹找碴儿。《万历野获编》云:"古来以姓名谤人者,如裴度之绯衣坦腹,宋郊之国姓祀天,谑口造言,为千古痛恨。"但明朝这个时候没有好多少,甚至"年来惯以此陷人,登之章疏"。比如"吏科都给事连有陈姓者,则曰陈陈相因"。又比如,"左通政徐申者,吴人也,初名申锡,后去下字,举进士,言官追论之"。指责些什么呢?说徐的改名,乃"逢迎同里申(时行)王(锡爵)二相"。如何逢迎呢?"去太仓(锡爵乃太仓人)之嫌名,附吴县(时行乃吴县人)之同姓"。有意思的是,这种鸡蛋里挑骨头,倒是徐申锡的用意"亦巧而刻矣"。

在小武同学的姓名困扰之外,近几年来也有不少文章围绕贪官的名字进行议论、反讽。比如湖南道县原县委书记易光明落马后,肖复兴先生文章称:"明明是在黑暗角落里干着贪赃枉法的事情,却偏偏要叫'光明'。"江西省原省长倪献策、原副省长胡长清,安徽省原副省长王怀忠,中国建设银行原行长王雪冰等,也均被肖先生认为"糟蹋了好名字"。名字与作为之间原本就没有必然联系,一定要议论,"相戏"可也,一本正经的话并无实质意义可言。

2014 年 8 月 9 日

打油诗

第六届鲁迅文学奖获奖名单公布,四川大学教授周啸天以诗集《将进茶——周啸天诗词选》获得了其中的诗歌奖。这是第一个以传统诗词获此奖的诗人。很不幸,作品亮相之后,被舆论普遍讥讽为"打油诗"。那些大作虽然已经传遍天下,还是拈出一首来直观一些。比如写"两弹元勋"邓稼先:"炎黄子孙奔八亿,不蒸馒头争口气。罗布泊中放炮仗,要陪美苏玩博戏。"我一向不懂品诗,王蒙先生称周作"亦属绝唱,已属绝伦",只有姑妄听之了。

打油诗,众所周知来自唐朝的张打油。打油,应该是他的职业吧。"江上一笼统,井上黑窟窿。黄狗身上白,白狗身上肿",人人耳熟能详。这种诗的特点是即兴言事,不求平仄对仗,但求直白、俚俗、谐谑。以这些"标准"来衡量周诗,的确相去不远。而打油诗也有境界高下之别,除了写景与抒怀、戏谑与嘲弄、讽刺与讥弹,还有劝谕,还有阐发哲理。像张打油的这首《咏雪》,通篇不着一"雪"字,但雪的形神呼之欲出。钱泳《履园丛话》之陈斗泉云:"金腿蒙君赐,举家大笑欢。柴烧三担尽,水至一缸干。肉似枯荷叶,皮同破马鞍。牙关三十六,个个不平安。"把友人馈赠的火腿如何煮不烂又咬不动,描述得妙趣横生,"诗虽谐谑,而炼字炼句,音节铿锵"。相形之下,周教授写的翁帆杨振宁订婚,"二八翁娘八二翁,怜才重色此心同""青山依旧夕阳红""万古灵犀往往通"云云,对有一定文化程度的人来说,都算不上灵光闪现的句子,即便归入打油诗,也该属于较浅的那个层次。

唐朝还有个叫王梵志的,打油诗也是属于层次较高的一类。《太平广记》把梵志列入"异人",因为他的出生十分离奇:王德祖家的树"生瘿大如斗,经三年朽烂",德祖把那个树疙瘩剖开,"遂见一孩儿抱胎",就是他了。有人说他的打油诗"不守经典,皆陈俗语,非但智士回意,实易愚夫改容,远近传闻,劝惩令善"。俗语归俗语,产生的效果积极、良好、向上,所谓"作诗讽人,甚有义旨"。

但王梵志至少有两首打油诗,得到了黄庭坚的高度评价。其一是"城外土馒头,馅草在城里,一人吃一个,莫嫌没滋味。世无百年人,强作千年调。打铁作门限,鬼见拍手笑"。其二是"梵志翻着袜,人皆道是错。乍可刺你眼,不可隐我脚"。《苕溪渔隐丛话》中载有黄庭坚的评价。对其一,他说"己且为土馒头,尚谁食之?今改'预先着酒浇,使教有滋味'"。土馒头,坟包也。这一改,显示了面对生死的坦然。对其二,黄庭坚评价"一切众生颠倒,类皆如此"。并且,他认为林宗过茅——郭林宗拜访茅季伟,季伟杀鸡饭其母,而"自以草蔬与客同饭",使林宗大受感动,两人遂成莫逆的经典故事,即"翻着袜法也"。在当下,周教授也用这首来形容自己的处境,"梵志翻穿袜子,观者虽不爽,自己的脚却是十分舒服的",借此表明获奖之后自己心情大好,没受争议影响。虽然正错皆为人言,"人皆道是错"未必即错,但比照黄庭坚对"翻着袜"的见识,可见周教授的理解又浅了不少。

宋人范成大更把梵志前一首整诗的诗意铸为一联:"纵有千年铁门槛,终须一个土馒头。"《红楼梦》里妙玉非常欣赏这两句,在第六十三回岫烟对宝玉说:"(妙玉)常说古人自汉晋五代唐宋以来皆无好诗,只有两句好。所以他(她)自称'槛外之人'……是自谓蹈于铁槛之外了。"宝玉听罢,如醍醐灌顶,哎哟了一声,方笑道:"怪道我们家庙说是'铁槛寺'呢。"然后,宝玉在给妙玉的帖子封皮上,郑重写上了"槛内人宝玉熏沐谨拜"。显然,离"铁槛寺"不远的"馒头庵",来历也在于此,而不可能是"因他庙里做的馒头好,就起了这个浑号"。宁荣二公当初建造铁槛寺,是"以备京中老了人口,在此便宜寄放"。因此,办理秦可卿的丧事,"族中诸人皆权在铁槛寺下榻,独有凤姐嫌不方便,因而早遣人来和馒头庵的姑子净虚说了,腾出两间房子来作下处"(第十五回),表明馒头庵和铁槛寺是存在逻辑关联的。

  本届鲁迅文学奖在参评作品征集时已经起了一轮风波。湖北省作协主席方方发微博说:"我省一诗人在鲁迅文学奖由省作协向中国作协参评推荐时,以全票通过。我很生气。此人诗写得差,推荐前就到处活动。这样的人理应抵制。"旋即我们知道这人名叫柳忠秧,最终的确没有能够入围。对于周啸天的获奖,方方在微博上又说话了:"不知获奖诗集如何。单看这几首,柳忠秧的诗比他好点。"堵住了这个,放掉了那个,失望之情溢于言表。"打油诗"之外,前两届获得这个我国最高文学大奖的还有"梨花体""羊羔体",三番五次,评委该被质疑。而本届诗歌奖评奖委员会委员包明德说,他们共征集到233部参选作品,获奖作品的最终决定是通过了层层考核的,这其中的评选过程绝对经得起推敲。

2014年8月15日

放生

前两天,注册地为深圳的一位微博女网友发了一组放生的图片:一名面容姣好的女子将一个装有看似眼镜蛇、响尾蛇等毒蛇的袋子打开倒进竹林中。文字则有"放生之蛇篇,要赞赞我们这位美女师兄,有毒的蛇都是她放的"等字样。但是因为放生地点不明,有说在深圳梧桐山的,有说在清远英德某个公园的,在引起人们恐慌的同时,也引发了网友的谴责。

放生,把捕获的小动物放掉。清朝学者赵翼考证说:"《南史》梁武时谢微为《放生文》,见赏于世。盖梁武帝奉佛戒杀,至以面为牺牲,则放生起于是时无疑。"不过,他应该看过《列子·说符篇》,那里说:"邯郸之民以正月之旦献鸠于简子,简子大悦,厚赏之。客问其故。简子曰:'正旦放生,示有恩也。'"或许,佛教进入之后,慈悲为怀者视放生为善举,覆盖了其原初意义。也就是从梁武帝开始吧——《云麓漫钞》谓其"崇奉释氏,置放生池,谓之长命洲"——人工开凿放生池渐渐成为佛寺中的"标配",购买水族蓄养于池,旨在戒杀,信徒亦可将鱼、龟等放养在这里。按照鸠摩罗什的理论:"诸余罪中,杀业最重,诸功德中,放生第一。"信徒放一次生就积一次德,深圳这名女网友想来就是这么以为的,虽然放的是毒蛇,虽然是在野外任意地放,她也觉得自己是在积德。

《隋唐嘉话》载:"太平公主于京西市掘池,赎水族之生者置其中,谓之'放生池'。"太平公主是唐高宗和武则天的女儿,这是佛门之外的池了。到唐肃宗,"命天下置放生池八十一所",颜真卿书碑云:"环地为池,周天布泽。动植依仁,飞潜受获。"在明人《涌幢小品》里还有他手书的"放生序铭":"去杀流惠,好生止辟。率土之滨,临江是宅。实胜如来,畴庸允格。真卿勒铭,敢告凡百。"宋朝更讲究放生,真宗时王钦若奏以杭州西湖为祝圣放生池,东坡后来奏西湖不可废者五,放生池的功能便为其一。明朝有人更具体地指出:"西湖三潭,是永明禅师用库钱赎鱼鸟放生之池也。"曾经的放生场面颇为壮观,"郡人数万,会于湖上,所活羽毛鳞介以百万数"。留下《梦溪笔谈》的沈括说,他知道王安石喜欢放生,"每日就市买活鱼,纵之江中,莫不洋然"。王安石生日,"朝士献诗颂,僧道献功德疏以为寿,舆皂走卒皆笼雀鸽,就宅放之,谓之放生"。有个叫巩申的光禄卿,"佞而好进",其人"既不闲诗什,又不能诵经",于是与舆皂走卒一样,"以大笼贮雀",到安石家"撍笏开笼",且祝曰:"愿相公一百二十岁。"据赵翼考证,"宋人生辰多以放鸟鸽为寿",东坡诗"记取金笼放雪衣"之自注,即云"杭人以放鸽为太守寿"。

放生既然积德,于是我们会看到许多被放之生的投桃报李。《涌幢小品》还有"石蟹"条,云邹浩谪居昭州,"以江水不可饮,汲于数里外。后所居岭下忽有泉,浚之,极清洌,名曰感应泉。乱石之下,得蟹一枚",他把它送到江里放生了,叨咕说:"余至五岭。不睹此物数年矣。乱石之下,又非所宜穴处也,何从而出邪?"忽然,他联想到了自己的命运:"蟹者,解也,天实告之矣。蒙恩归侍,立可待矣。"真是立竿见影,"次日,果拜赦命"。《清稗类钞》中的"义狗为人雪仇"也是这样。说雍正时有个过客在京师西华门外看到屠户要杀一条黄狗,黄狗觳觫,过客哀之,"欲购之以放生","屠允,遂解囊付值。屠见其行囊多金,既受值,又谋杀而尽攫之",把好心人给杀了。但是,黄狗守护被害者尸体不肯离去,并最终协助了缉凶。诸如此类的因果报应故事,无非是要"事实"普及放生。

祝寿而放生,清朝也是这样。《红楼梦》第七十一回贾母八旬之庆,就"抬了许多雀笼来,在当院中放了生"。慈禧太后六十大寿,"宫眷每人购鸟百种"进献,慈禧本人"亦购鸟万头以放生",一时间"殿悬鸟笼无数"。放的时候很讲究,"先择午后四时,率宫人登山,山颠有庙一,先焚香祷神。太监各携一笼,跪孝钦前,孝钦开笼放之"。令慈禧奇怪的是,有的鸟出了牢笼却并不飞走,李莲英因跪奏曰:"老佛爷福大,鹦鹉感动慈悲,自愿在宫伺候。"其实这是李莲英玩儿的一个小把戏,"预令太监驯养已久,藉以博孝钦欢,使其以为己心果慈,故能感及鸟兽耳"。慈禧放生时,嘴里"祝其不再为人所捉",实际情形又出乎她的意料,飞走的那些,"山后即有太监捕之,复售之于外矣"。在赵简子那里,故事也有后续,客曰:"民知君之欲放之,故竞而捕之,死者众矣。君如欲生之,不若禁民勿捕。捕而放之,恩过不相补矣。"唐人卢重玄解曰:"小慈是大慈之贼耳……众人皆睹其小而不识其大者焉,故略举放鸠以明此大旨也。"就是说,你以为你是在放生,你要看到因此带来的后果,就不会这么认为了。

深圳这名女网友后来又发了致歉微博,解释自己的目的只是想让这些来自大自然的生命回归自然。用卢重玄的话,可以为其作答。此中大旨何在?盲目放生,不仅给附近居民带来安全隐患,而且有可能给当地的生物圈带来严重后果。

2014 年 8 月 13 日

打油诗(续)

周啸天以"古体诗"获得第六届鲁迅文学奖的"事件",余波未断。先有 8 月 25 日,柳忠秧与周啸天会面,云周"诗不如词"且"诗不如我";紧接着又有 8 月 26 日,王蒙先生在《文汇报》"笔会"版发表《读周啸天〈邓稼先歌〉随记》,大谈在阅读时几度落泪,并予以解析。众所周知,这首诗是公众弹周的焦点之一,王先生却颇有反其道而行之的意味。

我得承认,通过这篇文章,才知道先前了解的周作《邓稼先歌》那四句,只是全诗的开头,估计好多人都是如此。而这四句,连王先生始而也"吓了一跳",以为"莫非周老师油腔滑调起来?"就是说,人家的干货在后头,"不羡同门振六翮,甘向人前埋名字""蘑菇云腾起戈壁,丰泽园里夜不寐"云云。正是后面这些,才令"老王顿足拍案,击节赞叹",乃至"读之垂泪"。以我这个不懂诗的人看,这些句子还是超越了打油诗的水准的。

对诗的品鉴并无划一的标准。孟浩然是响当当的诗人吧?唐玄宗就不喜欢他的诗。《北梦琐言》载,孟浩然与李白是好朋友,玄宗征李入翰林,"孟以故人之份,有弹冠之望"。然而却是"久无消息,乃入京谒之"。有一天,玄宗召李白入对,说到了孟浩然,李白说,我朋友啊,现在就在我家里。"上令急召赐对,俾口进佳句",孟浩然乃诵"北阙休上书,南山归敝庐。不才明主弃,多病故人疏"云云。玄宗听完就不高兴了:"未曾见浩然进书、朝廷退黜。何不云:气蒸云梦泽,波动岳阳城?"玄宗举的这两句,正是浩然的句子,写的是湖水的声势。欣赏那些,却听到这些,"缘是不降恩泽"。在《唐摭言》中,孟浩然的朋友换成了王维,对浩然的"微云淡河汉,疏雨滴梧桐",王维"吟咏之,常击节不已"。玄宗与浩然见面,是在王维的家,"忽幸维所"而浩然正在,"错愕伏床下",而"维不敢隐,因之奏闻"。孟浩然诵诗之后,玄宗这么说的:"朕未曾弃人,自是卿不求进,奈何反有此作!"因命"放归南山,终身不仕"。两相对照,虽然另一个主人公名姓大别,但故事要说明的问题却很清楚:玄宗对浩然以自怨自艾的形式抒发仕途的失意很不满,因而不喜欢他这个人。许是孟浩然想当官的心情太急迫了。

相形之下,卢延让的运气就好多了。虽然他科举考了25次之多,且《唐才子传》说他的诗"词意入僻,不竞纤巧,且多健语",但他的东西屡蒙高官青睐。比如他的"狐冲官道过,狗触店门开",兵部尚书、领天下租庸使张濬因为亲眼见过这种情形,"每称赏之";他的"饿猫临鼠穴,馋犬舐鱼砧",则为中书令成汭"见赏";他的"栗爆烧毡破,猫跳触鼎翻",更为五代十国之一的前蜀皇帝王建"所赏"。卢延让对人说:"平生投谒公卿,不意得力于猫儿狗子也。"不知是不是自我解嘲了。这也可见,品诗是见仁见智的事。周啸天的诗,众人贬之,王蒙挺之,正常不过。作为文学界的重量级人物,他那样说话自有他的价值考量,况且也不必一味迎合公众,所谓"臣非美酒美肉,安能啖众人之口?"

柳忠秧的"论周"与"贬周",有点儿像唐朝的另一则故事。《唐摭言》云,白乐天典杭州,江东进士多奔杭取解,也就是希望以杭州举子的名义、白居易门生的身份赴京考试,类似于今天的高考移民吧,彼时叫"冒籍"。张祜觉得在来的这么多人里面,自己水平最高,"以首冠为己任"。后来又来个徐凝,不服气,问他有什么好句子,拿出来遛遛。张祜举了自己甘露寺诗中的"日月光先到,山河势尽来",金山寺诗中的"树影中流见,钟声两岸闻"。徐凝说是不错,但不如我的"千古长如白练飞,一条界破青山色",结果张祜"愕然不对"。张、徐与柳、周如何"对号入座",交给读者诸君了。不过,柳周会面,未争高下,气氛其乐融融。

其实,即便是白话诗、很俚俗也不要紧,前几届的鲁奖得主赵丽华女士说了,李白的"床前明月光""飞流直下三千尺",在唐代也是大白话。是的,如果白出境界,就等于化俗为雅。刘声木《苌楚斋四笔》录有唐伯虎的《悯日歌》,他欣赏的就是"正以未免俚俗,村妇樵子人人能解,俨若暮鼓晨钟,唤醒痴人不少"。写的是什么呢?"人生七十古来少,前除幼年后除老,中间光阴没多时,又有阴晴与烦恼。过了中秋月不明,过了清明花不好,花前月下得高歌,急欲满把金樽倒。世上钱多赚不尽,朝里官多做不了,官大钱多心转忧,落得自家头白早。请君细点眼前人,一年一换埋青草,草里高低多少坟,年年一半无人扫。"刘声木说自己"每当怨尤之时,一经展视,如嚼冰雪",想来很多人想通之后都会生出这种感觉。

据《文汇报》编者按透露,该文章是王蒙先生的主动投稿,那么,其先前人们猜测的"亦属绝唱,已属绝伦",坐实并非反话正说了。周啸天则认为王的点评"很到位,有一种深刻的知音之感。一个写诗的人,创作生涯中,能遇到这么一个重量级的读者,也是一种难得的幸运"。惺惺相惜,乃文人的自古传统,遑论伯牙子期?

2014 年 8 月 28 日

钱塘潮

谚曰:"八月十八潮,壮观天下无。"9月11日是农历八月十八,钱塘潮如约而至。根据杭州市港航管理局钱江管理处发布的数据,今年这一天钱塘江早潮潮高3.0米,晚潮3.1米,是近5年来"八月十八"最大的一次潮水。因为早就有了国际观潮节,而距杭州50公里的海宁盐官是观潮最佳处,因此国内外游客也来了个再创新高:当天来了22.5万人、2.24万辆汽车。在九溪珊瑚沙水闸,潮水的冲击力还掀翻了护栏、电动车和观潮人群,导致多人受伤。

钱塘潮自古有"天下第一潮"之誉。因地理位置的逐渐变迁,使海宁盐官从明代起便成为观潮第一胜地,所以钱塘潮又有"海宁潮"之谓。王充《论衡·书虚篇》中有个比方,"夫地之有百川也,犹人之有血脉也。血脉流行,泛扬动静,自有节度。百川亦然,其朝夕往来,犹人之呼吸气出入也"。而百川"发海中之时,漾弛而已;入三江之中,列小浅狭,水激沸起,故腾为涛"。这里说的就是潮了,至于"涛之起也,随月盛衰,小大满损不齐同",表明王充还认识到了月亮在其中的作用。钱塘潮的原理今天已经明了,除了月球等天体引力和地球自转的离心作用,也在于杭州湾喇叭口的特殊地形,湾之外口宽达100公里,渐渐地收缩至宽仅几公里,加上河床的突然上升,潮水便后浪推前浪,层层相叠。不过,王充并没有提到钱塘潮,从他那句"广陵曲江有涛,文人赋之"来看,钱塘潮在东汉的时候应该还没有广陵潮有名。广陵,即今天的扬州。西汉枚乘《七发》借"客曰"提到:"将以八月之望,与诸侯远方交游兄弟,并往观涛乎广陵之曲江。"他这样描述广陵潮,"似神而非者三:疾雷闻百里;江水逆流,海水上潮;山出云内,日夜不止"。

到了李白笔下,钱塘潮已与广陵潮并存。其《送当涂赵少府赴长芦》云:"我来扬都市,送客回轻舠。因夸楚太子,便睹广陵潮。"其《横江词》云:"海神东过恶风回,浪打天门石壁开。浙江八月何如此,涛如连山喷雪来。"白居易的《江南忆》更加脍炙人口了。"江南忆,最忆是杭州。山寺月中寻桂子,郡亭枕上看潮头。何日更重游?"《唐语林》载,穆宗长庆二年(822),白居易为杭州刺史,"始筑堤捍钱塘潮,钟聚其水,溉田千顷"。到宋朝,钱塘潮无疑已扬名天下。周密《武林旧事》这样描述:"浙江之潮,天下之伟观也,自既望以至十八日为最盛。方其远出海门,仅如银线,既而渐近,则玉城雪岭,际天而来,大声如雷霆,震撼激射,吞天沃日,势极雄豪。"当其时也,"江干上下十余里间,珠翠罗绮溢目,车马塞途,饮食百物,皆倍穹常时,而僦赁看幕,虽席地而不容间也。禁中例观潮于天开图画(临安宫殿中的高台名),高台下瞰,如在指掌。都民遥瞻黄伞雉扇于九霄之上,真若箫台、蓬岛也"。

甚至在演绎当年事件的文学作品中,钱塘潮也成了铺陈的对象。《水浒传》第九十九回,平方腊后的宋江带队回到杭州,驻扎在六和塔。某天半夜,"忽听得江上潮声雷响",睡梦中的鲁智深被惊醒,"只道是战鼓响,贼人生发,跳将起来,摸了禅杖,大喝着便抢出来"。寺僧告诉他,那是钱塘江潮信响,并且讲给他听:"这潮信日夜两番来,并不违时刻。今朝是八月十五日,合当三更子时潮来。因不失信,为之潮信。"鲁智深于是记起师父智真长老在五台山时给他留下的四句偈言,末两句正是"听潮而圆,见信而寂",他这个粗人也知道"既逢潮信,合当圆寂",只是不知圆寂便是死。当然,知道后,他也并不畏惧,沐浴更衣之余,"讨纸笔写下一篇颂子",然后"去法堂上,捉把禅椅,当中坐了。焚起一炉好香,放了那张纸在禅床上,自叠起两只脚,左脚搭在右脚",从容得很。"咦!钱塘江上潮信来,今日方知我是我。"颂子中的这一笔,何其潇洒!

我国改革开放后,"弄潮"一度成为热词,敢于"吃螃蟹"的改革者每被称为"弄潮儿"。这里自然是借指,在实指方面,亦以弄钱塘潮最为著名。《武林旧事》在描述钱塘观潮的同时便讲到了弄潮:"吴儿善泅者数百,皆披发文身,手持十幅大彩旗,争先鼓勇,溯迎而上,出没于鲸波万仞中,腾身百变,而旗尾略不沾湿,以此夸能。而豪民贵宦,争赏银彩。"《唐语林》云杭州端午竞渡,也要于钱塘弄潮,"先数日,于湖滨列舟舸,结彩为亭槛,东西衺高数丈"。崔涓为杭州太守,曾亲临现场观看,"令齐往南岸,每一彩舫系以三五小舟,号令齐力鼓棹而引之,倏忽皆至"。北宋之初,潘阆已有一阕《酒泉子》:"长忆观潮,满郭人争江上望。来疑沧海尽成空,万面鼓声中。弄潮儿向潮头立,手把红旗旗不湿。别来几向梦中看,梦觉尚心寒。"周密生活于宋末元初,可见弄潮民俗至少贯穿了两宋。

"庐山烟雨浙江潮,未到千般恨不消。到得还来别无事,庐山烟雨浙江潮。"苏东坡的这首《观潮》,虽然有消极、虚无的意味,但道出了他眼中两种美的极致。庐山与钱塘自家均还未曾试足,假以时日定当一饱眼福。

2014 年 9 月 13 日

公章·印

9月11日,国务院总理李克强在天津考察调研时,对滨海新区的行政审批改革表示赞许。他们那里过去各部门审批章共有109个,现在通过整合,所有必要的审批集中到一起,只需盖一个章。李克强总理感叹这109枚公章"不知束缚了多少人",废除之,是政府自我革命的大动作。然后,在他的见证下,永久封存了这些公章。

公章相当于从前的大印。从前也有封印,形式差不多,性质当然大别。从前是暂时封存,放假了,不办公,现在则是令权力退出历史舞台。现在这种封印,从前叫作废印,要砸掉。宋敏求《春明退朝录》云,他在礼部工作时,"掌诸处纳到废印极多,率皆无用",于是想起了唐朝的做法:礼部员外郎的房前有块大石头,"诸州府送到废印,皆于石上碎之"。所以令狐楚于宪宗元和初任礼部员外郎时,有"移石几回敲废印"的句子。宋敏求就此建议:"今之废印,宜准故事碎之。"但不知被采纳了没有。

官府的印跟文人书斋里治的印显然不同,后者是"人过留名",前者则是权力行使的凭证。清朝有"三朝阁老、九省疆臣、一代文宗"之誉的阮元,在广东当官的时候最风光,共佩六印:两广总督、两广盐政、摄广东巡抚、太平关税务、广东学政、粤海关庶务。他有个孙子那时出生,干脆"以六印名之"。比他稍早的尹继善督两江时,"一月间兼摄将军、提督、巡抚、河、漕、盐政、上下两江学政,九印彪列",为袁枚所作之神道碑中道及。不过,陈康祺在《郎潜纪闻二笔》中点评说:"袁文多夸诞,一月摄九印,恐无是事;或数月中,曾经遍摄,已绝无仅有之奇遇矣。"

赵翼《陔余丛考》有关于"换官不换印"的考证,说"古时每授一官,必铸一印,非如后世之官换而印不换也",皆以《汉书》为例。《朱买臣传》云,买臣为会稽太守,"先衣故衣,怀印绶,步归郡,与邸吏共食。吏窃见其绶,怪之,视其印,则会稽太守章也。吏惊,出语掾吏,遂白守丞共迎之"。朱买臣此时并没有与前任交接,"而先已怀印而来,可知汉制每授一官,即刻一印与之"。《汲黯传》云,武帝以汲黯为淮阳太守,"黯伏谢不受印绶,诏数强予",又"可见除官时即予印绶而去,非如后世之到任始接印也"。《张安世传》云,安世薨,天子赠印绶,说明"印绶且以之送葬矣"。《三国志·魏志》中则有王凌被诛,并烧其印绶,"诛其人而并烧其印,益可知印不必授后官矣"。在赵翼看来最明白无误的根据,乃《南史》中孔琳之的议论。琳之说传国之宝都可以历代递用,"今世惟尉一职独用一印,至于群官,每迁悉改。讨寻其义,实所未喻"。他给了两点猜想,"若谓官各异姓,与传袭不同,则未若异代之为殊也。若或因有诛夷之臣,避其凶秽,则汉用秦宝,未闻因子婴被戮而弃不用也"。现在呢,一天到晚都在忙活铸印,"丧工消实金融铜炭之费,不可胜言。请众官即用一印,无烦改作。若新置官,及官多印少,然后铸"。赵翼猜测,后世换官不换印即本于此议。俞樾不同意这个看法,他也是拿《汉书》说事,这回为《周昌传》。御史大夫周昌徙为赵王相,"既行久之,高祖持御史大夫印弄之",琢磨谁能继任,盯着赵尧看一阵,说了句"无以易尧",就让他干了。俞樾问："此印非即周昌之印乎？"两位大学者都有凭借，到底如何，倒是给弄糊涂了。

印把子是如此重要，保管自要精心，尤其丢不得。《宋史·许仲宣传》载，仲宣为济阴主簿时，县令与他分掌县印。县令的嬖妾与正室争地位，没得手，就"窃取其印藏之，封识如故，以授仲宣"。第二天仲宣要用，"发匣，则无其印"。通过"下狱鞫问"，最后在县令家的烟囱里找到了。但是，真的丢了呢？《枣林杂俎》载，永乐十六年（1418），浙江慈溪的县印就丢了，只好重铸一个，而"朝议恐旧印复出易为奸"，就唯有改动印文，将"溪"改成了异体字"谿"。《玉光剑气集》亦载，大同卒叛，总兵官"征西前将军印"丢了，也要重铸。何孟春说："总兵印文，柳叶篆，请改篆文，或称别将军，或增减其字。恐原印在叛军处，有事时行文奏报，真伪难辨，误事非小。"他说以前胡淡在礼部丢了"行在礼部之印"，重铸的就改成了"行礼部印"，而"内衙门尚然，况边镇兵权又反侧不宁时乎？"《万历野获编》告诉我们，老胡居然把印给丢了三回，"其初皆蒙恩贷，最后下狱"，估计这是其中一个因素，"而印偶获，则部吏所盗也，上始宥之"嘛。

天津封起来的这些公章，自然也是"率皆无用"，所以封之、留之，有让历史告诉未来的意味。然行政审批改革已经开展好多年了，一如机构精简，来来回回，战果不知辉煌了几回，却是周而复始，车辘辘一样在转。因此，封存公章是容易的，封存公章之后时刻在跃跃欲试的权力，远远没有那么容易封存。一旦封存不住后者，就难免死灰复燃，或者变换面目卷土重来。

2014年9月18日

晏子

9月16日,由国家互联网信息办公室网络社会工作局主办、搜狐网承办的"优秀传统文化网上行:孔子诞辰网络文化活动"正式启动。活动的内容之一是:我有问题问孔子。意思是现代人所面临的困惑,都能在孔子那里得到启发,所以有什么成长、婚恋、教育、事业、社会责任等方面的问题,尽管问,当然不是起老人家于地下而问之,而是专家"代夫子言",所谓释疑解惑。对这点,前两年我曾写过一篇小文叫作《孔子不是包治百病的江湖郎中》,从标题也知我的态度了。

不过,受活动的启发,加上适才读毕张纯一先生的《晏子春秋校注》,觉得于如今官员而言,不妨搞个"我有问题问晏子"的活动,因为高官晏子公私两域都堪称楷模。

在穿的方面,晏子是"衣缁布之衣,麋鹿之裘"。这件"裘",不知孔子弟子有若怎么了解得那么清楚,他在《礼记》中说"晏子一狐裘三十年"。晏子裘,就此成为勤俭的专有名词,享誉后世。

在吃的方面,晏子是"食脱粟之食,炙三弋、五卵、苔菜耳矣",糙米饭、三只鸟、五只蛋,再加点青菜而已。他道出的可能是当时约定俗成的一条标准:吃饱糙米饭,乃士人第一愿望;菜里有三只禽鸟,第二愿望;有五只蛋,第三个愿望。因此,"婴无倍人之行,而有参士之食,君之赐厚矣"。就是说,我没有多大贡献,一顿饭就达到了士人的三重愿望,待遇够高了。有一次晏子吃午饭给梁丘据看到了,"肉不足"。还有一次,晏子正吃着呢,"景公使使者至",便添双筷子,结果"使者不饱,晏子亦不饱",没做那么多。可见晏子吃的,在数量方面也极其有限。

在住的方面,景公至少有三次要给他调整,晏子都拒绝了。第一次,景公以"子之宅近市,湫隘嚣尘",又小又吵;而晏子拒绝的理由,一个是"君之先臣容焉",再一个是正因为靠近市井,"朝夕得所求,小人之利也"。第二次,晏子使鲁,景公乘机"为毁其邻以益其宅"。晏子返国知道后,干脆"待于郊",不走了。他派人告诉景公,人家肯定是认为我"贪顽而好大室也,乃通于君,故君大其居",我的罪过可大了。晏子这回是这样拒绝的:"先人有言曰:'毋卜其居,而卜其邻舍。'"所谓远亲不如近邻,现在把人家的房子拆了扩大我的,"夫大居而逆邻归之心,臣不愿也"。第三次,景公来了个动之以情:"寡人欲朝夕见,为夫子筑室于闱内,可乎?"晏子则晓之以理:"臣闻之,隐而显,近而结,维至贤耳。如臣者,……今君近之,是远之也。"一定这样的话,就弄巧成拙了。

在行的方面,晏子是"乘弊车,驾驽马"。景公见了说,难道"夫子之禄寡耶?"晏子说,不少,"赖君之赐,得以寿三族,及国游士,皆得生焉";不过,"臣得暖衣饱食,弊车驽马,以奉其身,于臣足矣"。景公仍然叫梁丘据送去"辂车乘马",晏子"三返不受",景公还不高兴了,你不坐,我也不坐。晏子解释道,你以我为相,我是"节其衣服饮食之养,以先齐国之民,然犹恐其侈靡而不顾其行也"。如果我现在好车好马享受上了,大家都跟着上行下效,"臣无以禁之"。

在对待老婆的态度方面,晏子就更是典范了。中国人民大学曾经发布《官员形象危机2012报告》,按他们的说法,被查处贪官中的95%都有情妇。如今,更有无一"幸免"之势。晏子可以做到皇亲国戚摆在面前而不顾,遑论其他。那是景公在晏家喝酒,见到晏妻很不相信地问:"此子之内子耶?"得到肯定回答后,马上要把自己的爱女嫁给晏子,因为晏妻"老且恶",而其爱女"少且姣"。晏子怎么说?现在老婆的确像你说得那样,但我已与她生活那么多年了,并且她当年也是年轻漂亮啊,她那个时候把自己托付给我了,而我也承诺了,"君虽有赐,可以使婴倍其托乎?"

当然,作为一名官员,晏子最可贵的还是进谏。在其位谋其政,这也该是官员的应有本色。晏子在推辞衣食住方面的待遇时,间接进谏了不少,但直接说的更多,有时还毫不客气。比如,景公喝酒喝得高兴了,随便说了句"今日愿与诸大夫为乐饮,请无为礼"。晏子马上指出:"禽兽以力为政,强者犯弱,故日易主。今君去礼,则是禽兽也。……凡人之所以贵于禽兽者,以有礼也;故诗曰:'人而无礼,胡不遄死。'礼不可无也。"又比如,封人语景公:"使君无得罪于民。"景公很不高兴:"诚有鄙民得罪于君则可,安有君得罪于民者乎?"晏子又马上指出:"君过矣!彼疏者有罪,戚者治之,贱者有罪,贵者治之;君得罪于民,谁将治之?敢问:桀、纣,君诛乎?民诛乎?"对最高执政者如此"放肆",大约唯有晏子了。

鉴于以上种种,在下乃有开头的那个建议。问晏子,不妨问他怎样在两千多年前就能真正践行公仆的本色,而不是整天在级别待遇、权力寻租上动足脑筋。尤其是该问他:进谏的勇气从何而来!顺便想说,"优秀传统文化网上行"可能会做很多专题,传统文化的内涵丰富,先秦便有诸子百家,优秀程度不让孔子这一家。今天以为"独尊儒术"乃传统文化的话,视野就狭窄了太多。

2014 年 9 月 21 日

烈士

今天是我国首个"烈士纪念日"。烈士,在今天是指为民族、国家奉献了宝贵生命的人。纪念他们,就是在触摸民族、国家的沧桑历史,从而增强民族的向心力、凝聚力。世界上许多国家都有自己法定的烈士纪念日,虽名称不一但实质相同,我国的缺环现在终于得以弥补。今年8月31日,第十二届全国人大常委会第十次会议表决通过了《关于设立烈士纪念日的决定(草案)》,以法律形式将9月30日明确为烈士纪念日,并规定每年这一天国家举行纪念烈士活动。设立烈士纪念日,表达的正是一种国家立场。

"烈士"一词在从前,却主要是指活着的人,即那些有志功业或重义轻生的人。《韩非子·诡使篇》谈到圣人的治道无外三种:利、威、名。其中对第三种,韩非是这样阐发的:"官爵所以劝民也,而好名义不仕进者,世谓之烈士。"对这番表述,连同该句前面的"法令所以为治也,而不从法令为私善者,世谓之忠",清朝学者顾广圻批注了"句绝"两个字,表明极其认可。"烈士"这句绝在哪里,他不肯多说,我们也无从知晓;"法令"这句,以两千年来的情形来衡量倒真是够绝。歪解的话,今天不少官员"私善"——不以法为标准而实行的恩惠——之心已无,增长的只是将一切法律法规化解于无形的本领,而当他们伸出贪婪之手之时,手下人每每心领神会,沆瀣一气来表现"忠"了。在韩非这里,爱惜声誉而不想着仕途如何的人,就是烈士。《史记·伯夷列传》中引用贾谊的话——"贪夫徇财,烈士徇名"也是这个意思。"以身从物曰徇"嘛,爱财的人愿意为了钱财而死,忠贞义烈之士则愿意为保全名誉而献出生命。

对烈士一词,给我留下至深印象的是曹操的自况:"老骥伏枥,志在千里;烈士暮年,壮心不已。"记得评法批儒的年代看到这句,非常不解。彼时年少,问父亲:曹操不是还活着吗,怎么成了烈士?父亲如何作答已然不记得,"烈士"一词就此扎根脑海。后来知道,曹公自况出其《步出夏门行》组诗中的《龟虽寿》,全诗曰:"神龟虽寿,犹有竟时。腾蛇乘雾,终为土灰。老骥伏枥,志在千里;烈士暮年,壮心不已。盈缩之期,不但在天;养怡之福,可得永年。"龟,在我们的传统文化里是长寿的象征,《庄子·秋水篇》云:"吾闻楚有神龟,死已三千岁矣。"腾蛇,是和龙一样能兴云驾雾的神物,《韩非子·难势篇》有云:"飞龙乘云,腾蛇游雾,云罢雾霁,而龙蛇与蚯螾(蚯蚓、蚂蚁)同矣,则失其所乘也。"那么,曹操要表达的意思就很明了:神龟、腾蛇的生命也有尽头,更不要说人了,但人的壮志可以无穷。我的年纪虽然不小,建功立业的雄心却依然不减,并且,成败祸福不全然由老天来安排,健康长寿离不开乐观开朗,自强不息。当其时也,曹操刚刚击败袁绍、袁术兄弟二人,充满了一统天下的豪情,乃以富于哲理的比兴,阐发了自己的人生态度。

"老骥伏枥"这四句,自问世之后便传诵千古。《晋书》说王敦"每酒后辄咏",一边唱,还一边"以如意打唾壶为节",因为太投入,直打得"壶边尽缺"。后人就此认为王敦"其人不足言,其志乃大可悯矣",这自然是指他不该发动政变谋取东晋的江山。而对曹公这四句的解读,历来汗牛充栋。明朝钟惺说:"英雄帝王,未必尽不读书,而其作诗之故,不尽在此。志至,而气从之,气至,而笔舌从之,难与后世文人道。"清朝陈祚明说:"名言激昂,千秋使人慷慨。孟德能于《三百篇》外,独辟四言声调,故是绝唱。"张玉穀说:"'老骥'四句,转到齿衰心壮,烈士不忘建功,再用一比折入,最足炫目惊心。"无论哪种阐释,曹操该诗之融哲理思考、慷慨激情和艺术形象于一炉,所表现出来的老当益壮、积极进取的人生态度,都足为后人所景仰。但是显然,"烈士"的这一义项也基本上停留在了典籍当中,其词义何时转化,是需要专业人士探讨的问题。魏晋之际陆机谈论东吴何以灭亡的《辩亡论》,应该有了今日义项的影子。陆机为陆逊之孙,陆逊在三国时鼎鼎大名,孙权称帝后,他被任命为吴的丞相。陆机在文章中认为,东吴之灭在于缺乏人才,先前,"元首虽病,股肱犹良";待到"群公既丧",没办法了,"虽忠臣孤愤,烈士死节,将奚救哉?"我所说的影子,就在于"烈士死节"这几个字。

迄今为止,尚不知"烈士纪念日"的"烈士"定义如何。我以为,不能局限于本能理解的"革命烈士",应以天安门广场矗立的人民英雄纪念碑碑文为"烈士纪念日"的"烈士"标准,即"三年以来,在人民解放战争和人民革命中牺牲的人民英雄""三十年以来,在人民解放战争和人民革命中牺牲的人民英雄",以及"由此上溯到一千八百四十年,从那时起,为了反对内外敌人,争取民族独立和人民自由幸福,在历次斗争中牺牲的人民英雄"。所以,各地在"烈士纪念日"选择纪念场所时,应该有对纪念对象范围的"全面"考虑。

2014年9月30日

书院

国庆假期到宁波慈城走了一趟，入住慈湖书院。这是"新版"慈湖书院，利用的是修复了的民国汗衫大王任士刚故居。"旧版"的已不存，且位置也不在这里。看介绍，最早的"旧版"慈湖书院为宋朝时祭祀邑人杨简所创办。杨简字敬仲，号慈湖，世称慈湖先生。他是南宋孝宗时的进士，曾任富阳主簿，兴学校教生徒。陆九渊过富阳，指示心学，乃向陆执定师生礼。"简没，民思之不忘，因立书院"。像其他书院一样，千百年来，兴、毁、毁、兴，循环往复。著名学者王应麟（宋末元初）、全祖望（清代）等均曾为慈湖书院作记，可窥一斑。

书院，是中国古代教育史上留下的一份珍贵遗产。作为传统社会特有的教育组织和学术研究机构，一般可视为当时的"高等学府"。袁枚《随园笔记》认为："书院之名，起唐玄宗时丽正、集贤书院，皆建于朝省，为修书之地，非士子肄业之所也。"就是说，那时已有"书院"这个概念，但主要是修书、校书、藏书之所，还不是私学性质的教学场所。两宋时书院迎来盛世，尤其南宋，成就了古代书院的光荣与梦想。今人耳熟能详的"四大书院"，即南宋学者提出的概念。但因为不是由官方机构评选，全凭各自认识，所以究竟是哪四大也从来说法不一。范成大认为是徂徕、金山、岳麓、石鼓;吕祖谦认为是嵩阳、岳麓、睢阳(即应天府)、白鹿洞;马端临则认为是白鹿洞、石鼓、应天府、岳麓。说法不一,皆因各自的着眼点不同,比如范成大看重的是书院所处地理位置,吕祖谦看重的是书院的学术意义和讲学活动。1998年4月,中国邮政发行的四大书院特种邮票一套4枚,采纳了吕祖谦说。2009年11月发行的第二套,分别是:安定、石鼓、鹅湖和东坡书院。估计这个系列还会继续发行下去,因为纵贯历史的话,"家事国事天下事,事事关心"的东林书院焉能缺席?

有研究指出,第一个具有里程碑意义的书院当推漳州松洲书院,即"唐陈珦与士民讲学处"。理由呢?首先,陈珦在这里"与士民论说典礼",对象是士民和生徒,表明它具有教学的性质。其次,开办的目的不是为了应对科举,而是基于"州治初建,俗固陋"的背景。漳州建置后,陈珦的爸爸陈元光是首任刺史,元光"率众辟地置屯,招徕流亡,营农积粟,通商惠工",被后世尊奉为"开漳圣王";陈家还因此连续四代继任漳州刺史。陈珦"开引古义,于风教多所裨益"之时,当是协助父亲教化乡里、移风易俗之际,这就已然具备了后世书院的精神与品格。书院作为私学的一个重要方面,特点之一是私人性,私人置田买地,聚徒授学。如洪迈说应天府书院,"府民曹诚即楚戚同文旧居造舍百五十间,聚书数千卷,博延生徒,讲习甚盛"。书院发展在南宋后期达到顶峰后,乃奠定了六大主要功能:研究学术、讲学传道、收藏图书、刻印图书、祭祀圣贤及经营学田。

《万历野获编》有"书院"条,大抵勾勒了明朝书院的兴灭状况。说正德年间,自王阳明"以良知之学行江浙两广间,而罗念庵、唐荆川诸公继之,于是东南景附,书院顿盛"。到嘉靖末年徐阶成为首辅,"一时趋鹜者人人自托吾道,凡抚台苍镇,必立书院,以鸠集生徒,冀当路见知。其后间有他故,驻节其中,于是三吴间,竟呼书院为中丞行台矣"。书院变成为立而立,并异化成向上爬的平台。所以万历时张居正执掌国柄,"痛恨讲学,立意薅抑"。刚好常州知府施观民在建造书院过程中以"科敛见纠",于是"遍行天下拆毁"。而张居正落马,毁书院则又成了他的大罪之一。在各地"请尽行修复"的呼声下,"书院聿兴,不减往日",极端的如李材明在郧阳,"遂拆参将衙门改造,几为武夫所杀"。至于民间,也是"相与切磋讲习,各立塾舍名书院"。明末清初的陆世仪也不认同书院的那种畸形繁荣,他说:"嘉、隆间书院遍天下,呼朋引类,动辄千人,附影逐声,废时失事,甚有借以行其私者。"陆世仪有"嘉定四先生"之谓,他对书院"荣辱"的一个判断非常值得咀嚼:"天下无讲学之人,此世道之衰,天下皆讲学之人,亦世道之衰。"

清初鉴于明末书院"群聚党徒""摇撼朝廷"的教训,采取了抑制政策,直至雍正十一年(1733)才允许在政府严密控制下创建书院,因而也使书院完全官学化。目前广州保存规模最大的大小马站书院群,正是清代的产物,据说还是当时全国最大的书院群落。该书院群位于市中心的北京路商圈核心区,由于多年来未得到很好保护,书院群建筑多被拆毁,辟成了临时停车场。到2000年市政府公布为16片历史文化保护区之一,却已仅余庐江、考亭、冠英、曾氏、濂溪、见大等六间书院。去年起,广州忽地一下又"大手笔"出台了保护与更新规划,高调宣布复建或迁建,目的是要连片打造北京路广府文化商贸旅游区。这样来看,所谓保护要的只是书院招牌,与书院的应有功能已然了不相涉。在宁波那里,慈湖书院则仍交由学者主持,不求经济回报,但求延续传统。两相比较,或可窥两地对文化的重视程度。

2014 年 10 月 10 日

批示

　　李洁非先生的新作《文学史微观察》,非常独特。全书撷取了中国文学史上的六个关键词——收入、宗派、口号、会议、斗争、批示,并以之为经,再以具体的细节为纬,通过丰富的材料挖掘、编织,打通物质、精神、社会、文化的藩篱,进而呈现出20世纪中国文学运动展开方式和作家存在方式的特征。其中的"批示",自然不局限于文学领域,不仅如此,而且可以说渗透到社会生活的方方面面。比如某一天报纸被省委书记批示了,那是值得该报纸大做文章张扬的。

　　批示治理,并非空穴来风,是我们的一个传统。去年,台北"故宫"推出了"朕知道了"纸胶带,赢得了网友点赞,"超想收藏"者众,这个创意可以说让台北"故宫"名气大旺。这几个字就出自皇帝的批示,"朕知道了""知道了",至少清朝的康雍乾三位皇帝就常用。台北"故宫"推出的是手写体,说是出自康熙皇帝的朱批。皇帝批出这样的大白话,令一些人颇感意外,实则在许多时候,他们跟寻常人等说话的语气还真没什么两样。不妨就从康雍乾三位看起。

　　中华书局编纂的《李煦奏折》中,有不少康熙的批示。李煦,时任苏州织造。康熙三十二年(1693)六月李煦上请安折,朱批:

"朕五月间偶感时气,后变疟疾,至二十九日方痊。今已大安,如平时一样。"康熙四十八年(1709)四月李煦奏听说浙江有人聚众起事,朱批:"朕已早知道,此折奏迟了。"同年七月李煦请安折上提到江南提督张云翼"病患腰痈"而身故,许是不大吉利吧,朱批生气了:"请安折子,不该与此事一处混写,甚属不敬。尔之识几个臭字,不知那去了!"吓得李煦"战栗愧惧,汗流浃背"。在八月的请安折上,朱批:"朕体安。近日闻得南方有许多闲言,无中作有,议论大小事。朕无可以托人打听,尔等受恩深重,但有所闻,可以亲手书折奏闻才好。此话断不可叫人知道。若有人知,尔即招祸矣。"这是令他在密报民情的同时,监视江南官场,与自己直通。康熙五十一年(1712),江宁织造曹寅病重,曹寅说他这病"若得赐药,则尚可起死回生",李煦就代妹丈奏了一折。朱批体现了相当温情的一面:"尔奏得好。今欲赐治疟疾的药,恐迟延,所以赐驿马星夜赶去。"剂量如何,注意事项,交代得清清楚楚,并且强调:"若不是疟疾,此药用不得,须要认真。万嘱,万嘱,万嘱,万嘱!"曹寅,据说即《红楼梦》作者曹雪芹的爷爷。

雍正的批示,往往流露出鲜明的个性。他非常不喜欢大臣自称"奴才",便直截了当地指出这点。比如对提督江南总兵官高其位的落款,雍正先划再改,明确"向后写臣字得体"。对"恭请圣安"则云:"朕躬甚安,不必为朕过虑。你好么?好生爱惜着,多几(疑为别字)朕效几年力。"又,"奴才马喀率子达三恭请主子万福万安",雍正也是将"奴才"改成"臣",将"主子万福"改成"皇上圣躬",接着就不客气了:"尔子如何到得请安,胡说之极!"马喀想来也要后背湿透。在田文镜折的批示上,最具雍正的霸气:"朕就是这样汉子!就是这样秉性!就是这样皇帝!尔等大臣若不负朕,朕再不负尔等也。勉之!"而对田折的另一次批示,对今日官员未尝没有警示意义:"你若信得过自己,放心又放心,就是金刚不能撼动朕丝毫,妖怪不能惑朕一点。你自己若不是了,就是佛爷也救不下你来。"雍正的这一性格,在石文焯折批示上有个自白:"喜也凭你,笑也任你,气也随你,愧也由你,感也在你,恼也从你,朕从来不会心口相异。"

不过,对父亲的"奴才"与"臣"观,乾隆又颠倒了回来。乾隆二十三年(1758)他批示:"满洲大臣奏事,称臣、称奴才,字样不一。着传谕,嗣后颁行,公事摺奏,称臣。请安、谢恩、寻常摺奏,仍称奴才,以存满洲旧体。"他是这么看的:"盖奴才即仆,仆即臣,本属一体,朕从不稍存歧视。不过书臣觉字面冠冕耳。初非称奴才即为亲近而尽敬,称臣即为自疏而失礼也!且为君者岂系臣下之称臣、称奴才为荣辱乎?"他觉得两词也没有本质区别,只不过旗人对主人自称奴才是"旧俗",不能忘了。乾隆的其他批示余所见不多,手边有一册《清代内阁大库散佚档案选编》,收的是"奖惩""宫廷用度""外藩进贡"三类。对后两项,朱批概为"知道了",前一项基本上是"依议",只有时多着若干字而已。比如乾隆二十三年十月,皇帝不知怎么觉得"自乾隆四年以来,膳房所用盒子过多",让人去查。内务府总管允禄也没弄明白怎么回事,只是把责任推给了茶膳房总管五福,说他"膳房所用一应物件,自当留心详查,乃并不详查,以致所用盒子过多"。奏折建议对五福罚俸六个月,因为"臣等未敢擅便",要朱批,结果是:"五福著罚俸六个月。"

李洁非先生说:"帝制终,朱批遂寝,然其精神未作古。20世纪后半叶的50—70年代,批答之制悄然重生,一度成为国家决策的基本方式,唯朱笔落红式样未曾一道拾起而已。"如今可能退出决策了,而治理依然。经过领导批示,某个痼疾旋即得到解决,媒体上司空见惯。提升"正能量"的倒也无伤大雅,怕的是批示与法律法规相违背,而批示者浑然不觉,"奉旨"者却还要照旧执行。

2014 年 10 月 15 日

大写·繁体

　　央视主持人毕福剑早些时候为花式台球选手潘晓婷的题字，新近引起了网友的围观。正文只有四个字：九球天后。当然了，这是题字所要表达的意思，实际上写的是"玖球天後"。不大留心的人看去并没什么，细看就坏了。有刻薄者说："居然写对了两个。"写对的，显见是中间那两个了，跟通常见到的字形一模一样嘛。那么，左右那两个不是繁体么，今人书法不是但能繁体皆繁体么，又错在哪里？首先，"玖"只是"九"的大写，关键是它在这里不可以替代"九"；其次，"后"的繁体诚然可以是"後"，但在这里却必须是"后"。

　　先看前一个问题。众所周知潘晓婷打的是花式台球，花式台球就是桌面上总共有编号从一到九的九颗彩球，以打进九号球为赢。潘晓婷不仅是中国台球界第一位获得世界锦标赛冠军的选手，且先后获得过好多世界级冠军头衔，加上首枚亚运九球金牌、全国体育大会三连冠等一系列辉煌战绩，乃有中国的"九球天后"之誉，这称号不是老毕加冕的，他只是径直书写。明了这个背景，可知花式台球里的"九"，表示的是一个数目字，辞书里解释得最妙：八加一。"玖"虽然是"九"的大写，但有其自身的词义：像玉的浅黑色石头。《诗·王风·丘中有麻》中的"彼留之子，贻我佩玖",周振甫先生把后半句译为"他把美玉向我赠"。所以在"九球天后"这里,"玖"决不能替代"九",替代了,就不知所云。

从根本上说,"玖"和"九"——类推"壹"和"一"到"捌"和"八"——原本各是各,各是不同含义的汉字,并不发生关联。比如白居易《长恨歌》里有"闻道汉家天子使,九华帐里梦魂惊",这里的"九华"在任何版本里都不会是"玖华"。又比如说皇帝为"九五至尊",正常的话,从来不会看到"玖伍至尊"。为什么后来又发生关联了呢?拉郎配,为了防止在数字上做手脚。宋朝程大昌《演繁露》云:"今官府文书凡计其数,皆取声同而画多者改用之。于是壹、贰、叁、肆之类,本皆非数,直是取同声之字,借以为用,贵点画多不可改换为奸耳。"明朝顾炎武则把大写出现的时间上溯到武则天时代:"凡数字作壹、贰、叁、肆、伍、陆、柒、捌、玖等,皆武后所改及自制字。"小写的数字,的确容易改动。《西游记》第十一回,唐太宗李世民病危,"渺渺茫茫"之间魂灵到了"幽冥地府鬼门关"。但魏徵早把工作做在头里了,由李世民给魏当年的哥们——如今的地府判官崔珏带了封信,"万祈俯念生日交情,方便一二,放我陛下回阳,殊为爱也。容再修谢"云云。崔判官也果真办事,"急转司房,将天下万国国王天禄总簿,先逐一检阅,只见南赡部洲大唐太宗皇帝注定贞观一十三年。崔判官吃了一惊,急取浓墨大笔,将'一'字上添了两画,却将簿子呈上",李世民就因此再活了二十年。看起来,"有钱能使鬼推磨"的俗话早被崔判官颠覆,"有情"亦能。

再看后一个问题。"後"可以是"后"的繁体,但究竟是不是,得具体问题具体分析。古人无所谓繁体,繁体字是对应后来的简化字而言。1935年8月,教育部即公布了《第一批简体字表》,收了324个简体字。这是中国政府第一次大规模推行简化汉字。

新中国成立后,1956年通过的《关于公布汉字简化方案的决议》,标志着简化字正式走入寻常百姓家。由于汉字的繁简之间并非一一对应,所以一不小心就会像老毕一样闹笑话。所谓并非一一对应,是说有些汉字看似简化字,实际上与貌似对应的繁体字不存在繁简关系,其实是两个字,"云"与"雲","后"与"後",等等。所以,贾宝玉初试的"云雨情"可以是"雲雨情",但"子曰诗云"却不可以成"子曰诗雲"。"後"与"后"也是这样,皇帝的正妻是"后",而"後"则表示方位,与"前"对应,组成的是"後来""後生""後记"等等。"九球天后"的"天后",显见与"影帝""影后"的意思一样,行当里至少某一回取得了至高荣誉,老毕想当然地对应成"後"。

简化字其实不是现代才有的。洪迈《容斋随笔》"字省文"条云:"今人作字省文,以禮为礼,以處为处,以與为与,凡章奏及程文书册之类不敢用,然其实皆《说文》本字也。"其"五俗字"条云:"书字有俗体,一律不可复改者,如冲、凉、况、减、决五字,悉以水为氵,笔陵切,与冰同。虽士人礼翰亦然。"洪迈于宋徽宗时出生,他说的"今人"指北宋末南宋初那个时间段,表明今天的若干简化字在当时已经普遍使用了。不过清朝冯班的《钝吟杂录》不大认同简化字:"古人文字少,多假借,文义两通处则有疑,后人多作别字以别之。至有本字为借义所专,本字却用别体者。"他举例说,"听"字俗以为"聽","体"字俗以为"體",认为"此不可用"。表明简化字的用与不用,处于一种"丛林状态"。

毕福剑多才多艺,人们从他主持的"星光大道"节目可窥一斑。此番闹点儿笑话,只是落入"百密必有一疏"的窠臼吧,也不必像一些网友那样过于调侃。

2014年10月25日

西樵山

上个双休日再次游览了南海西樵山。第一次来,还是1987年上《考古学通论》的时候,来这里实习。老师说,西樵山是全国新石器时代的"石器制造场"之一,以双肩石器最为知名,史学界称之为"西樵山文化"。四五千年过去了,沧海桑田。记得当初涉足时,"制造场"是个偏僻所在,人迹罕至,漫步其中,仍可随处捡到石器半成品。此番故地重游,但最大的收获是知西樵山还有众多人文景观,书院文化就曾经辉煌一时。

屈大均《广东新语》记载了"西樵三书院":一个是方献夫主持的石泉书院,一个是湛若水主持的大科书院,再一个是霍韬主持的四峰书院,以为"三书院鼎而立,三公讲学其中者历十年。世宗御极,相与应召而起"。嘉靖皇帝登基,他们都离开书斋去朝廷当官了,"方为内阁辅臣,霍为太子少保礼部尚书,入弼东宫,湛为南京兵部尚书,参赞机务"。在嘉靖年间著名的"争大礼"中,湛若水属于反对派,方献夫和霍韬则属于赞成派,也就是引经据典支持嘉靖给亲生父亲兴献王加尊号、追封为皇帝,二人因此遭到了舆论的不少诟病,"廷臣遂目献夫为奸邪,至不与往还",霍韬虽"超拜礼部尚书,掌詹事府事",也因此而"得罪诸臣"。但因为走出西樵山之际,三人"同时尊显,世之所难"的缘故吧,当地人便大作山的灵性文章,绘声绘色地说:"昔年兹山,岚雾溟蒙覆其半,昏旦莫辨。近三十年,明净秀露,无复岚雾掩焉。"

方献夫、湛若水、霍韬,都是广东人,湛来自增城,方、霍就是坐地户。《明史》上三人皆有传,云方献夫,"读书西樵山中者十年";云湛若水,"筑西樵讲舍,士子来学者,先令习礼,然后听讲";云霍韬,"举正德九年会试第一。谒归成婚,读书西樵山,经史淹洽"。黄宗羲《明儒学案》认为:"岭海之士,学于文成(王阳明)者,自方西樵(献夫)始。"《广东新语》"甘露"条,云方献夫"讲学西樵,甘露连降三日",友人乃赋诗曰:"同德之磋,如气之和。同心之涵,如露之甘。"但西樵山之赢得"理学名山"的称号,却主要得益于湛若水。明初,理学以程朱学说为主流,中叶以后则以阳明学为主流,其间转变的分水岭,是以陈献章为代表的江门学派的兴起,而湛若水是陈氏门人中最突出的一位,陈亦视湛为自己学术的传承人。但湛若水修正和发展了老师的学说,形成了另一个被称为湛学的学派,所以《明儒学案》在"江门学案"之外另辟"甘泉学案",《广东新语》紧随"白沙之学"另辟"甘泉之学"。

综湛若水之一生,为官日久,所到之处皆主讲习,书院自然不只一地,在他的家乡就还有明诚书院。况且,湛若水一贯尊师重道,"生平所至,必建书院以祀献章";屈大均也说"甘泉书院遍天下"。如果说明诚书院是其发祥之地,那么大科书院可以说是甘泉学派在岭南的重要讲学地及思想传播地。黄宗羲明确指出,湛若水"卜西樵为讲舍,士子来学者,先令习礼,然后听讲,兴起者甚众"。屈大均也说:"甘泉先生尝开礼舍僧寺,来学者,令习礼三日而后听讲。讲必端坐观心,不遽与言,使深思以求自得。"这里主要说的还是教学方法;在学术地位上,湛若水与王阳明齐名比肩,用黄宗羲的概括:"王、湛两家,各立宗旨,湛氏门人,虽不及王氏之盛,然当时学于湛者,或卒业于王,学于王者,或卒业于湛,亦犹朱、陆之门下,递相出入也。其后源远流长,王氏之外,名湛氏学者,至今不绝。"不仅两人的弟子你中有我、我中有你,甚至两人的学术也是这样,东林书院的顾宪成评价:"阳明之知,即甘泉之物。甘泉之格物,即阳明之致知。"王阳明也毫不讳言湛若水对自己的影响:"某幼不问学,陷溺于邪僻者二十年……晚得友于甘泉湛子,而后吾之志益坚,毅然若不可遏,则予之资于甘泉多矣。"

按照屈大均的描写,西樵山的自然风光以"碧玉之瀑为最奇",他曾经冒雨"从飞玉台至泉顶观之",因而对友人"壁立一片雪,风含白云端"的句子极其欣赏,"书于石上,以与山中人共赏"。余等此行曾经一瀑布,就在康有为少年时代读书的"三湖书院"(匾为林则徐手书)附近,因为是枯水期,涓涓细流亦未得见,而同行友人的介绍,以及旁边"银河倒泻""泻月"一类的摩崖石刻,足以表明无论现在还是古代,这里在丰水期都该是瀑布,说不定和屈大均说的正是同一个地方。

今天重游,昔日"西樵三书院"中的石泉、大科,均已已矣,可窥一斑的倒是"四峰书院"。在"四方竹园"景区,有一片断壁残垣,正是当年的遗迹。遗迹背后的山坡上,还有列入佛山市文保单位的霍韬夫人区氏墓。可惜那遗迹现今并无任何文保级别,倘其果真属于明代的话,则入选全国重点文物保护单位也未尝不可。西樵山近几年在逐步开发、恢复,致力于打造岭南文化高地,各处景点统一制作的铭牌展示着他们的统一口号:"文翰樵山·最岭南"。从西樵山的传统文化内涵来看,当得起这一称号。接下来如何,就看弘扬和光大得如何了。

2014年10月28日

大写·繁体(续)

前文说了,如"一"和"壹"等,原本是了不相涉的两个汉字,各有各的含义,各有各的用途,相互之间并不存在小写、大写的问题。

但它们所以能关联到一起,在于前人对汉字的通假使用,即用读音相同或者相近的字代替本字。宋朝洪迈《容斋五笔》有"一二三与壹贰叁同"条,云"古书及汉人用字,如一之与壹,二之与贰,三之与叁,其义皆同"。他举了不少例子,汉《华山碑》之"五载壹巡狩",《祠孔庙碑》之"恢崇壹变",《祝睦碑》之"非礼,壹不得犯",等等。他说这里的"壹"就是通"一"。《孟子·滕文公上》有"从许子之道,则市贾不贰,国中无伪",赵岐注云:"无二贾者也。"就是同一种货物,不卖两种价钱。洪迈说"本文用大贰字,注用小二字",表明"二与贰通用也",其他如参(叁)之与三,"九之与久,十之与拾,百之与栢,亦然"。从中可窥,彼时不但使用上比较随意,而且"对应"之间也处于一种丛林状态,"久"与"栢"还不是"玖"与"佰"。

在比较碑刻、典籍之外,洪迈还现身说法:"予顷在英州,访邻人利秀才。利新作茅斋,颇净洁,从予乞名。"因为秀才门前有两棵高大松树,洪迈记起韩愈《蓝田县丞厅壁记》中有"斯立痛扫溉,对树二松,日吟哦其间",乃为之取名"二松"。显见这话是嘴上说的,所以秀才的小弟问:"是使大贰字否?"这一问,"坐者皆哂"。笑他什么呢?笑他没读过韩愈的那篇散文,里面写的就是"二"。不过洪迈认为:"若以古字论之,亦未为失也。"这就是他的"二"与"贰"同的结论了。他又举例说哥哥洪适为流杯亭书"一咏"匾,因为采借隶法写成"壹咏",结果"读者多以为疑",这也是没有"深考"之故。这样来看,毕福剑背负的"玖球天後"重担似乎可以卸下一半,不过可惜,那时的"九"是"久"还不是"玖"。

而"一"和"壹"等所以被关联到一起,在于其所产生的实用功能:堵塞因为数字而可能出现的漏洞。

明朝陆容《菽园杂记》说得很明确:"壹、贰、叁、肆、伍、陆、柒、捌、玖、拾、阡、陌等字,相传始于国初刑部尚书开济,然宋边实《昆山志》已有之。盖钱谷之数用本字,则奸人得以盗改,故易此以关防之耳。"近人刘声木《苌楚斋五笔》云:"稗史载壹、贰、叁、肆、伍、陆、柒、捌、玖、拾、伯、仟等字,相传始于明初刑部尚书开济,然宋边宝《昆山志》已有之。盖钱谷之数用本字,则奸人得以盗改,故易此以关防之耳,文章非所宜用也。"除了最后一句和伯、仟等极个别的字眼,完全是沿袭陆容的说法,但他说这是"利津李竹朋太守佐贡《吾庐笔谈》"中说的。不过刘声木可是够马虎,"边实"错成了"边宝",道光时的"李佐贤"给他错成了"李佐贡"。有趣的是,他的《苌楚斋》系列专有"盗窃他人撰述"条,罗列了不少大人物如高士奇等的"盗窃"行径,却让李佐贤"漏网"了,须知李氏亦非寻常之辈,是清代颇有影响力的古钱币学家、金石学家呢,难道这里论的这些称不上是撰述?顺便提及,相传始于开济的说法虽然旋即推翻,但"相传"不会空穴来风。《明史》中有《开济传》,可惜对此只字没有提及,但开济制定的那个官员评判标准挺有意思。鉴于都御史赵仁言,原来那些以"贤良方正""孝弟力田"也就是单纯凭"德"而录取的官员,"列置郡县,多不举职,宜核其去留",开济提出用六个指标考核:经明修行、工习文词、通晓书义、人品俊秀、练达治理和言有条理,"六科备者为上,三科以上为中,不及三科者为下"。

  清朝赵翼《陔余丛考》有"数目用多笔字"条,开篇就列了陆容如何说,接着又列了洪迈如何说。除此之外,补充了自己的视野所及。如宋人袁文云,"十千为万,乃万字也",跟"萬"字"义本各别,惟钱谷之数,惧有改移,故万借作萬字耳"。不过,赵翼说,《诗》《书》中如"萬方有罪""萬福攸同"之类,《左传》"萬,盈数也",表明"凡十千之万,俱已作萬"。并且,《汉书·项籍传》赞引贾谊《过秦论》"起阡陌之中",《史记》作"千百",则"千百"与"阡陌"通也。又梁天监中,"东钱以八十为陌,西钱以七十为陌",沈括云"谓之陌者,本百字,借陌字用之,如什与伍也"。诸如此类,"合而观之,则数目用多笔字自古已然"。在这里,赵翼又透露给我们,今天的大写字以前叫多笔字。

  赵翼在该条笔记中顺便谈到了繁体字问题,说如果把"禮""處""與"写成"礼""处""与",大家就会说写错了,然东汉许慎就认为它们是相通的。这些实际上都是洪迈的研究,好在赵翼还有自己的补充,指出这样的字还有"棄之与弃,饑之与饥,煙之与烟,棋之为碁,棲之为栖,筍之为笋,箇之为个"。这就更加表明,今天的简化字同样是承继传统,只是有些简得似乎武断。此外,很不能理解的是,前些年我们对繁体字做得为什么那么决绝,在公共视野必欲斩草除根而后快。对这个传统文化的重要载体,还是应当给予必要的尊重为好。

2014 年 11 月 6 日

厚古薄今·厚今薄古

在我读中学的时代,正值举国上下评法批儒,印象很深的一件事是"厚古薄今"与"厚今薄古"之争。说"争"其实不确,因为答案非常明朗:就是要厚今薄古。可以言说之"争"的话,还要再往前推20年,也就是20世纪50年代。范文澜先生在《人民日报》上发表《历史研究必须厚今薄古》,认为"厚今薄古与厚古薄今是史学界存在着两条路线的表现,这里面也必然存在着兴无灭资和兴资灭无两条路线的斗争"。吴晗先生《灯下集》也这么说:"几十年来的旧中国的学术界,笼罩着一片厚古薄今的气氛。全国解放后资产阶级学者还没有改变这种风气,他们无论是研究学术,或在学校教课,都有重古轻今,详古略今,甚至有古无今的表现。"

厚,推崇,重视;薄,轻视,怠慢。厚古薄今,就是推崇古代而轻视现代,厚今薄古则正相反,是重视现代而轻视古代。前者的专利大约属于庄子,他说过"夫尊古而卑今,学者之流也"的话。后者的或可归于刘勰,其《文心雕龙·通变》在论到文风时指出:"黄唐淳而质,虞夏质而辨,商周丽而雅,楚汉侈而艳,魏晋浅而绮,宋初讹而新。"从质朴到讹诞,时代越近文章的滋味越淡。为什么会这样呢?"竞今疏古,风末气衰也",大家都竞相模仿近代的新奇而忽略借鉴古代的作品,所以文风日益暗淡、文气日益衰弱。相对而言,从前厚古薄今在很多时候可能更占上风,因为"言必称三代,秦汉以下无论"的风气相当盛行。夏商周三代被拿来当作分界线,此前"天理流行",此后"人欲横流";此前是理想盛世,此后如九斤老太的口头禅:一代不如一代。从前士人的这种审美习俗不知是何时形成的,但以过去否定现实,形成了强大的思维定式。

如果寻找厚古薄今典型代表人物的话,孔子要算一个,王莽也要算一个。孔子是倡导者,王莽是践行者。冯友兰先生说:"孔子对于周礼,知之深而爱之切,见当时周礼之崩坏,即不禁太息痛恨。"所以孔子有"克己复礼"的主张,提出"克己复礼为仁。一日克己复礼,天下归仁焉"。这句话当年是批判的一个重点,笔者作为中学生完全不解何意,亦读得烂熟,概因林彪叶群夫妇互赠的一件条幅中书有"悠悠万事,唯此为大,克己复礼"的字样,佐证了"林彪孔老二,一对坏东西"。孔子所要复的礼,正是《周礼》,周朝制度的汇编,世传为周公旦所著。在《论语》中,不乏孔子维护《周礼》的实例。比如孔子谈到季孙氏时说:"八佾舞于庭,是可忍也,孰不可忍也?"即可证其"太息痛恨"的程度。佾,行列,一佾八人,八佾六十四人,即六十四人的奏乐舞蹈。季孙氏在家里表演八佾,孔子气什么呢?因为按照《周礼》,只有周天子才可以享受八佾,诸侯六佾,卿、大夫四佾。季孙氏乃鲁国当政的三家之一,地位是正卿,只能用四佾。季孙氏不遵守礼法,孔子生气了。当然了,我们都知道孔子不仅评点僭越周礼的行为,他还周游列国去倡导他的主张。

两汉之间的王莽建立了新朝,上台之前,他是被朝野视为"周公再世"的,上台以后,自然事必据《周礼》。众所周知,王莽推动了轰轰烈烈的新政,而"改制"的一切理论根据都是《周礼》,全然向后看齐,从他改制的内容直接可以看出名堂。比如他改官名,大司农改成羲和,少府改成共工,郡太守改成大尹,县令长改成宰。比如他强化土地的国有制度,"更名天下田曰王田",以王田制为名恢复早已绝迹了的井田制。又比如他改革币制,让龟货、贝货、布货都重登了历史舞台,正如彭信威先生在其著作《中国货币史》中所说:"中国历代货币之所以失败,多有别的原因,而不是制度本身的缺点,只有王莽的宝货制的失败,完全是由于制度的失败。"所以,钱穆先生认为王莽的政治,"完全是一种书生的政治"。

当然了,厚今薄古派亦不乏其人,汉宣帝就是一个。他曾经告诫太子(元帝):"汉家自有制度,本以霸王道杂之,奈何纯任德教,用周政乎?且俗儒不达时宜,好是古非今。"显然,古今各有所长,都有厚的一面和薄的一面,厚哪、薄哪、厚多少、薄多少,都要具体问题具体分析。顾颉刚先生认为:"经者古史耳,儒者九流之一家耳,今古文者立学官异耳,汉、宋学者立观点异耳,各有其心思,各有其面目,不必己学而外无他学也,不必尊则如天帝而黜则如罪囚也。"新近"乌青体"诗歌引起了围观,其代表作《对白云的赞美》是这样的:"天上的白云真白啊/真的,很白很白/非常白/非常非常十分白/特别白特白/极其白/贼白/简直白死了/啊——"这要算作诗的话,还有人不会写诗吗?拙文前有《××体》,列举了屈原的"天问体"、萧齐的"永明体"、萧梁的"徐庾体"与"吴均体"、晚唐的"丁卯体"……那些"××体",往往开风气之先,成为一个文学阶段的标志;今天的呢,加上先前热闹过一阵的"梨花体""羊羔体"等等,给大众徒添笑料。在这个具体问题上,又焉能不厚古薄今?

2014 年 11 月 15 日

工匠

11月17日出版的《南都周刊》,封面专题做的是"寻找新工匠"。工匠,有手艺专长的人。那些有工具、作坊、原料等,自己独立生产,同时又将成品出卖作为生活来源的人,就是通常所说的小手工业者了。古代有四民之谓,其中"士农工商"的"工"就是工匠。《逸周书》中周文王教育太子发:"凡土地之间者,胜任裁之,并为民利。是鱼鳖归其泉,鸟归其林,孤寡辛苦,咸赖其生,以遂其材。工匠以为其器,百物以平其利,商贾以通其货。"《淮南子》也阐释过四民职能:"士农工商,乡别州异,是故农与农言力,士与士言行,工与工言巧,商与商言数。"这个顺序排列,无论是按照对社会贡献的大小,还是按照社会地位的高低,总之用《管子》的"士农工商四民者,国之石民也"来看,工匠也是国家正常运转的基础之一,柱石嘛。

工匠凭手艺吃饭,有专门的技术,如木匠、铁匠等等,就像《淮南子》说的"言巧",所以"匠"每与"巧"连用。宋朝李格非在讲到洛阳名园时说:"今洛阳良工巧匠,批红判白,接以它木,与造化争妙。"东汉王充对"匠"则有引申,听起来很新鲜:"能削柱梁,谓之木匠。能穿凿穴坎,谓之土匠。能雕琢文书,谓之史匠。"新鲜的是史匠的说法。当然,梅妻鹤子的林和靖还有《诗匠》诗,"诗流有匠手,万象片心通"云云,与之相类。在王充眼里,史匠相当于政府的公务员:"夫文吏之学,学治文书也,当与木土之匠同科,安得程于儒生哉?"所以,自然要与儒生进行区分。成语"匠心独运"的"匠心",即巧匠的心思,原本正是用于工匠,因为有了"匠"的这些"跨界"铺垫吧,渐渐给文人们相中,如张祜写了"精华在笔端,咫尺匠心难"之后,匠心独运基本上便跑到文人那个领域去指创造性的构思了。

"新工匠"对应的自然是"旧工匠",也就是旧时的工匠。春秋时的楚就有了工尹,掌管百工及官营手工业。元朝为便于强制征调各种各类工匠服徭役,更将工匠编入专门户籍,称为匠户;直到清朝顺治二年(1645)废除匠籍,匠人才重新获得自由身份。在前机器时代,任何生产生活用具都出自工匠之手。众所周知的鲁班,成为无所不能的民间匠师总代表,但凡不可思议的匠心,都要归功于他。比如河北赵州桥、山西解州关帝"旗舰"庙、北京故宫角楼,在民间传说中都有鲁班爷来破解建造时的难题。有一些其他领域响当当的人物,同时也是巧匠。哲学家墨翟,"为木鸢,三年而成",虽"蜚一日而败",但弟子们佩服不已:"先生之巧,至能使木鸢飞。"墨子则谦逊地表示:"吾不如为车辕者巧也。用咫尺之木,不费一朝之事,而引三十石之任,致远力多,久于岁数。"政治家、军事家诸葛亮发明了运输用的"木牛流马",《三国志》载:"建兴九年,亮复出祁山,以木牛运,粮尽退军;十二年春,亮悉大众由斜谷出,以流马运,据武功五丈原,与司马宣王对于渭南。"

在一些大文豪的笔下,记下了不少不知名工匠的身影。韩愈有一篇《圬者王承福传》,描写了一个自食其力、充满自信的劳动者形象。圬者,泥瓦匠,"技贱且劳"。天宝之乱,王承福被征兵作战,"持弓矢十三年,有官勋",但"弃之来归"。回到家乡,发现土地早没了,就干起泥瓦匠,一干三十年。他说他"不敢一日舍镘(瓦刀)以嬉",只能干这个,也不错,"取其直虽劳无愧,吾心安焉";并且,"有余,则以与道路之废疾饿者焉",接济一下更穷的人。柳宗元有一篇《梓人传》,是为一个叫杨潜的木工立传。柳宗元生动地描述了杨潜的工作过程,有个大官装修房子,请的是杨潜来总理,但见老杨"左持引,右执杖,而中处焉。量栋宇之任,视木之能举,挥其杖,曰'斧!'彼执斧者奔而右;顾而指曰:'锯!'彼执锯者趋而左。俄而,斤者斫,刀者削,皆视其色,俟其言,莫敢自断者"。柳宗元透过建筑业的高度组织性,工匠之间的密切配合,想到了国家和政府的职能行使,进而感叹道:"彼将舍其手艺,专其心智……是足为佐天子,相天下法矣。"韩、柳的这两篇文字,论述的都是"劳力者"的历史作用。实际上,传承至今的古代著名建筑,大都没有留下匠人的姓名。以辽代而言,河北蓟县独乐寺、山西应县木塔、山西大同华严寺等,都不知是谁人的杰作。

  进入工业社会后,手工作坊先受到了严重冲击;进入经济高速发展的时代,工匠的价值更几乎湮没无闻。生活小康了,才渐渐唤起人们对传统的怀念。2006年,瑞典以纯手工方式复制了大航海时代的著名远洋商船"哥德堡"号,按照260年前的航线来到广州。"哥德堡"号的复制历时10年,每一根铁钉、每一条缆绳都按当时的方式加工,再现了当年工匠的聪明才智。"哥德堡"号在广州停泊期间,我有幸登船参观,但觉船上处处流露着人性的温情,完全没有机械产品的冰冷,震撼异常。"寻找新工匠"的目的,该有不忘传统的本意。工匠在我们这个时代有断层之虞,寻找之,传承之,确是当务之急。

2014年11月21日

食盐专营

11月20日,盐业主管部门国家工业和信息化部向央视确认,有关部门正加紧研究制定盐业体制改革方案,总方向是到2016年取消食盐专营,让涉盐企业真正实现自主经营、公平竞争。不少报道都说,如果从东周时期管仲在齐国的推行算起,食盐专营制度在中国进行了近2700年。这个说法出自专家的意见无疑,然而这只是一面之词。胡寄窗先生早就认为,管仲的食盐专营是作为一种政策思想提出的,与现实的垄断还不完全是一回事。胡先生是中国经济思想史学科一位重要的开拓者和首创人,他对中国古代经济思想有诸多独到见解,其中之一就是《管子》的经济思想,我们不妨倾听一下。

胡先生认为,管仲经济思想最突出的,该是他的士农工商"四民分业定居论"。这四大社会集团的划分,在中国历史上是第一次,在此后的两千多年间一直成为中国社会的典型分类。在财政基本概念方面,管仲主张减轻赋税收入,加强经济收入,尤其应注意以国家垄断经营的方式作为充裕国家财政收入的主要手段。这在《管子·海王篇》桓公与管仲的对话中,表述得相当清楚。桓公说他想征房屋税,管子说这等于要人家拆房子;桓公说想征树木税,管子说这等于让人家砍树;想征家禽税,管子说等于让人家杀生;想征人头税,管子说等于让人家禁欲。归结为一点,强征势必妨碍生产。管子之所以有这种结论,胡先生认为源自他对社会的深刻观察。在《权修篇》里,他有进一步的阐释:"地之生财有时,民之用力有倦,而人君之欲无穷,以有时与有倦,养无穷之君,而度量不生于其间,则上下相疾也。"因此,"取于民有度,用之有止,国虽小必安;取于民无度,用之不止,国虽大必危"。

桓公这时就问了,那国家财政靠什么来支撑呢?管仲答"唯官山海为可耳",具体来说就是"海王之国,谨正盐策"。因为生活中谁也离不开盐,"十口之家十人食盐,百口之家百人食盐",因此管仲就算了一笔账:以一个月为计的话,大人得吃近五升半,小孩也得吃二升半,如果"令盐之重升加分强",也就是盐价格每升增加半钱,对万乘之国来说,一个月就可以收上来六千万。如果收人头税呢,每月每人即便征三十钱,总数才不过三千万。关键是,你要是下令征人头税的话,"则必嚣号",一定会有民怨;而"今夫给之盐策,则百倍归于上,人无以避此者,数也",这样悄悄地就能把钱收上来。

而管仲的"官山海",只是国家的局部垄断,即国家控制主要产盐地或控制若干主要市场,不是全部盐的生产与销售。这在《地数篇》与《轻重甲篇》中可得一窥。《地数篇》这么说的,我们先"伐菹薪,煮沸水为盐,正而积之三万钟(钟,计量单位)",到"阳春农事方作"的时候,"令民毋得筑垣墙,毋得缮冢墓,丈夫毋得治宫室,毋得立台榭,北海之众毋得聚庸而煮盐,然盐之贾必四什倍"。在《轻重甲篇》里又是这么说的:"十月始正,至于正月,成盐三万六千钟",然后,因为"孟春既至,农事且起",令"大夫无得缮冢墓,理宫室,立台榭,筑墙垣,北海之众,无得聚庸而煮盐,若此,则盐必坐长而十倍"。表述虽然稍有不同,总之大意是以农忙为理由,令产盐区的人不准"聚庸而煮盐",由国家来出售以囤积之盐来获取厚利。管仲名之曰"煮沸水以籍于天下"。这样来看,国家并没有全部占有产盐区,食盐也没用完全垄断专营,只是限于某个时段。

在胡先生看来,真正意义的食盐专营始于汉武帝元狩六年(前117)孔仅和东郭咸阳的建议。《汉书·食货志》载有这个建议:"山海,天地之臧,宜属少府,陛下弗私,以属大农佐赋。愿募民自给费,因官器作煮盐,官与牢盆(煮盐用的大铁锅)。浮食奇民欲擅斡山海之货,以致富羡,役利细民。其沮事之议,不可胜听。敢私铸铁器、煮盐者,钛左趾,没入其器物。"就是说,资源是国家的,你可以自己出资,官府还发给工具,盐产品国家要作价收上来专卖;私自煮盐的,要处以刑罚。于是,武帝"使仅、咸阳乘传举行天下盐、铁,作官府,除故盐、铁家富者为吏。吏益多贾人矣"。官商不分,未知是否可到此溯源。桑弘羊兼管盐铁事物后,扩大了各郡县盐官的设置,食盐专营大收成效。《汉书·地理志》介绍郡县时,设有盐官以及铁官的都要添上一笔,显见是在标明产区。

"穿尽绫罗不如棉,吃尽百味还点盐。"彼时食盐作为生活必需品却相对稀缺,专营的确能够为国家带来大量税收,极端时"天下之赋,盐利居半"。但今天这方面的意义已经相当微小。从1994年开始,盐税不再作为一个单独税种,而是被纳入了资源税的征收范围。按照目前每吨25元的最高盐税征收额度计算,2013年盐税收入还不到国家税收的万分之二。然而,从2001年起的十年间,国家曾制定过六次盐改方案,却因盐业体制改革将"极大地损害"既得利益者的垄断利润,被大念"拖"字诀。现在,这一步也许终于要迈出去了,一旦如此,其意义应该不亚于前些年取消农业税。

2014 年 11 月 23 日

韩休

11月18日,陕西省考古研究院通报称,位于西安市长安区的唐朝高官韩休夫妻合葬墓已经发掘完毕。墓中不仅出土了墓志、侍女俑等百余件文物,更发现了历经千年并未褪色、清晰可见的精美壁画。

该墓的发现说来有一点儿难堪,要归"功"为盗墓分子。2010年我国从美国追回了国宝级文物——唐代贞顺皇后(武惠妃)敬陵石椁,该案是以杨彬为首的犯罪团伙所为,专家在缴获的移动硬盘中发现了许多壁画照片,其中一些正出自韩休墓。今年3月,由陕西省考古研究院、陕西历史博物馆联合组成考古队,乃对韩休墓进行抢救性发掘。遗憾的是,墓室已被盗空,但令人惊喜的是四壁皆壁画,除被盗墓者割取二幅外,其余的都保存较好,尤其墓室北壁东侧的山水画,是目前考古发现的最早的独屏山水画,弥补了壁画发展史上的缺环,且将中国山水画的成熟期提前至唐代。

韩休,官至宰相。不过,即便在唐朝,当过宰相的人也车载斗量,重要的是以今天的审官标准,韩休是个可以称为榜样的高官。榜样的体现,自然在为人以及处事上。

《资治通鉴·唐纪二十九》载,侍中裴光庭薨,玄宗要萧嵩物色接替的人选。萧嵩和王丘关系不错,"将荐之",王丘则"固让于右丞韩休"。萧嵩"言休于上",韩休就此为黄门侍郎、同平章事,也就是宰相。单看这些,很容易以为这是一出选才进贤的佳话,在王丘亦诚然如此,在萧嵩其实不然。其推荐韩休,在于"以休恬和,谓其易制",有私心的考虑,所以一旦共事,发现韩休"为人峭直,不干荣利……守正不阿",不仅不那么听自己的话,甚至"数与萧嵩争论于上前,面折嵩短",萧嵩便"渐恶之"了。但在他人看来,韩休的作为叫作"甚允时望"。玄宗一次在"宫中宴乐及后苑游猎",自觉过度,马上问左右:"韩休知否?"谁知话音刚落,韩休"谏疏已至"。这说明,韩休的毫不客气,连玄宗也有几分顾忌。因此玄宗有一次临镜默然不乐,左右马上出馊主意:"韩休为相,陛下殊瘦于旧,何不逐之?"玄宗说了句著名的话:"吾貌虽瘦,天下必肥。萧嵩奏事常顺旨,既退,吾寝不安;韩休常力争,既退,吾寝乃安。吾用韩休,为社稷耳,非为身也。"

新旧两《唐书》里,对韩休的进谏故事另有补充。其一,当宰相后,在中央工作时。"万年尉李美玉得罪,上特令流之岭外",韩休进曰:"美玉卑位,所犯又非巨害,今朝廷有大奸,尚不能去,岂得舍大而取小也!"他直截了当地指出:"臣窃见金吾大将军程伯献,依恃恩宠,所在贪冒,第宅舆马,僭拟过纵。臣请先出伯献而后罪美玉。"玄宗自然不答应,然韩休固争曰:"美玉微细犹不容,伯献巨猾岂得不问?陛下若不出伯献,臣即不敢奉诏流美玉。"玄宗终于"以其切直,从之"。从这件事不难看出,韩休并不是要为李美玉开脱,而是要借助打一只"苍蝇",来扳倒一头"老虎"。鉴于韩休的种种作为,宋璟有个极高的评价:"不谓韩休乃能如是,仁者之勇也。"显然,他先前低估韩休了。其二,韩休出为虢州刺史,在地方时。虢州为东、西京之近州,"乘舆所至,常税厩刍",接待任务太重,连牲口的草料都是很大负担。韩休乃"请均赋它郡",大家都分担一些。中书令张说批评他"此守臣为私惠耳",但韩休坚持,底下人说这样下去"恐忤宰相意",韩休说:"刺史幸知民之敝而不救,岂为政哉?虽得罪,所甘心焉。"最终还是"讫如休请"。这就表明,韩休之"为人峭直,不干荣利",实乃一以贯之,无论在地方还是在中央。

不过,曾经得到唐玄宗高度评价的韩休,当宰相的时间却只有十个月左右。胡三省注《资治通鉴》时不解地问道:"明皇之待韩休如此,而不能久任之,何也?"何也?漂亮话往往不是真心话。齐景公对晏子的进谏,貌似言听计从,然梁丘据如何不堪,晏子不知说了多少遍,梁丘据死,景公却告诉晏子:"据忠且爱我。我欲丰厚其葬,高大其垄。"玄宗也是一样。当萧嵩因为不满韩休摆出撂挑子的架势时,玄宗安慰他:"朕未厌卿,卿何为遽去!"后来,在"卿且归,朕徐思之"的同时,将韩休也罢官了事。因此,玄宗之所谓"既退,吾寝乃安",摆的不过是一个姿态,使自己获得明君的美名,只是后人——也许时人不会那么轻易上当就是。

韩休有好几个儿子,"皆有学问",其中韩滉最为著名,虽然也当过宰相,但却以画家名世,故宫博物院所藏《五牛图》就出自他的手笔。该画在如今美誉多多,中国十大传世名画、九大"镇国之宝"云云。在当时,韩滉即以画牛著称,陆游赞之曰:"每见村童牧牛于风林烟草之间,便觉身在图画,起辞官归里之望。"《五牛图》是韩滉的代表作,1984年11月,为迎接次年乙丑牛年的到来,我国发行了一套五枚《五牛图》邮资明信片,五头健硕的老黄牛各为一枚,"分割"起来浑然天成。倘若韩休墓的壁画正是韩休这个画家儿子所为,那么,该墓的发现无疑又添了一层石破天惊的意味。

2014年11月30日

早婚

11月27日,云南金平县者米乡小翁寨村,13岁的秀秀和16岁的小听在鞭炮声中举行了婚礼。初中未毕业就辍学回家、结婚生子,这种现象在金平县内并不罕见。对于这种"早婚现象",金平县副县长普红芳解释说:"现象有,但政府一直在努力做工作改变。"

婚龄的早晚,自然与现行的法律有关。我国《婚姻法》第6条规定:"结婚年龄,男不得早于二十二周岁,女不得早于二十周岁。"在这个年龄界限之前结婚的,无疑就属于早婚。以之来衡量秀秀和小听,不仅早婚,而且早得离谱了。算是正常的话,得退回到南北朝时的北周。《周书·武帝纪》载,建德三年(574)诏曰:"自今已后,男年十五,女年十三已上,爰及鳏寡,所在军民,以时嫁娶,务从节俭,勿为财币稽留。"用这个标准,"丈夫"小听还超了一岁呢。如果嫌北周籍籍无名,那就退回到唐朝"开元盛世"时。《新唐书·食货志》载,玄宗开元二十二年(734),"诏男十五、女十三以上得嫁娶"。鉴于不同时代有不同的"早、晚"标准,为了行文简洁,这里统一以现行法律作标尺。

早婚的历史,可以上溯得非常悠久。《墨子》已云:"昔者圣王为法,曰:'丈夫年二十,毋敢不处家,女子年十五,毋敢不事人。'"墨子生活的年代到现在都2300多年了,他的"昔者"得是什么时候?梳理一下,许多法令不仅要求早婚,甚至还要禁止晚婚。《国语·越语》载,勾践规定"女子十七不嫁,其父母有罪;丈夫二十不娶,其父母有罪"。《汉书·惠帝纪》载,惠帝六年(前189)诏:"女子年十五以上至三十不嫁,五算。"《晋书·武帝纪》载,武帝泰始九年(273),"制女年十七父母不嫁者,使长吏配之"。父母不着急,由地方官员来强制执行。《宋书·周朗传》载,周朗上书曰:"女子十五不嫁,家人坐之。"至于把人家的父母当犯人对待。诸如此类。

统治者这样关注百姓的婚龄,有其自身的考虑,不会从百姓的立场出发,为之身心健康着想,为之排忧解难。明显的一个目的,是为了增加人口。勾践被吴国战败,回到会稽卧薪尝胆,他要"十年生聚,十年教训"。所以明令早婚之外,还奖励生育,"生丈夫,二壶酒,一犬;生女子,二壶酒,一豚。生三人,公与之母;生二人,公与之饩"。算赋,西汉的人头税,每人一百二十钱为一算。然"贾人与奴婢倍算",加一倍;五算,加五倍,可见对当婚不婚女子的严苛。想一想,经过秦末的战乱,西汉之初,田租都"什五而税一",就不难理解了。周朗的用意,其上书中更说得明白无误:"凡为国……不患土之不广,患民之不育。自华、夷争杀,戎、夏竞威,破国则积尸竟邑,屠将则覆军满野,海内遗生,盖不余半。"在到了15岁必嫁之外,他还建议:"凡宫中女隶,必择不复字(出嫁)者。庶家内役,皆令各有所配。"总之就是尽一切可能增加人口。如此,"则二十年间,长户胜兵,必数倍矣"。

有意思的是,即便与当时的法定婚龄相比,早婚的也不乏见,这倒和金平的情形差不多。比如唐太宗的时候,贞观元年(627)二月,"诏民男二十、女十五以上无夫家者,州县以礼聘娶;贫不能自行者,乡里富人及亲戚资送之"。但唐朝妇女的实际结婚年龄呢？当代姚平女史对总共1560篇唐朝妇女墓志铭做了个统计：1230篇的死者为已婚妇女，其中提到女性婚姻年龄的有299篇，平均结婚年龄为17.6岁。这没问题，问题是：有7篇提到了墓主在11岁时结婚，12岁结婚的有3篇，13岁结婚的有14篇，14岁结婚的有24篇。也就是说，以太宗时的婚龄标准，女子早婚的约占总数的16%。男子呢？正好相反。同样据姚平女史统计，在4478篇墓志铭中，记载墓主婚姻状况的有2579篇，而明确记载墓主结婚年龄的只有16篇，平均为26.1岁。不过，0.36%的比例似不足以说明唐朝男子就是晚婚，聊胜于无吧。

金平这里的早婚，跟民族习俗、生活习惯及父辈们的影响有关系，在当地虽司空见惯，但也没有到盛行的程度。在一些家长看来，让孩子辍学成家，还有一个因素是"学太多在这里也没有用，能识字、会算账，能种香蕉和橡胶就够了"。唐朝的早婚原因则不得其详，尤其"贞观之治""开元盛世"时，人口的增长显然不是问题。倒是那些晚婚的，白居易诗句中指出了两点：其一，家境贫寒。其《议婚》诗云："绿窗贫家女，寂寞二十余。荆钗不直钱，衣上无真珠。几回人欲聘，临日又踟蹰。"其二，社会动荡。其《赠友》诗云："三十男有室，二十妇有归。近代多离乱，婚姻多过期。"

我比较怀疑，金平那些早婚且早育的新郎新娘们，能不能分清自己到底是大人还是孩子？他们知道从法律的角度来看，他们的结合最多只能算是非法同居吗？当地计生部门负责人讲了："没到法定年龄，领不了结婚证。"并且，现行《婚姻法》第10条也规定："有下列情形之一的，婚姻无效：……（四）未到法定婚龄的。"那么，对于"早婚现象"，检验的就是金平依法执政的能力了，虽然难度很大、极大。

2014年12月6日

沉香

12月18日,2014中国国际沉香文化艺术博览会将在东莞市寮步镇举行。这些天,《南方日报》连续整版在刊登广告。这是第五届香博会了。本届四天会期,以"汇世界沉香　绽香市芬芳"为主题,重点展示沉香制品和工艺品、品香制香工具、香的衍生品等,同时还举办了沉香文化高峰论坛、全国香艺师评选大赛等活动。近几年,在藏家们的追捧下,沉香重新走出深闺,呈现出成为中国香文化重要载体的新姿态。那么,这种大型沉香博览会可以说是应运而生。

辞书上说,沉香,香木名,产于亚热带,木质坚硬而重,黄色,有香味。沉香的"植物中的钻石"之誉,显见是后来的产物,但在很早之前即为香中奢侈品是无疑的。宋朝蔡绦在《铁围山丛谈》中说:"吾久处夷(指海南)中,厌闻沉水香,况迩者贵游取之,多海南真水沉,一星直一万,居贫贱,安得之?"据当代扬之水女史考证,中土文献提到沉香,以东汉杨孚的《交州异物志》为最早,曰:"蜜香,欲取先断其根,经年,外皮烂,中心及节坚黑者,置水中则沉,是谓沉香。"杨孚,广州人,他的故乡就在中山大学校园旁边——海珠区下渡村,见存的"杨孚井"为市级文物保护单位。广州人喜欢将珠江以南称为"河南",正可溯源杨孚。蔡绦的沉香形成说没这么简洁,他给归了四类:其一,熟结,"自然其间凝实者也";其二,脱落,"因木朽而解者也";其三,生结,"人以刀斧伤之,而后膏脉聚焉";其四,蛊漏,"虫啮而后膏脉亦聚焉"。四类之中,"自然、脱落为上;生结、蛊漏为下"。杨孚的说法,只是其中的"生结"。

沉香在南北朝时已经入药。《南史·夷貊传》讲到林邑国特产,"出瑇瑁、贝齿、古贝、沉木香……沉木香者,土人斫断,积以岁年,朽烂而心节独在,置水中则沉,故名曰沉香"。延续的仍是杨孚说。范晔撰《和香方序》也讲到沉香,"麝本多忌,过分必害;沈实易和,盈斤无伤"云云。不过,撰写《宋书》的沈约指出,范晔这是在借题发挥,"此序所言,悉以比类朝士"。像"麝本多忌"这句,指的是庾炳之;"沈实易和"这句,则"以自比也",夸自己呢。这样的话,意思就很明了了:像庾炳之那样的,越少越好;而像我这样的,多多益善。范晔的自我感觉总是非常良好。

唐朝对沉香的重视,于《旧唐书·韦坚传》中可窥一斑。玄宗天宝元年(742)三月,韦坚为陕郡太守、水陆转运使。一上任,便大兴水利工程,最后"于长安东九里长乐坡下、浐水之上架苑墙,东面有望春楼,楼下穿广运潭以通舟楫"。为了什么呢?运各地的贡品。届时,韦坚集了两三百只"小斛底船",颇类我们一度非常熟悉的巡游,比方"若广陵郡船,即于梛背上堆积广陵所出锦、镜、铜器、海味;……南海郡船,即玳瑁、真珠、象牙、沉香",至于"连樯弥亘数里"。驾船的人统一着装,"大笠子、宽袖衫、芒屦"。船摇进来的时候,"于第一船作号头唱之。和者妇人一百人,皆鲜服靓妆,齐声接影,鼓笛胡部以应之"。这阵势,令西京的人开眼界了,"观者山积,人人骇视"。余曾有《特产之害》文,说的还不是这种铺张的害,而是以为有特产的地方无异伴生灾难。

这在沉香并不例外。《续资治通鉴长编》卷三一〇载,神宗元丰三年(1080)琼管体量安抚朱初平等奏:"每年省司下出香四州军买香,而四州军在海外,官吏并不据时估实直,沉香每两只支钱一百三十文。既不可买,即以等料配香户,下至僧道、乐人、画匠之类,无不及者。官中催买既急,香价遂致踊贵。……以故民多破产。海南大患,无甚于此。"可不又添了新证?

晋吴隐之来广州做官,酌饮贪泉以示志向不会为客观条件所左右的故事众所周知。事实上,隐之还曾投沉香于水。《晋书》说"其妻刘氏赍沈香一斤",隐之发现后,马上就给扔了。寇准端州卸任时江中掷砚,或许正受隐之的启发。顾祖禹《读史方舆纪要》介绍广州府的沉香浦时,又专门谈到了此事,"相传吴隐之任还,妻刘氏独赍沈香,隐之见而投于浦,故名";且云"旧有亭,今废"。不过,那亭子想来不会像后人纪念寇准修的"掷砚亭"那样,一语双关地命名"沉香亭",概此乃唐时宫中亭名,已有专指。李白的三首《清平调词》,其一就是:"名花倾国两相欢,长得君王带笑看。解释春风无限恨,沉香亭北倚栏杆。"无论叫什么吧,贪泉迄今仍在,那亭又何妨复之?二者的性质相当,且具有同样的警示意义。

由东莞寮步镇来举办国家级的沉香博览会,并非全无缘由。东莞有特产曰莞香,又名土沉香,按罗香林先生的说法,香港之得名亦是因此。早在明清时期,莞香贸易便繁荣兴盛,寮步借此获得了"香市"的美名,还跻身广东四大名市之一。11月11日国务院公布的"第四批国家级非物质文化遗产代表性项目名录"中,"寮步香市"榜上有名。如今他们举办香博会,旨在以之为抓手,目标是打造"香市文化"、建设"中国香都"。在既有历史文化积淀的基础上,研究和发掘古代香市文化的内涵和独特魅力,自然要比争夺名人故里,或者弄些不着四六的"文化"项目要高明得多。

2014 年 12 月 14 日

铲字

11月28日下午,中纪委监察室网站发布消息,广东省政协主席朱明国涉嫌严重违纪违法,正在接受组织调查。像前面倒台且喜欢留下墨宝的官员一样,朱明国在公众场合的题字顿时众目睽睽,结果自然只有一个:铲掉。朱明国是从海南五指山市走出来的高官,在该市有多处题词。有报道说,在他被查的当晚,其母校"琼州学院附属中学"就将他题写的校名和校内建筑的落款先抹去了;随后,在其他地方也有如是之举。不难想见,那些题字的内容完全"灰飞烟灭",仅仅是时间问题。

对这一幕,大家其实早已经见怪不怪。远的有江西省原副省长胡长清,近的有重庆市原副市长王立军,落马之后铲除他们的题字,都引发了舆论热议。这并不难理解,我们的传统文化从来都十分重视"德"。春秋的时候,叔孙豹在与范宣子对谈时提出了著名的"三不朽":"太上有立德,其次有立功,其次有立言。"把德摆在第一位。唐人孔颖达的解读是:"立德谓创制垂法,博施济众",亦即树立高尚的道德;"立功谓拯厄除难,功济于时",亦即为国为民建立功绩;"立言谓言得其要,理足可传",亦即提出具有真知灼见的言论。钱穆先生指出,在历史上的不同时代,对"三不朽"各有所偏,如汉、唐人重立功胜过于立言,宋、明人重立言胜过于立功。然而,"立功与立言,仍皆以立德为本源"。他举例说:"中国文学界,通常认为李太白诗不如杜子美,柳河东文不如韩昌黎。李、柳之所以稍逊于韩、杜者,主要差别不在其诗文上,乃在自其诗文所反映出其作者所内蕴之德性上。"文字上差一点儿,"德"都是这样的结果,何况"官德"全缺的落马者呢!

在书画问题上也是这样。陆容《菽园杂记》云:"古人看书画,一要师法古,二要人品高。人品不高,虽工亦减价矣。"他举了一正一反两个例子,先看人品高的。上虞俞汉远,"尝膺保举寓京师时,吏部郭尚书知其能画,使人召之,不赴"。来人告诉他,那可是人事部长啊,"人欲求一见而不可得,子何独不住?"俞汉远这样回答:"吾以应荐而来,今往为之画,使他日得美除,人将谓以画得之。"可惜的是,老俞最后也未除官,死在旅店还因"贫无所蓄,乡人哀金为敛之"。他的同乡钟钦礼则不然,画得也不错,但"以上司多好其画,辄以此傲人",进而以之为资本,"依托官府声势,诈取人财"。曾经有人拿他的画给陆容,陆曰:"屋壁虽陋,不挂赚金贼画也。"私家尚且如此,公域就不用说了。具体到书法,众所周知北宋有四大家,"苏黄米蔡"或"蔡苏黄米"。在这里,谁先谁后不是大问题,大问题是"蔡"究竟指谁。一般认为是蔡襄,但清人周星莲认为是蔡京,因为"后世恶其为人,乃斥去之,而进君谟(襄)书"。

浏览历史还可以看到,不要说奸臣或贪官了,字迹被铲的命运并不乏见。李商隐有著名的《韩碑》诗,韩碑——韩愈《平淮西碑》,记述的是唐宪宗元和十二年(817)裴度平定淮西藩镇吴元济的战事,中学课本里的《李愬雪夜入蔡州》是也。吴元济是李愬抓的,功莫大焉,韩文突出的却是宰相裴度,李家不干了。愬妻,唐安公主之女,公主又是德宗的爱女,这样的人物足可通天。当愬妻进宫诉说碑文不实之后,宪宗即命段文昌重新撰文勒石。原碑呢?"长绳百尺拽碑倒,粗砂大石相磨治",消除痕迹。因为李商隐非常认同韩文的观点,所以写了这首七言古诗,"公之斯文若元气,先时已入人肝脾"云云,表明即便碑面被磨平了,但韩愈文字的力量是磨不掉的。当然,韩碑的遭遇与贪官被铲字具有性质上的区别。苏东坡的遭遇与今天的落马者相似,他被贬谪之后,朝廷下令天下尽毁其所撰碑文,连神宗皇帝题额的《上清储祥宫碑》也未能幸免。御笔怎么办?有办法:御笔保留,专磨苏文。用《续资治通鉴》中的说法,哲宗绍圣四年(1097)诏:"上清储祥宫御篆碑文,苏轼所撰,已令毁弃,宜使蔡京撰文并书。"神鬼皆知地换了一通新的。

在故宫收藏的宫廷家具中,有一件"紫檀框嵌染牙竹石图御制诗挂屏",则与今日的铲字情况完全相同。诗是乾隆的,"青牛为石朱为竹,便与寻常意境殊"云云,工整的隶书是谁的呢?和珅的。和珅不是被嘉庆赐死了吗?没错,所以挂屏上原本的"臣和珅敬书"字样被挖去了,但现在从痕迹中仍依稀可辨,就像抹去"朱明国"之后一样,稍一留意仍然辨认得出来。今年年初,沈阳故宫首次展出了和珅为乾隆特别制作并进献的玉如意,同样是御制诗下,小字署款"臣和珅敬书",还刻有"和""珅"篆书连珠方印。报道说,这也是沈阳故宫唯一一件带有和珅题款的藏品。贪官的墨迹,只能以小玩意或者私底下的方式存在了。

如今有书法爱好的官员很多。有的专门练过,如胡长清等功力还不浅;有的则根本提不起来,只是权力作祟才赢得追捧。题词之时,润笔之外,装裱、悬挂伺候;倒台之后,忙不迭地除旧布新。一来一往,靡费了多少公帑?

2014年12月17日

家训

前两天《南方都市报》有一篇弘扬家训文化的报道。说具有2200多年历史的"客家古邑"河源市,350万人口中分布着840个姓氏,几乎每个姓氏都留下了自己独特的祖训家规。不过,从他们所重点推荐的司前村吴氏家训来看,并没有独特到哪里。道是:"一厚伦理,二尊王法,三救急难,四和乡里,五勤本业,六莫非为,七周贫乏,八谨祭祀。"这八条已成为司前村村规民约,2008年,村委会在村口还立下醒目的家训石牌,大书这八条。

家训,是家长在立身处世为学等方面对子孙的告诫。或身体力行之后的经验之谈,或理性思考,或二者兼而有之。家训的作用,龚自珍有句话,叫作"如王者之有条教号令之意"。从辞源上看,"家训"最早见于《后汉书·边让传》。蔡邕向何进推荐边让:"窃见令史陈留边让,天授逸才,聪明贤智,髫龀夙孤,不尽家训。"边让生活于东汉末年,从那时起到现在,也有差不多两千年了,表明家训不啻传统文化的一种。而见诸条文的家训,也是最有名的,要以北齐颜之推的《颜氏家训》为宗了,用明朝人的话说,所谓"古今家训,以此为祖",有开后世家训之先河的意义。颜之推直言撰写家训的目的,乃鉴于自己父亲去世得早,

"年始九岁,便丁荼蓼",虽有"慈兄鞠养,苦辛备至",毕竟把持不住,放浪形骸了一些。年轻时,"每常心共口敌,性与情竞,夜觉晓非,今悔昨失,自怜无教,以至于斯";年老时,"追思平昔之指,铭肌镂骨,非徒古书之诫,经目过耳也。故留此二十篇,以为汝曹后车耳"。颜之推以切身的感受,将自己一生的经历、思想、学识等系统地整理成书,亦使《颜氏家训》超越了其家族本身,而成为汉族传统社会的典范教材。

  历史上很多知名与不知名的人物都留有家训。《新唐书》载,房玄龄"治家有法度,常恐诸子骄侈,席势凌人,乃集古今家诫,书为屏风,令各取一具"。又载,穆宁"居家严,事寡姊恭甚。尝撰家令训诸子,人一通"。《宋史》中也有不少。《陆九韶传》载,九韶(理学大师陆九渊之兄)"以训戒之辞为韵语。晨兴,家长率众子弟谒先祠毕,击鼓诵其辞,使列听之。子弟有过,家长会众子弟责而训之,不改,则挞之;终不改,度不可容,则言之官府,屏之远方焉"。《包拯传》中的包拯"尝曰",虽未言家训之名,而有家训之实:"后世子孙仕宦,有犯赃者,不得放归本家,死不得葬大茔中。不从吾志,非吾子若孙也。"明朝朱用纯的《朱子家训》,声名不让《颜氏家训》,被历代士大夫尊为"治家之经",在清朝至民国年间还一度成为童蒙必读课本之一,"一粥一饭,当思来处不易;半丝半缕,恒念物力维艰"云云,朗朗上口。马克思《资本论》中涉及了680多人,唯一的中国人是清朝道光年间的王茂荫。王家也有家训,着重取与舍的辩证关系:"凡人坏品行损阴骘,都只在财利上,故做人须从取舍上起。……看着当下取来,虽见为有,不知非灾横祸出而消耗之,必且过于所取。须以当下之不取,为消将来之横祸,则此心放得下。古云:漏脯充饥,鸩酒止渴,非不暂饱,死亦随之。当时时作此想,则自然不敢妄取。"如今的各级官员,倒是应当好好读读。

  王士禛《池北偶谈》里讲到明末清初理学大家孙奇逢的一个观点："迩来士大夫绝不讲家规身范，故子孙鲜克由礼，不旋踵而辱身丧家者多矣。祖父不能对子孙，子孙不能对祖父，皆其身多惭德者也。"由此来看，家训似乎不可或缺。然必欲家训发挥功能，告诫本身诚需发自肺腑。如果单纯地只是格言警句，尽皆"普适性"的字眼，就像当代一些典型人物的日记，专门写给别人看的，又焉能指望有什么功效？普适性的格言警句，《三字经》《名贤集》里多了去了，就如《颜氏家训》所说："夫圣贤之书，教人诚孝、慎言、检迹、立身、扬名，亦已备矣。魏晋已来，所著诸子，理重事复，递相模效，犹屋下架屋、床上施床耳。"家训未尝不是如此，河源840姓都有独特家训，显然是一种夸张的说法。孙奇逢尝题壁云："人生最系恋者过去，最冀望者未来，最悠忽者见在。夫过去已成逝水，勿容系也。未来茫如捕风，勿容冀也。独此见在之顷，或穷或通，时行时止，自有当然之道，应尽之心。乃悠悠忽忽，姑俟异日，诿责他人，岁月虚掷，良可浩叹！"这一段，如果作为孙氏家训传诵，倒是非常独特的。

  明末袁崇焕被冤杀之后，他的一名佘姓部下当夜冒着满门抄斩的危险将袁将军的头颅取走，葬于自家宅内（今北京市广渠门），并立下三条祖训命佘家子孙世代在此守墓：佘氏子孙一不许南下回乡（佘家为广东顺德人），二不许做官，三要为袁崇焕守墓。如今已经传到了第十七代。历来恪守家训者诚然不乏，但是也不要高估家训的功效。龚自珍还有一句："家训，以训子孙之贤而智者。"对不贤且非智的，说什么也没用，最终可能还是要像陆九韶家那样"言之官府"。从2012年下半年起，河源开始对全市840个姓氏的家训进行征集，今年9月建成了全国首个家训长廊，把征集来的家训镌刻在客家文化公园百块天然黄蜡石上。弘扬可也,不要以为找到了灵丹妙药。

2014 年 12 月 20 日

节日腐败

新年要到了,中央及国务院两办《关于做好 2015 年元旦春节期间有关工作的通知》又照例印发了。其中第 6 条"又"提到,严格执行廉洁从政各项规定,坚决杜绝"节日腐败"。且"照例"佐以若干严禁:严禁用公款搞相互走访、送礼、宴请等拜年活动;严禁用公款吃喝、旅游和参与高消费娱乐健身活动;严禁出入私人会所、借培训中心奢侈浪费;严禁用公款购买赠送贺年卡及烟花爆竹等年货节礼;严禁用公款接待走亲访友、外出旅游等非公务活动;等等。

所以说"又"和"照例",在于后面的这些"严禁",属于通知类的老生常谈。在听的人,早已经习惯成自然;在通知所针对的官员,估计也是。不说不行,说了也没有很大的用处,想来是《通知》的尴尬之处。

节日是生活中值得纪念的重要日子。其与腐败相关联,"创造"节日的前人怕始料不及。这问题之成为痼疾,原因是多方面的,自然也正有"传承"的因素。节日腐败,典型表现为节日送礼。明朝有两部笔记提到了类似问题,其一是陆容的《菽园杂记》,其二是何良俊的《四友斋丛说》。

《菽园杂记》讲的是当时一种现象:"京师元日后,上自朝官,下至庶人,往来交错道路者连日,谓之拜年ะ"元日,正月初一,今之春节也。同样是拜年,心态不同,"士庶人各拜其亲友,多出实心。朝官往来,则多泛爱不专"。实心与泛爱不专,把拜年的两种性质表露无遗。于是,"如东西长安街,朝官居住最多。至此者不问识与不识,望门投刺,有不下马,或不至其门令人投名帖者"。认识不认识不要紧,在不在家也不要紧,一定要走动到位,留下名片表示我来过了。这里似乎表明,虽然大家都有虚与委蛇的一面,却还并不存在节日腐败现象。然而,"遇黠仆应门,则皆却而不纳,或有闭门不纳者",多少表明空手来的不受欢迎,用广州话表达即"睬你都傻(读 suo,上声)"了。下面这一句,"在京仕者,有每旦朝退即结伴而往,至入更酣醉而还",更要让人往公款相互宴请一类方面去想入非非了。

《四友斋丛说》描述的则是亲眼所见:"余尝以除夕前一月偶出外访客。至内桥,见中城兵马司前食盒塞道,至不得行。"何良俊向旁人打听,得到的答案是:"此中城各大家至兵马处送节物也。"节物,应节的物品。食盒,字面上看是送吃的,显然该是代指。有一天兵马司头头请客,何良俊开了个玩笑:"你们兵马司缺官,可容我翰林院致仕孔目权三四个月印否?"惹得大家哄堂大笑。中城兵马司是干什么的呢?《明史·职官志》说得很清楚:明朝有中、东、西、南、北共五城兵马司,各设指挥一人,正六品;副指挥一人,正七品。职司"指挥巡捕盗贼,疏理街道沟渠及囚犯、火禁之事"。设了五个,管辖范围不同,总之"境内有游民、奸民则逮治。若车驾亲郊,则率夫里供事"。由此看来,兵马司大抵相当于今天公安和城管的混合体。就是这么个算不上大的职能部门,大家都争着去公开送礼,而且送得连路都堵得够呛。中城兵马司的情形为何良俊偶遇罢了,东南西北兵马司那里能例外吗?其他衙门能例外吗?

　　当然,节日来临之际,为官操守一如寻常的肯定亦不乏其人,前提得是"好官"。被康熙皇帝称为"廉吏第一"的于成龙就是这样。其令罗城,"性廉洁,俭于自奉,不为妻子计,恶衣粗食,安之若素"。有人"留数钱置案上",曰:"阿耶不纳火耗,不谋衣食,宁酒亦不买乎?"你啥都不要,难道还不喝点儿酒吗?于成龙盛情难却,"留数钱,计得酒一壶而止"。有一日,百姓听说他老家来人了,高兴得"奔哗庭中……又进金钱如初"。于成龙又笑谢曰:"此去吾家六千里,单人携赀,适为累耳。"两江总督董讷去官,"江南民为立生祠"。康熙南巡,"父老驾者千万人,咸吁恳还总督任"。康熙褒扬董讷:"汝做好官,江南人为汝建一小庙矣。"固安知县杨秘调宛平,借康熙巡畿南之机,"固安老幼争乞留之"。康熙说:"别与汝固安一好官,何如?"一女子对曰:"何不别以一好官与宛平耶?"像于成龙、董讷、杨秘这些官员,节日来与不来,都不用上面半句不要腐败的提醒。清初福建将乐令李嚼有句话堪称名言:"在官,俸金外皆赃也,不可以丝毫累我。"官舍庭院里有两株桂树,李指之曰:"此亦官物也,擅折者必治之。"从此家人不敢簪桂花。他出外巡视秋收,"从仆摘道旁一橘",给他看见了,"立下马杖之,命偿其直"。然而,这样的好官只干了三年,因为"上官有索馈者,无以应,遂去官归"。不送礼,在官场上干不下去,哪里出了问题?

　　《通知》同时例牌明确,各级纪检监察机关要加大惩戒问责力度,对违规违纪行为严查快处,在追究直接责任人责任的同时,严肃追究相关领导的主体责任和监督责任,问题典型、突出的点名道姓通报曝光。中纪委开通了网站,隔三岔五就点名道姓一批之后,还真的不敢当成耳旁风了。在我看来,以后也不必

节日腐败　177

老发这些,要官员时刻明确"在官,俸金外皆赃也"这一根本,便足够了。

2014 年 12 月 28 日

羊

1月5日,广州市花城广场、白云机场同步举办了《乙未年》生肖邮票首发仪式。再过一个多月,就是农历乙未年即羊年,此之谓"羊年羊票羊城首发"。这是第三轮生肖邮票的收官之作。报道说,票面以绵羊为原型,形象端庄而立,体如圆形,羊角的缠枝花草纹样,象征福气延绵不绝,长长久久。其中比较特别的地方,是它的小版票边饰上有一只嘴里含着麦穗的"回头羊",是根据广州"五羊衔谷"的传说为蓝本而设计的,因之成为生肖邮票发行36年来首次为地方城市专门发行的生肖小版票。

五羊衔谷,源自一个美丽的传说。众所周知,广州别称羊城、五羊城。这一别称,唐诗中已经提及。黄滔《寄南海黄尚书》有句曰:"五羊城下驻行车,此事如今八载余。"宋太宗时编纂的《太平广记》,在《崔炜》条中屡次提到骑着白羊来去的"羊城使者",还令崔炜发了笔横财。崔炜"后有事于(广州)城隍庙,忽见神像有类使者……是知羊城即广州城。庙有五羊焉"。崔炜是唐德宗时人。宋朝钱易《南部新书》把五羊的得名时间又向前推了一步,说晋朝吴修为广州刺史,"未至州,有五仙人骑五色羊,负五谷而来。今州厅梁上画五仙人骑五色羊为瑞,故广南谓之五羊城"。到了清朝屈大均《广东新语》里,更上溯到了西周:"周夷王时,南海有五仙人,衣各一色,所骑羊亦各一色,来集楚庭。各以谷穗一茎六出,留与州人,且祝曰:'愿此阛阓(街市)永无荒饥。'言毕腾空而去,羊化为石。"楚庭或楚亭,即广州最早的名字。屈大均接着说:"今坡山有五仙观,祀五仙人,少者居中持粳稻,老者居左右持黍稷,皆古衣冠。像下有石羊五,有蹲者、立者,有角形微弯势若抵触者,大小相交,毛质斑驳。观者一一摩挲,手迹莹然,诸番往往膜拜之。"五仙观今日仍在,2013年3月被公布为全国重点文物保护单位。至于"石羊五",早已没了踪影。1959年起矗立在越秀山且已成为广州城徽标志的五羊石雕像,自然是新版本,然而从造型来看,显见沿用了屈大均的描述。

"五羊衔谷"传说的演变,可以印证顾颉刚先生的"层累说"。也就是,时代愈后,传说中的古史期愈长,传说中的中心人物愈放愈大。五羊传说之所以出现,或如岑仲勉先生在1948年所提出的,是一则史前拓殖神话,"西周末期,王室衰微,诸侯崛起。楚人蚕食诸姬,汉阳姬族不胜楚人压迫,逐渐沿湘水流域,向南迁徙,同时携带家畜、农作物,传播于南方,是为吾粤入开明文化之第一步"。五仙的坐骑为什么是羊而不是其他,有人研究认为,可能出于原始的图腾崇拜,羊是吉祥的象征。许慎《说文解字》释"羊"字曰:"羊,祥也。"释"美"字曰:"美,甘也。从羊从大。"徐铉注释更直截了当:"羊大则美。"马王堆汉墓帛书里,有"骄洫好争,阴谋不羊",大意是说,骄横凌人、逞强斗勇、好弄阴谋的国家必有祸灾。

羊,也是祭祀用的三牲之一。牛、羊、豕三牲全备,称太牢,那是天子祭祀社稷的标配。《孟子·梁惠王上》有个著名故事:新铸之钟,要杀牛以血涂之行祭。梁惠王因"不忍其觳觫,若无罪而就死地",让把牛给放了。"然则废衅钟与?"仪式是否也不搞了呢?

梁惠王说当然要搞,"以羊易之",把牛换成羊。孟子抓住这一点,先奉上一顶高帽子:"是心足以王矣。百姓皆以王为爱也,臣固知王之不忍也。"梁惠王正在得意,孟子马上又泼去两盆冷水,第一盆是:"王无异于百姓之以王为爱也。以小易大,彼恶知之?王若隐其无罪而就死地,则牛羊何择焉?"要是说无罪而杀,则杀牛还是杀羊没有本质区别。第二盆是:"今恩足以及禽兽,而功不至于百姓者,独何与?"对禽兽都流露了恻隐之心,对百姓怎么不这样呢?关键在于,你不是不能,而是不为啊。在不能与不为问题上,环视今日之"政绩工程"与"民生工程",此喻倒也熨帖。

人们都知道羊是性情比较温顺的动物,但有个比较费解的成语叫作"羊狠狼贪"。《辞海》(1979年版)的解释是:本指为人凶狠、争夺权势;后多用来比喻贪官污吏剥削压迫人民。《史记·项羽本纪》中,"狠"作"很",上将军宋义下令军中曰:"猛如虎,很如羊,贪如狼,强不可使者,皆斩之!"关于"很"或"狠"该如何释义,论文见了不少,大抵或释"狠"为山羊好斗,或释"很"为羊之倔强、执拗,《说文解字》即云"很,不听从也"。哪一种都说出一堆道理,可惜莫衷一是。如果一定要怪的话,先要怪古人说话过于言简意赅,再要怪汉语的词义过于博大精深了吧。

我国生肖邮票的发行,不解为何一定要选择在每年的1月5日。生肖属农历范畴,正月初一上岗,发行又何妨选在除夕?岁首称颂,人们喜欢说"三羊开泰"来互相祝福,此"羊"实应为彼"阳",属于以"羊"谐"阳"。"三阳开泰"或"三阳交泰",辞源在《易经》,指的是冬去春来阴消阳长,吉祥亨通好运即将降临。羊年要到了,"三羊开泰"的腰板自然挺得更直了。

2015年1月6日

武媚娘

由范冰冰、张丰毅等主演的电视剧《武媚娘传奇》播出之后,收视率一度爆表。武媚娘者,武则天也,中国历史上第一个也是唯一的正宗女皇帝。所谓正宗,是她建立的大周进入了正史序列,名正言顺是也。其他那些则不然,比如与武则天同时期就有个浙江女子陈硕真扯旗造反,自称"文佳皇帝",还仿照唐朝官制建立了政权。这就是属于自己玩玩儿。倘若这一类都作数的话,则中国历史上并存的朝代将不知几何,各种男"皇帝"更如过江之鲫,或车载斗量。

武媚,唐太宗给武则天的赐号。贞观十一年(637)十一月,太宗听说十四岁的武氏姿色艳美,便将她纳入宫中,封为五品才人,赐号"武媚",武媚娘是后世的讹称。那么,从电视剧的名目就不难推断其剧情,该是武则天发迹前的那些年、那些事。网友说话更一针见血:《武媚娘传奇》是一出《满城尽带黄金甲》版的《甄嬛传》。电视剧《甄嬛传》,讲的是甄嬛如何从一个不谙世事的单纯少女成长为一个善于谋权的深宫妇人;张艺谋的电影《满城尽带黄金甲》,则早被戏称为"满城尽是黄金乳",戏里的女人无论年龄大小地位尊卑,一概"胸器逼人"。这样来看,电视剧《武媚娘传奇》表现些什么也就不言而喻。但是此番,有关方面没有像《满城尽带黄金甲》那般纵容,而是勒令《武媚娘传奇》停播整改。"变身"归来,人们看到该剧走了另一个极端,胸部镜头截然砍去,原本精美的头饰和华丽的衣服再难呈现不说,一不留神还成了"大头剧"。至于武媚娘抱着唐太宗的镜头,世民的脑袋只好牺牲掉了。

算是祸起"胸器"吧。是唐朝妇女就那么穿,还是《武媚娘传奇》胡编乱造呢?应当说,二者兼而有之。明了前者,也就不难明了后者。

《旧唐书·舆服志》载:"武德、贞观之时,宫人骑马者……多著羃䍦。"那是少数民族的一种围巾类的服饰,能"全身障蔽,不欲途路窥之",可能效果不错,"王公之家,亦同此制"。高宗之后,"皆用帷帽,拖裙到颈,渐为浅露"。有人研究,帷帽是一种高顶宽檐笠帽,在帽檐一周带上薄而透的面纱,今天福建惠安女头上的装束庶几近之。咸亨二年(671),高宗敕曰:"百官家口,咸预士流,至于衢路之间,岂可全无障蔽?"他对这种"递相仿效,浸成风俗"的现象表达了相当不满,认为"过为轻率,深失礼容",明确"自今已后,勿使更然"。直到"则天之后,帷帽大行,羃䍦渐息。中宗即位,宫禁宽弛",这一禁令才算作废。这就似乎可见,武媚娘时代的命妇们不要说露不露胸了,连露不露脸都是个刚刚解决的问题。当然了,关起门来,宫中是否存在《武媚娘传奇》的那番景象则不敢肯定。

再按《旧唐书》的记载,"开元初,从驾宫人骑马者,皆著胡帽,靓妆露面,无复障蔽。士庶之家,又相仿效,帷帽之制,绝不行用"。靓妆露面之余,有没有露胸?唐人的文化遗留可补正史简述之不足,比如唐诗中的若干句子。生平不详的周濆有《逢邻女》:"日高邻女笑相逢,慢束罗裙半露胸。莫向秋池照绿水,参差羞杀白芙蓉。"德宗时的施肩吾有《观美人》："漆点双眸鬓绕蝉,长留白雪占胸前。爱将红袖遮娇笑,往往偷开水上莲。"宪宗时的方干有《赠美人四首》,其一说到"粉胸半掩疑晴雪,醉眼斜回小样刀";其二说到"严冬忽作看花日,盛暑翻为见雪时";其三说到"常恐胸前春雪释,惟愁座上庆云生"。《全唐诗》还收了昭宗时欧阳炯的《南乡子》词:"二八花钿,胸前如雪脸如莲。耳坠金镮穿瑟瑟,霞衣窄,笑倚江头招远客。"这些诗或词的格调如何先不去计较,但可以佐证玄宗之后唐代妇女着装的开放程度是无疑的。

如果嫌这些仍不够直观,还可以观赏唐人留下的画作。中晚唐时周昉的《簪花仕女图》,描绘了春夏之交一群服饰艳丽的贵族妇女在庭园里嬉戏、赏花的闲逸生活片断。图中六人,一派的雪肌玉肤隐现于薄纱中,里面只穿了一件袒胸裙,以锦带高束到胸下,颈部与胸、臂的大部分都裸露在外,活生生的"绮罗纤缕见肌肤"(欧阳炯句)。玄宗时张萱的《虢国夫人游春图》,描绘的是杨贵妃的姐姐虢国夫人和秦国夫人,在男装侍卫和红衣侍女陪伴下的游乐情景,两人都身穿石榴红的开襟低胸上衣。张萱另一幅《捣练图》中刻画了十二个人物形象,按劳动工序分成捣练、织线、熨烫三组场面,但凡正面形象皆酥胸半露。诸如此类,可见露胸在中晚唐已属于寻常打扮。

在文物出版社2006年出版的《昭陵唐墓壁画》里,也可以看到妇人们领口已经开低。昭陵,唐太宗陵。但那领口开低的程度,远比不上《武媚娘传奇》里的束胸华服,满屏美女大斗"事业线"的壮观场面。《武媚娘传奇》诚然有些玩火,但这么"一剪没",却也不免让人思考权力的边界究竟在哪里。如今,各种版本的"大头"调侃此起彼伏,或文字,或视频,博人一粲。这种新催生的娱乐方式,难道不是对掌权者的间接发泄吗?

2015 年 1 月 10 日

清明上河图

去年岁末在广东连州国际摄影展上，一幅叫作"清明上河图"的摄影作品引起了大家的关注。张择端的《清明上河图》众所周知，我国十大传世名画之一。新版"清明上河图"正模仿了该画的表现形式，街道、拱桥、建筑，布局跟画作差不多；定睛看去，再现的却是近年来我们国土上一些众目睽睽的典型事件和社会怪象，"我爸是李刚""城管打人""挟尸要价""征爹求包养"等。摄影采用的是摆拍，略带夸张地进行剧情演绎。但用作者戴翔的话说，这幅耗时两年半的长卷是严肃的艺术创作，也算是向《清明上河图》致敬。

创意的确不错，致敬就不知从何讲起了。虽然今天对《清明上河图》的"清明"何指并没有统一，至少有三种观点：清明节、清明坊和清明盛世。如果真的是"清明盛世"呢，你这个全是"负面"东西的"清明上河图"，跟人家不是南辕北辙，用俗话说就是"猴吃麻花——满拧"？当然了，《清明上河图》里也有沿街乞讨的乞丐，官衙门口散坐着的士兵，大街上自由奔跑的猪，但是人家主旋律毕竟是好的，传递的也是正能量嘛。玩笑归玩笑，二者还是有殊途同归之处：现实主义艺术作品。一个是现实主义绘画艺术品，一个是现实主义摄影艺术品。因为"现实"，前者为我们提供了北宋都城开封即东京的种种翔实形象的第一手资料，后者则帮助我们系统地梳理了当代神州大地上的光怪陆离。稍微不同的是,这些光怪陆离去我们还不太远,还在我们的记忆之中,这个摄影作品只是强化了我们的记忆;而我们要了解东京昔日的繁华程度,了解宋朝的商业、手工业、民俗、建筑、交通工具等,很多方面则非得借助张择端的《清明上河图》不可了。

不要以为《清明上河图》只是画家的创作,与张择端生活在同一时代的孟元老留有一部《东京梦华录》,相互印证会发现它的纪实程度。比如,《东京梦华录》里几处提到了成行成市的香药铺,马行街北段,"香药铺席,官员宅舍,不欲遍记"云云;《清明上河图》中正有"刘家上色沉檀拣香"的幌子。《东京梦华录》里提到了好多知名的酒楼,白矾楼、会仙楼什么的,《清明上河图》中的"孙家正店",正让我们看到了彼时东京大型酒店究竟是何种模样。《东京梦华录》里提到了好多名医药铺,"李家生菜小儿药铺""孙殿丞药铺"等,《清明上河图》中正有"赵太丞家"和"杨家应症"……就算是前面提到的有限的不甚雅观的画面,《东京梦华录》同样也有一笔,比如记南薰门时说:"寻常士庶殡葬车舆皆不得经由此门而出,谓正与大内相对。唯民间所宰猪,须从此入京,每日至晚,每群万数。"有意思的是,关于"清明"何指的那三种观点之一,"清明"不是清明节,孔宪易先生在论证中参照的也是《东京梦华录》。比如画卷右首有驮负10篓木炭的驴子,而《东京梦华录》说每年农历十月,汴京始"进暖炉炭,帏前皆置酒作暖会";画面上酒肆多处,酒旗上写着"新酒"二字,而《东京梦华录》说"中秋节前,诸店皆卖新酒"。《清明上河图》与《东京梦华录》,真是一对须臾不可或分的孪生兄弟了。

还有一个有趣的地方是,纪实的画作与现实的矛盾。宋仁宗天圣三年(1025)正月,巡护惠民河田承说就东京河桥上的商铺上言:"河桥上多开铺贩鬻,妨碍会笡及人马车乘往来,兼损坏桥道",希望下发文件"禁止,违者重置其罪"。他的建议马上被采纳了,诏曰:"在京诸河桥上,不得令百姓搭盖铺占栏,有妨车马过往。"但无论我们看哪个版本的《清明上河图》,虹桥的上面都有商铺,故宫收藏的那个版本更是一个连着一个,密密的两排。张择端生于1085年卒于1145年,那上言及诏令在他前面至少好几十年,他这样画,显然那诏令已经作废了。如有可能,我倒更有兴趣知道,那诏令只管了一阵子,随后便故态复萌,还是像今天的很多时候一样,根本就没起到过作用。

《清明上河图》大约从一问世,就成了无价之宝,在其几百年的传承经历中,难免留下大量故事。《客座赘语》云,嘉靖中,一贵人以重价购了一个临本送给严世蕃,"世蕃喜甚",不料"装潢人汤姓号北川者,索赂不得",给拆穿了,于是"世蕃大怒,卒以陷贵人云"。《万历野获编》也谈到了这件事,说严嵩大权在握时,"以诸珍宝盈溢,遂及书画骨董雅事",想往上爬的,"各承奉意旨,搜取古玩,不遗余力"。不知谁听说《清明上河图》在故相王鏊家,时装裱匠汤臣"客严门下",他和王忬关系不错,就劝王忬买下来送给严家,但人家有钱,"难以阿堵动",高低不卖。王忬就请高手临摹了一幅送去。"严氏既得此卷,珍为异宝,用以为诸画压卷,置酒会诸贵人赏玩之"。然而,被嫉妒王忬又了解点儿情况的人告发了,"严世蕃大惭怒",王忬因此丢了性命。一幅名画引发的血案,恐怕为作者所始料不及。

张择端的《清明上河图》作为国宝级文物,必将继续代代相传。而戴翔的《清明上河图》以其取代汴河两岸自然风光和繁荣集市的"拼接黑暗",招致了相当猛烈的批评,命运如何,还需拭目以待。

2015年1月18日

冤杀

去年12月15日,内蒙古自治区高级人民法院对呼格吉勒图故意杀人、流氓罪一案作出再审判决,并向申诉人、辩护人、检察机关送达了再审判决书,宣告原审被告人呼格吉勒图无罪。这是一个迟到的正义。1996年4月9日,内蒙古自治区呼和浩特市毛纺厂年仅18周岁的职工呼格吉勒图被认定为一起奸杀案的凶手。案发仅仅61天后,法院便判决呼格吉勒图死刑,并立即执行。因此,家人只能将再审判决书的复印件在呼格坟前焚烧,以传统的方式"告知"地下的呼格。

正义迟到了,但要庆幸它毕竟还是来了。呼格妈妈说,儿子如果活着也才只有36岁。冤杀带给呼格家人的惨痛溢于言表。其实早在唐朝,贞观元年(627),太宗就说过:"死者不可再生,用法务在宽简。"法医鼻祖、南宋宋慈也说过:"狱事莫重于大辟,大辟莫重于初情,初情莫重于检验。盖死生出入之权舆,幽枉屈伸之机括,于是乎决。法中所以通差今佐理掾者,谨之至也。"前人这些理念,今人可能讲得更动听,然在"呼格案"中不要说"谨之至",整个过程实在近乎儿戏。当年的公开报道这样描述:"冯志明副局长观察了现场……他和报案人简单交谈了几句之后,他的心扉像打开了一扇窗户……冯副局长、刘旭队长、卡腾教导员等分局领导,会意地将目光扫向还在自鸣得意的那两个男报案人(其一为呼格),心里说,你俩演的戏该收场了。"就这样,呼格便成了凶手。

历史上早有大量冤案在前,可叹的是,今天并没有吸取教训,有一些甚至就是重演。《挥麈录》载,一女子"乘驴单行,盗杀诸田间,褫其衣而去"。驴跑了,给别人家捡到了,但这可不是天上掉下来的馅饼,"吏捕得驴,指为杀女子者,讯之四旬",那家人始终只是承认"收系其驴,实不杀女子"。侍御史王平对凶手认定提出质疑,"州将老吏,素强,了不之听,趣令具狱"。王平坚持自己的观点,他说:"与其阿旨以杀无辜,又陷公于不义,校其轻重,孰为愈邪?"果然,过几天,"河南移逃卒至许,劾之,乃实杀女子者"。呼格案冤枉之初浮水面,正是 2005 年"杀人狂魔"赵志红落网后,在自供的罪案中有这一件。可惜,案件结得太快,呼格没有等到这一天。

真凶落网,州将对王平谢曰:"微司理,向几误杀平人。"而呼格案于 2006 年即为内蒙古自治区政法委复核为冤案,平反却一直受到重重阻挠,现在的结果全赖新华社记者汤计五篇内参的推动。《辽史·张俭传》载,张俭"在相位二十余年,裨益为多"。其中,辽兴宗重熙五年(1036),"有司获盗八人,既戮之,乃获正贼"。这就跟呼格案殊途同归了,然"家人诉冤,俭三乞申理",兴宗很不高兴,勃然曰:"卿欲朕偿命耶!"张俭曰:"八家老稚无告,少加存恤,使得收葬,足慰存没矣。"当时也只能做到"存恤"这一步;现在,国家赔偿之外,舆论莫不呼吁追究呼格冤案制造者。12 月 17 日下午,即呼格被宣告无罪后两天,当年的呼和浩特市公安局新城区分局副局长、"呼格案"专案组组长,现任市局副局长冯志明,被自治区检察院反渎职侵权局工作人员带走调查,成为"呼格案"启动追责程序后第一个被调查的责任人,得其所哉!在唐代,为了"庶免冤滥",太宗明确"自今以后,大辟罪皆令中书、门下四品以上及尚书九卿议之"。贞观五年(631)再下诏曰:"在京诸司,比来奏决死囚,虽云三覆,一日即了,都未暇审思,三覆何益?纵有追悔,又无所及。"贞观前四年,"断死刑,天下二十九人,几致刑措"的出现,岂是偶然?从2007年元旦起,死刑案件的核准权统一收归中国最高法院行使,太宗的做法应有前驱的意味吧。可惜,呼格也没有等到这一天。

如果说唐太宗的理念是从宏观处进行顶层设计,那么宋慈的践行就是从微观处付诸实施了。宋慈在广东、广西、湖南都当过提点刑狱使,具有丰富的基层经验。他的《洗冤集录》是世界上最早的法医专著,等于开创了"法医鉴定学",为后代刑狱官办案必备,所谓"治狱之宝书"。受限于当时的科学水准,内容难免有错漏之处,但无损于其在世界法医学上的地位。宋慈的指导思想是:"每念狱情之失,多起于发端之差。"所以,自己"独于狱案,审之又审,不敢萌一毫慢易心。若灼然知其为欺,则亟与驳下;或疑信未决,必反复深思,惟恐率然而行,死者虚被溴漉"。并且,他还特别申明:"贤士大夫或有得于见闻及亲所历涉,出于此集之外者,切望片纸录赐,以广未备。"后世从业人员,纵无宋慈之才,何妨有宋慈之心?

今天的科技水准较之宋慈的时代不知先进几许,冤狱当然也少了许多,但是这几年还是给人以目不暇接之感。究其根本,司法执法人员欠缺对生命的尊重。破案率、"命案必破"之类成为指挥棒,在许多冤狱中就难免窥见有罪推定、拼凑证据的惊人相似之处。一旦与现代法治理念中的"疑罪从无"原则背道而驰,冤狱乃至冤杀的出现,就只是时间、地点和人物问题,带有相当的必然性。

2015年1月24日

奸臣

某位高层人士日前在新近的一次辅导报告中讲到，徐才厚和我国历史上十大奸臣有着惊人的共性："奸"，无德无品、大奸似忠；"贪"，贪得无厌、贪赃枉法；"霸"，无法无天、专横霸道；云云。徐才厚，原中央军委副主席，上将军衔，2014年3月15日因涉嫌违纪问题接受组织调查。老实说，按照这样的标准，则当代奸臣不独徐才厚，置换成其他落马的高级领导干部的名字也一个样。

奸臣，辞源出自《管子·七臣七主》："主虞而安，吏肃而严，民朴而亲。官无邪吏，朝无奸臣。"史上有十大奸臣，据说是庆父、伯嚭、赵高、董卓、李林甫、蔡京、秦桧、严嵩、魏忠贤、和珅，不知哪个时代的约定俗成，但十个人物的生活年代自春秋至清中，几乎纵贯了整个中国历史。按照吴兢《贞观政要》对"奸臣"的定义："内实险诐，外貌小谨，巧言令色，妒善嫉贤；所欲进，则明其美、隐其恶，所欲退，则明其过、匿其美，使主赏罚不当，号令不行，如此者，奸臣也。"这里面，"诐"字稍微难解，前人有的说是"妄加人以罪也"，有的说是"佞谄也"，有的说是"不正也"，归结为一点，就是奸臣从表面上是没办法分辨的，要看其人的心术。

从欧阳修、宋祁《新唐书》起，正史开始辟出《奸臣传》这个新品种，此后的《宋史》《辽史》《元史》《明史》纷纷仿效。细看那些奸臣，很多诚然毫不冤枉，却也有些名不副实。袁腾飞先生讲历史，说"王安石在很多地方都是被写入奸臣传的"。不知道他说的很多地方都是哪里，至少《宋史·奸臣传》里没这么写，王安石与其两个兄弟——安礼、安国同为一传。但安石这边的变法派主将，如吕惠卿、曾布、章惇等人都未能幸免，用邓广铭先生的话说，叫作"（《宋史》）尽情加以污蔑和诽谤"。比如说章惇"穷凶稔恶"，《宋史》举的例子居然是他"不肯以官爵私所亲"，因此"四子连登科，独季子援尝为校书郎，余皆随牒东铨仕州县，讫无显者"。这不是为官的美德吗，怎么会是罪状？与此同时，权臣韩侂胄给写成了奸臣，而真正祸国殃民的史弥远却没有。如此等等，反映出元朝史官史识的极端低下。

《明史·奸臣传》里因为有周延儒，清朝学者赵翼很看不过眼。其《廿二史札记》云，延儒"不过一庸相耳，以之入《奸臣传》，未免稍过"，况且他"蠲逋赋，起废籍，撤中使，罢内操，救黄道周，颇多可称"。那么为什么还是给列进来了呢？因为"崇祯十六年，我大清兵深入畿内，延儒出视师，身驻通州，不敢一战，坐待我兵之蹂躏而归"。这下子，"朝野内外，万口同声，无不欲食其肉，民间至演为卖国传奇，遂传遍天下"。而修《明史》那阵，"尚是延儒诟詈未息之时，自不得不列之奸臣"。实际上，不要说《奸臣传》里的"严嵩之险恶、温体仁之阴贼，非延儒所能及"，就是没进来的"嗜进无耻之万安、倾陷善类之张璁，尚觉罪浮于延儒"，更不要说"纵敌之说，本属无稽"了，完全是欲加之罪。所以在赵翼看来，"延儒乃列入奸臣，此非以甚延儒之恶，转为延儒增其身分也"。

《清稗类钞》里有一则"满朝皆忠臣"，自然属于笑料。说乾隆"循卫河南巡，舟行倚窗，见道旁农夫耕作，为向所未见，辄顾而乐之"。泊岸了，"欲悉民间疾苦，因召一农夫至御舟，问岁获之丰歉,农业之大略,地方长官之贤否"。农夫一一对答,令乾隆很满意。未几又令农夫挨个和随扈诸臣见见面,"兼询姓氏"。诸臣因为农夫是奉旨询问,在乾隆面前"不敢不以名对",说了,又怕被农夫把平时听到的不好听的事情跟眼前的人物对上号,在皇帝面前露馅,以是"皆股栗失常"。谁知农夫说:"满朝皆忠臣。"乾隆问他怎么知道,农夫说平时看演戏,像曹操、秦桧这些奸臣,"皆面涂白粉如雪,今诸大臣无作此状者"。

  从吴兢那个定义来看,奸臣自古便大有其人绝对是事实。"奸臣当道",人们也都耳熟能详;然而,就此催生的中国政治学的一个基本定理——"奸臣模式",就有议论的必要了。按照这个模式,国政再不堪的年代,国家本身也没什么责任,都是因为某个人或某一些人从中作梗所导致。前者如周延儒,时清兵出塞,"大书边墙曰:文武官员免送"。战斗力为其所侮笑如此,有什么理由把"得贿纵敌"之名加给周延儒呢?后者如鸦片战争中我们丧权辱国,也弄了一堆替罪羊,传统观点中琦善首当其冲。而茅海建先生《天朝的崩溃——鸦片战争再研究》开篇即以史实为琦善鸣冤,并指出忠奸理论"所能得出的直接结论是,中国欲取得战争的胜利,只需罢免琦善及其同党、重用林则徐及其同志即可,不必触动中国的现状"。间接的亦即最终结论呢?"为使忠臣得志,奸臣不生,就必须加强中国的纲纪伦常,强化中国的传统。"也就是说,鸦片战争所暴露出来的,不是"天朝"的弊陋,不是中华的落伍;反而证明了中国圣贤经典、天朝制度的正确性,坏就坏在一部分"奸臣"并没有照此办理。

  还不明白吗?"奸臣模式"的实质是归咎。在日益强调健全制度、强调法治建设的今天,应该扔进历史的垃圾堆了。

2015 年 1 月 30 日

赘婿

湖北钟祥农民余秀华因为代表作《穿过大半个中国去睡你》被《诗刊》微信号发布,顷刻间成为走红全国的女诗人。过人的文字天赋,加上身体残疾,都是蜂拥而至的各路记者的兴趣点。其中一篇比较全面的报道提到了她的婚姻过程:因为余秀华残疾,余家希望能招一个上门女婿,结果招了四川的打工仔尹世平。余爸爸说:"本地的谁愿意要她呢?"余秀华的丈夫即上门女婿,俗称"倒插门"。《西游记》里,猪八戒初遇观音时说,他本是天河里的天蓬元帅,"只因带酒戏弄嫦娥",被贬下凡尘,此地卵二姐"见我有些武艺,招我做了家长(户主,即丈夫),又唤做'倒踏门'"。这是说,上门女婿也可以是女儿自招。

倒插门,文一点儿的说法叫赘婿。按《汉语大词典》的释义,是就婚、定居于女家的男子,以女之父母为父母,所生子女从母姓,承嗣女方宗祧。余秀华的儿子正跟了余家的姓,把谱系关系上原本的姥爷也喊成爷爷。"赘婿"之"赘"应该何解?司马贞索引《史记》认为:"赘婿,女之夫,比于子,如人疣赘,是余剩物也。"颜师古也有个解释,前半部大致相当:"谓之赘婿者,言其不当出在妻家,亦犹人身有疣赘,非所有也。"但颜师古还提供了另一说:"赘,质也,家贫无有聘财,以身为质也。"比照许慎

《说文解字》对"赘"的解释,此说比较靠谱:"以物质钱,从敖贝。敖者,犹放;贝,当复取之也。"段玉裁注曰:"若今人之抵押也。"《史记》集解中有个"莫知氏姓"的"臣瓒",其见解就更清晰了:"赘,谓居穷有子,使就其妇家为赘婿。"赘婿何以产生?贾谊归咎于商鞅,其名文《治安策》云:"商君遗礼义,弃仁恩,并心于进取。行之二岁,秦俗日败。故秦人家富子壮则出分,家贫子壮则出赘。"不过,据顾颉刚先生的爬梳,《史记·滑稽列传》有"淳于髡者,齐之赘婿也",《战国策·秦策》有"太公望,齐之逐夫",所以,"赘婿之制……自是当时穷人之普遍出路。唯秦以政治力量强迫父与子分居,则此制自当更普遍无疑"。就是说,商鞅只是强化者。

赘婿因为穷而"就其妇家",则其在妇家的地位自然要矮上一头。清朝学者钱大昕曰:"卖子与人作奴,名曰赘子……立有年限取赎者,去奴婢仅一间耳……其赘而不赎,主家以女匹之,则谓之赘婿,故当时贱之。"前面唐人的那些看法,至少说明赘婿在唐朝的地位仍然十分低贱,秦汉时就更不堪一提了。

《史记·秦始皇本纪》载,始皇三十三年(前214)征服岭南,设桂林、象郡、南海三郡,五十万大军是何种构成呢?"逋亡人、赘婿、贾人"。无独有偶,同书《大宛列传》,贰师将军李广利攻大宛,"发天下七科適(谪),及载糒给贰师"。《汉书·武帝纪》明确了时间点:天汉四年(前97)春正月,"发天下七科谪及勇敢士,遣贰师将军李广利将六万骑、步兵七万人出朔方"。这里的"七科谪",就是秦汉时征发到边疆去服兵役的七种人。哪七种呢?张晏云:"吏有罪一,亡命二,赘婿三,贾人四……"赘婿排在第三,仅次于罪犯,比商人稍好点儿。顾颉刚先生解释得了商人的遭遇在于"贱商者至矣",但解释不了赘婿为何也是此种待遇,其"既未犯罪,复非持筹剥削之徒,胡为苛待之如此"?雷海宗先生则有这样的见解:"逋亡人是流民,赘婿都是贫困无赖的人,贾人是抑商政策下所认为卑贱的人。总而言之,所发的都是社会所认为下流的人。这些下流人大概没有留恋旧国的思想,所以将他们发到边疆并无危险。"且认为"这是后代只有流民当兵,兵匪不分,军民互相仇视的变态局面的滥觞"。雷先生以《中国的兵》名世,定然不是随便说说了。

《旧唐书·良吏传》里有"赘婿得牛"的故事,说隋朝大业年间允济为武阳令,政声斐然,邻县元武出了单案子:有赘婿不仅人被招上门了,还把家里的母牛也带来了;一人一牛在妇家生活了八九年后,"牛孳产至十余头",而"及将异居,妻家不与",人走可以,牛不能带走,"县司累政不能决"。赘婿找到了允济,允济说,你们那儿有你们的县令,怎么叫我来断呢?"其人垂泣不止,具言所以",允济"遂令左右缚牛主,以衫蒙其头,将诣妻家村中,云捕盗牛贼,召村中牛悉集,各问所从来处"。妻家不明就里,怕被牵连,赶快说那是女婿家的牛。允济便指蒙头人说,这就是你家女婿,把牛给人家吧。"赘婿得牛",后来成为断狱明决之典,黄庭坚即有"赘婿得牛庭少讼,长官斋马吏争廉"。这个赘婿,大约属于钱大昕说的那种赘子。

由于传统观念的根深蒂固吧,赘婿在今天一些地方仍然有抬不起头的态势,"穷"字往往还是主因。吴天明电影《老井》是一部现实主义的经典之作,主人公旺泉子正是一个因为生活所迫而"倒插门"的角色,"倒插门"后的生活被张艺谋演绎得丝丝入扣。余秀华说她最后悔的事是结婚,"他没有真正进入过我的生活",他们之间"没有爱"。那篇报道也说,采访的时候,尹世平就在院子里。他不说话,只是干活,像一块沉默的石头。谁也看不出来他是余秀华的丈夫,还以为是来帮忙的亲戚。

2015 年 2 月 1 日

书之火厄

1月30日,俄罗斯首都莫斯科一家有近百年历史的社会科学讯息研究所图书馆发生大火,消防局出动38辆消防车扑救,大火仍然烧了17小时才熄灭。社会科学讯息研究所是俄罗斯研究社会科学和人类学的顶尖机构,其图书馆成立于1918年,规模宏大。本次大火虽然没有造成人员伤亡,但是焚毁了大量珍贵古籍和政治文件,损失惨重,有人将这次火灾形容为文化领域的"切尔诺贝利事件"。

顾起元《客座赘语》云:"昔人言藏书八厄,水一也,火二也,鼠三也,蠹四也,收贮失所五也,涂抹无忌六也,遭庸妄人改窜七也,为不肖子鬻卖八也。"厄者,灾难也。无论这里的书之火厄列为第二位"确切"与否,至少表明火对藏书的危害极大。而如果细分的话,火厄还可以析出战火等客观上殃及池鱼之火,以及主观上的纵火,必欲除之而后快。后一类的火,人们都熟知秦始皇的那次焚书,实际上他并不孤单,之前和之后都曾发生过,有的比他造成的后果还严重得多。

先看之前的。《韩非子·和氏》载:"商君教秦孝公以连什伍,设告坐之过,燔诗书而明法令,塞私门之请而遂公家之劳,禁游宦之民而显耕战之士。"商君,即通过变法使秦国成为富裕强大国家的商鞅。商君"教"了之后,"孝公行之",可见包括"燔诗书"在内的各种举措,都曾付诸实施,只是这把火的规模多大不太清楚。传说中孔夫子也干过这种事。《郑板桥家书》云,夫子"删书断自唐、虞",唐、虞以前的呢,"得而烧之矣",所以,《诗》总共有三千篇,现在只有三百十一。板桥云:"孔子烧其可烧,故灰灭无所复存,而存者为经,身尊道隆,为天下后世法。"这辩解其实苍白无力,近乎扯淡,孔夫子不能接受的价值观,不等于他人一定不要接受。

再看之后的。也还有好几次,撮其要者有三。

其一是梁元帝干的,因为江山丢了而迁怒。《资治通鉴·梁纪二十一》载,西魏大军破城,"帝入东阁竹殿,命舍人高善宝焚古今图书十四万卷",并且,他自己也准备扑进去,赖"宫人左右共止之"。元帝很喜欢读书写书,亦不断搜书藏书。《梁书》载,元帝"聪悟俊朗,天才英发"。五岁的时候,他爸爸梁武帝萧衍问他读了什么书,他说"能诵《曲礼》";当场考试,"即诵上篇,左右莫不惊叹"。长大了,他仍然好学,"博综群书,下笔成章,出言为论,才辩敏速,冠绝一时",且其"性不好声色,颇有高名,与裴子野、刘显、萧子云、张缵及当时才秀为布衣之交,著述辞章,多行于世",《孝德传》《忠臣传》《丹阳尹传》什么的。他痴迷于读书到了什么程度?西魏大军团团围城了,他"仍讲《老子》于龙光殿,百官戎服以静听";打进来了,"仍口占为诗"。这样一个读书爱书之人,为什么令自己百般搜罗来的藏书遭遇火厄呢?当时有人提出了这个问题,元帝的回答是:"读书万卷,犹有今日,故焚之!"自己保不住江山,怪书读多了。

其二是李后主干的,因为自己喜欢的东西不能落入他人之手。陆游《南唐书》与陈彭年《江南别录》均有记载,云南唐先主后主"皆妙于笔札,好求古迹,宫中图籍万卷",尤其是钟繇、王羲之的墨迹,收了很多。北宋大军兵临城下,后主谓所幸保仪黄氏曰:"此皆吾宝惜,城若不守,尔可焚之,无使散逸。"城陷之后,黄氏履行了使命,史书同样记载了这悲哀的一刻:乙亥岁十一月,即公元975年。最可惜的是,第二年宋太宗就登基了,以其对文化的重视程度,以及其所推动的宋代类书编纂所达到的高峰,这批被人为毁掉的"图籍"该有多大的用武空间啊!

其三是乾隆皇帝干的,因为要钳制民众的思想。乾隆为编纂《四库全书》而在全国征书,征书尚未结束便开始禁书。三十九年(1774)八月五日正式发布禁书谕令,各省督抚"应将可备采择之书开单送馆,其或字义触碍者,亦当分别查出奏明,或封固进呈,请旨销毁;或在外焚弃,将书名奏闻"。在长达19年的禁书过程中,官方禁毁了多少图书呢?有学者做了约略统计:共禁毁书籍三千一百多种、十五万一千多部,销毁书版八万块以上。(黄爱平《四库全书纂修研究》)与此同时,民间因为"书禁亦严,告讦频起,士民蒽慎,凡天文、地理、言兵、言数之书,有一于家,惟恐召祸,无问禁与不禁,往往拉杂摧烧之",则此书之火厄中的罹难数量,该是永远没法弄清楚的了。

中国历史上有不少混不吝的人物,扯旗造反之后,走到哪里都喜欢放一把火,管你是图书馆还是宫室,烧了了事。但读书人或号称喜欢文化的人同样动手,殊不可理喻,且事情干得更加决绝。当然,读书人比如元帝,也不排除具有"性残忍"的一面。西魏围城的时候,"狱中死囚且数千人,有司请释之以充战士",元帝不仅不许,还"悉令榜杀之"。人命都不当回事,就不要说书命了。

2015年2月6日

长生

　　李天飞先生校注的《西游记》出版之后,赶快买了一套,虽然先前已有其他版本。四大名著中余最喜欢这种,最喜欢孙悟空的形象。基本上他就像邻家的一个顽皮小子,举手投足,全无城府,懵懂中透着可爱。比如开篇,他出去学本领,目的是要长生。祖师介绍选修项目,他先问"似这般可得长生么?"如果否,他就"不学,不学"。阎罗殿里勾了生死簿子后,很满意:"了账!了账!今番不伏你管了!"

　　冯友兰先生说:"所谓死者,不过吾人自一存在之形式转为别一存在之形式而已。如吾人以现在所有之存在形式为可喜,则死后吾人所得之新形式,亦未尝不可喜。"但绝大多数国人不会去这么想,尤其是享受着荣华富贵的权力人物,更试图永久,典型的当推齐景公。《晏子春秋》有两处记载,其一,景公出游,一边眺望自己的江山一边感叹:"呜呼!使古而无死,何如?"晏子接过话茬,如果这样的话,"丁公、太公将有齐国,桓、襄、文、武将皆相之",你老人家呢,"将戴笠衣褐,执铫耨以蹲行畎亩之中",就是个老农。其二,景公喝多了,"四望其地,喟然叹"之余,还哭了:"寡人将去此堂堂国者而死乎!"旁边三个家伙跟着他哭,晏子则边拍大腿边仰天大笑:"今日见怯君一,谀臣三人。"在他看来,"夫古之有死也,令后世贤者得之以息,不肖者得之以伏",如果没有死,"自昔先君太公至今尚在",哪轮得到你当国君,"夫盛之有衰,生之有死,天之分也。……曷为可悲? 至老尚哀死者,怯也;左右助哀者,谀也"。

宋太祖赵匡胤的心态近似齐景公,但有超越。《括异志》载,太祖开宝年间,"有神降于凤翔府俚民张守真家,自称'玄天大圣玉帝辅臣'"。太祖召至京师,设醮于宫廷,不料那神开口并没好话:"天上宫阙成,玉锁开,十月二十日陛下当归天。"给你准备好了,那天就等死吧。太祖说,我不怕死,"所恨者幽、并未并,乞延三数年,俟克复二州,去亦未晚"。神说你就不用操心了,"晋王有仁心,历数攸属",交给他吧。晋王即太宗。太祖急了,管你神不神的,"命系(之)于左军,将无验而罪焉"。当然,神说的话没有不验之理。太宗上台后,对有功的人——张守真;神——玉帝辅臣,一概褒奖。从他的这个态度,结合"斧声烛影"的传说,这些是太宗为登基而搞的鬼也说不定。

权力人物因为怕死,又没有孙悟空"执着如意棒,径登森罗殿上"的本领,只好孜孜矻矻地探寻长生不老之道。今人给康熙安排了"真的好想再活五百年"的心声,然而光喊口号显见是没有用的,得见之于行动。《列子》云,"昔人言有知不死之道者,燕君使人受之",去接的人还没到,那家伙却死了。燕君气坏了,要杀了接人的人。有明白的手下人说,他自己都死了,"安能令君不死也?"明摆着扯淡嘛。有个叫齐子的"亦欲学其道,闻言者之死,乃抚膺而恨"。旁人也这样笑他,他自己都长生不了,你能跟他学到什么,有啥好恼? 又有旁人代他嘴硬:"凡人有术不能行者有矣,能行而无其术者亦有矣。"这是说,懂得原理的未必能实践,能实践的未必懂原理。这句话,会否"医不自医"的滥觞?

许是"术数"进步之故,后来的不少皇帝为了长生,可谓不遗余力。秦皇汉武那一套就不用说了,众所周知,英明如唐太宗亦不能免俗。赵翼《二十二史劄记》有"唐诸帝多饵丹药"条,对唐朝几个皇帝"服食求神仙,多为药所误"进行了梳理。贞观二十二年(648),太宗"使方士那罗迩婆娑于金飙门造延年之药"。吃了没有呢?吃了。"高士廉卒,太宗将临其丧,房玄龄以帝饵药石,不宜临丧,抗疏切谏"。高宗又要吃,郝处俊谏曰,太宗就是吃这些吃坏的,至于"大惭之际,高医束手,议者归罪于胡僧,将申显戮,恐取笑外夷",才饶了他。然而,后来的宪宗、穆宗、敬宗、武宗,"又明知之而故蹈之也"。尤其宣宗,其"亲见武宗之误,然即位后,遣中使至魏州,谕韦澳曰:'知卿奉道,得何药术,可令来使口奏。'"

雄才大略如明成祖,在长生问题上同样落入前人窠臼。《玉光剑气集》载,永乐十六年(1418),礼部郎中周讷从福建回来,跟尚书方宾说那里的灵济二仙很神。方宾赶快向上汇报,永乐即命周讷"取神像及庙史曾辰孙至,遂崇奉焉"。于是,"上每有疾,用符纸及药剂以进,诡言二仙所书"。但这些药吃多了,永乐"哆嗽失声,涎痰上壅"。一天,袁忠彻与御医陈敏侍,忠彻奏曰:"此为火症,盖符药所致也。太医官以保和圣躬为事,何不用其药?"永乐很生气:"仙药不服,服凡药耶?"

庄子对生死的达观态度,最为人们耳熟能详。老婆死了,他"箕踞鼓盆而歌",惠施说你不哭两声也就算了,又唱又跳的,"不亦甚乎"。庄子回答,人之本无生,"非徒无生也而本无形,非徒无形也而本无气";生了,又死了,就像春夏秋冬四季一样自然,我哭什么呢?此论即出,评议者不计其数。当然了,古人里也不乏不够庄尊之辈。比如,"庄子一生旷达,必是被老婆逼拶不过,方得脱然,不觉手舞足蹈,著此书必在鼓盆之后"。这一种,当他恶搞好了。

2015 年 2 月 12 日

过年

明天就是除夕了。这几天大家见面,大抵开头几句都是回不回家的话题。这里的回家,自然不是回自己的小家,而是回祖籍所在,或者回父母的家。由城中前一阵子就已开始空旷、大小道路均无司空见惯的交通堵塞亦可推断,广州这座大城市的"土著"一定是极小的比例;即便在"土著"之中,另一半也可能为非"土著",还要去婆家或娘家。这种情形在其他城市怕也不会例外,首都这个鼎鼎大名的"首堵",每当过年,留在城里的人们不是无论道路还是心情都一概畅顺了吗?

过年回家,弥漫着浓郁的传统情结。自古以来,人们便视过年为所有节令中最隆重的节日。那么,以传统节日为重要精神生活的古人,就更不会例外了。从他们留下的海量作品中,可以窥其端倪。

《乐府诗集》有一首《孤儿行》,一个孤儿叙述自身的遭遇:"父母在时,乘坚车,驾驷马。父母已去,兄嫂令我行贾。南到九江,东到齐与鲁。腊日来归,不敢自言苦。"行贾,即出外经商,这在汉代被视为贱业,余《赘婿》文中言及秦汉时征发到边疆去服兵役的七种人中,"贾人四",排在第四位。如此,则孤儿等于在诉说身受兄嫂奴役。而"头多虮虱,面目多尘土",表明了回家路途之异常辛苦。《玉光剑气集》里有个饶州省祭居京,"颇苦尘劳",就写了首诗:"碌碌庸庸立世间,朝来直到睡时闲。谁知梦里犹辛苦,千里家山一夜还。"饶州,大抵相当于今天的江西鄱阳。明朝的事,其所居之京应该是今天的北京。种种可见,古人过年回家的艰辛远甚于今天的春运。

过年不回家,往往是客观因素使然,没办法。高适《除夜作》云:"旅馆寒灯独不眠,客心何事转凄然?故乡今夜思千里,霜鬓明朝又一年。"何事凄然?过年了,该回家了,自己却在旅馆猫着。白居易《客中守岁在柳家庄》云:"守岁樽无酒,思乡泪满巾。始知为客苦,不及在家贫。畏老偏惊节,防愁预恶春。故园今夜里,应念未归人。"又《除夜宿洺州》云:"家寄关西住,身为河北游。萧条岁除夜,旅泊在洺州。"除夕之夜,不能在家里守岁,身在异乡为异客的孤寂心境跃然纸上。此外,李京的《除夜长安作》,"长安朔风起,穷巷掩双扉。新岁明朝是,故乡何路归。鬓丝饶镜色,隙雪夺灯辉。却羡秦州雁,逢春尽北飞",崔涂的《巴山道中除夜书怀》,"迢递三巴路,羁危万里身。乱山残雪夜,孤烛异乡春。渐与骨肉远,转于僮仆亲。那堪正漂泊,明日岁华新",描述的都是因为无法与亲人们一同守岁的遗憾,在崔涂这里,只好转而和僮仆相依为命。

宋仁宗嘉祐六年(1061)十一月,苏轼以"将仕郎授大理寺评事签书凤翔府节度判官厅公事"的身份正式踏上仕途,来到凤翔府(今陕西凤翔)为官,除夕之夜遥想起昔日在家乡守岁的情形,写了一首《馈岁》,"官居故人少,里巷佳节过。亦欲举乡风,独唱无人和"云云。当此阖家团聚之际,东坡记起故乡的馈岁风俗,而却无人与之共举乡风,无法遏止的思乡思亲之情溢于言表。那些不知为什么而除夕夜还在半路上的,就更有些凄凉了。如戴叔伦的两首,其一,《除夜宿石桥馆》:"旅馆谁相问,寒灯独可亲。一年将尽夜,万里未归人。寥落悲前事,支离笑此身。愁颜与衰鬓,明日又逢春。"其二,《建中癸亥岁奉天除夜宿武当上北茅平村》:"岁除日又暮,山险路仍新。驱传迷深谷,瞻星记北辰。古亭聊假寐,中夜忽逢人。相问皆呜咽,伤心不待春。"末一句,用"同是天涯沦落人,相逢何必曾相识"来诠释,当真恰如其分了。

  不难发现,前人的过年作品每与年华关联。这很自然,年是人的寿命的一种计量单位,每过一次新年人便增加一岁,亦即年龄,见之于大树则叫年轮。人不能"逆生长",年龄正如"长江之水奔流到海不复回"。也许基于此吧,前人每将过年与流水等同看待,所谓"逝水流年"。法国小说家马塞尔·普鲁斯特的代表作《追忆似水年华》被誉为二十世纪最重要的文学作品之一,日本电影《情书》以之为媒介,在影片结束之际再次出现,使男女主人公青葱岁月之时的朦胧爱情达到了高潮,也极大地调动了观众的情绪。《追忆似水年华》的书名,正符合影片的回溯基调。在我们这里,东坡有著名的"大江东去,浪淘尽千古风流人物",杨慎翻其语意有"滚滚长江东逝水,浪花淘尽英雄"。钱锺书先生还爬梳出若干不那么知名的句子,如韩琮之"行人莫听宫前水,流尽年光是此声";李端之"云在高天风会起,年如流水日长催";张蠙之"昔时霜鬓今如漆,疑是年光却倒流"。其中以郭则沄《洞灵小志》的尤为有趣:景月汀梦入贵家园林,叠石为山,下临一池,惜无水。嗟叹间,有人说话了:"君不知前人词乎:好是泉声有时住,不教流尽年光!"钱先生风趣地说:"微嫌'教'字用力,窃欲以'然'字易之。"

  "年去留不得,年来也任他。"卢仝的句子。"弥年不得意,新岁又如何?"刘禹锡的句子。消极了些,灰暗了些。所以,过年了,除了考虑一下回不回家,还该琢磨一下新年的打算。无他,像改革开放之初的那部著名纪录片的片名:莫让年华付水流。

2015年2月17日

投其所好

今年春晚有个小品叫《投其所好》,因为一句"拒绝黄赌毒拒绝乒乓球"的台词引来了几位乒乓国手的不满,发微博以示抗议。后来节目方致歉,声称那是演员的口误,修改的遍数太多,演员某种程度上有点儿懵了。实则该小品所要表现的,是一个女科长如何逢迎局长,她打听到局长喜欢乒乓球,乃令手下一个擅长乒乓球的科员投其所好,结果弄巧成拙。就小品的整个内容而言,确实并无对国球的不恭之处。

投其所好,顾名思义就是迎合对方的喜好,通常是以"下"对"上"。当然了,只是通常。清朝钱陈群督顺天学政时,"有举子求见者,必极力赞扬"。长得瘦的,"赞其清华";胖的,"赞其福厚";难看而个子又矮的,"亦必谓其精神充足、事业无穷",总之必使来人满意而去。有一天他送客回来,家人问他刚来的是谁呀,他想了半天也没想出来,家人说:"大人如是称许,何遽忘之?"他笑了:"彼求见者,不过求赞耳!赞之而已,又何必知为谁也。"人有喜欢听好话的普遍心理,则钱陈群的处世之道就是投"人"所好。

《夜雨秋灯录》里有一个商人投郑板桥所好的故事。说郑板桥书画名噪一时,大小商人皆以得之为荣,基本上也都能得到满足,"唯商人某甲,出身微贱,赋性尤鄙,先生恶之,虽重值,誓不允所请"，在"百计求之，终不得"之后，商人开始在板桥的嗜好上做文章，了解到他"性好游"，乃于荒郊野岭建造"茅屋数椽，制绝精雅"，陈设笔砚书画，还请了个仙风道骨的老叟坐镇。板桥有天溜达到这里，"爱极，不问主人谁是，即就榻趺坐"。老叟则与之畅饮，"狗肉而外，又有山蔬野簌，风味亦佳"。板桥高兴极了，"由是日一过叟，清谭不倦，醉而后返"。一个月过去了，人家"唯绝口不论书画"，倒是板桥自己沉不住气了，问人家知不知道自己书画了得；人家说不知道，板桥来劲了，"投袂而起，视斋中笔墨纸砚已就，即为挥毫，顷刻十余帧，然后一一书款"。老叟这时说自己字小泉，来个上款则"荣甚"。板桥奇怪怎么和商人某甲同字，老叟说鲁国还有俩曾参呢，结果板桥信以为真。后来觉得上当之后，"使人潜侦，某甲家则已满壁悬挂，墨渖淋漓犹未干也"。在前些年轰动全国的厦门走私案中，赖昌星拿下厦门海关原副关长接培勇就是这种路数。接培勇原本看不起赖，但赖奉上的一套绝版《毛泽东评点二十四史》，令他不能自持。

　　赖昌星的做法，是"投其所好"的"正解"，正是在这些意义上，使该成语贬义的成分居多。极为明显的是，这是人治社会的一个典型特征，因为制度的约束不起作用或者作用微乎其微，人们举手投足才会想到去做人的文章。《挥麈录》载，秦桧当政之后，"凡齷齪萎靡不振之徒，一言契合，自小官一二年即登政府"。在正常生活中，大臣的上疏、对策等等对皇帝都有投其所好的成分。即便是谏言，除了晏子类直话直说的，或者唐太宗类虚怀若谷的，也往往要迂回，通过"投其所好"来循循善诱。比如笃信祥瑞的汉武帝"欲闻大道之要，至论之极"，董仲舒就要这样讲起，"天之所大奉使之王者，必有非人力所能致而自至者，此受命之符也。天下之人同心归之，若归父母，故天瑞应诚而至"，然后再说"汉得天下以来,常欲善治而至今不可善治者,失之于当更化而不更化也"。

当然,马屁拍不好就可能拍到马腿上。宋太宗时胡旦献了篇《河平颂》,"古之王者,必有大患,然后彰大圣;必有大灾,然后成大功"什么的,挺好呀!太宗看了却大怒,因为胡旦例子举坏了,"天子前黜(卢)多逊,后遣臣(赵)普,防大患而遏大灾也"。据何冠环先生的研究:"胡旦大概以为,卢、赵已无望回朝,骂他们愈甚,则痛恨二人的'准皇储'楚王元佐当会愈高兴。"他是在投元佐所好,为将来晋升埋下伏笔。然而他不知道,那场大狱正是太宗一手导演的,变成了哪壶不开提哪壶。本来太宗对胡旦是很有好感的,胡旦中状元时还有诗见赐,但是因为该颂,他又说:"今朝多君子,如此人岂宜尚列于侍从耶?亟逐去之!"

《韩非子·外储说右下》载,鲁国宰相公孙仪喜欢吃鱼,"一国尽争买鱼而献之",但他一概不接受。弟子不解,公孙仪回答,正是因为我爱吃鱼才不接受,"夫即受鱼,必有下人之色;有下人之色,将枉于法;枉于法,则免于相"。这是说,我要是接受了,以后一定会关照人家;关照了,就将枉法;枉法了,我这个宰相也就当不成了;宰相当不成了,还有人送鱼吗?而我现在当宰相的这份收入,"能长自给鱼"。公孙仪的这个故事表明,为官者必须慎其所好,因为投其所好多是一些走旁门左道的人的本能。去年岁末,媒体披露了一系列贪官的忏悔文字。其中,黑龙江贪官于海楼说了一连串"如果不贪",头一个就是:"如果不贪,我退休后享受的各种待遇完全可以让我快乐地生活。"毫无疑问,公孙仪提防的结果被他给证实了。于海楼知道公孙仪吗?如果知道,他的结局会有另一种可能吗?估计不会,因为道理归道理,无论讲起什么道理,我们的各级官员都能口若悬河。

2015 年 2 月 27 日

木棉

街上所见,木棉中性急的那些已经开花了。早些年广州城的这种情形,可借用杨万里的诗句来描述:"却是南中春色别,满城都是木棉花。"黄遵宪《春夜怀萧兰谷》有"隔墙红遍千株树,何日能来看木棉",以木棉为媒介来邀请远方的客人,亦可窥此花的魅力。每逢这个时节,广州不少市民还会提着袋子,捡拾那些掉落的木棉花。倘若被坠落的胖胖花瓣"击中",带来的只是无比的快意。老广用木棉花来煲汤,据说清热祛湿;再从前还用来做枕头,甚至棉衣、棉被。可惜现在木棉树明显地少了,城市道路拓宽而"殃及池鱼"是一种因素;还有种说法,木棉飘出的棉絮容易导致人体过敏,不利健康。总之,木棉树的批量消失大抵出于人为因素,因而这几年不断有本土政协委员提案呼吁种植。

广州的这些木棉树属于"落叶乔木",还有一种木棉属于"草本或灌木"。元代司农司编纂的《农桑辑要》将之归入在"播种"条下,其"栽木棉法"中有"深耕三遍""作成畦畛"的字样。显然,两种木棉名相类而实不同。耶律楚材诗云:"西方好风土,大率无蚕桑;家家植木棉,是为垅种羊。"明朝中后期有人著书谈到"中州沃壤,半植木棉,乃棉花尽归商贩",说的都是后一种。孙机先生认为,这种木棉虽然在近代栽培棉种已被淘汰,但在考察我国植棉史时还是应当予以注意。广州的木棉,有人考证文字记载最早出自汉刘歆所撰、晋葛洪所集之《西京杂记》:"积草池中有珊瑚树,高一丈二尺,一木三柯,上有四百六十二条,是南越王赵佗所献,号为烽火树。至夜,光景常欲燃。"柯,草木的枝茎。这里的珊瑚树或烽火树,被认为就是木棉树。在前人笔下,珊瑚、烽火、木棉,的确每每关联。如清朝屈大均诗,有"南中多怪木,巨者惟木棉。柯作女珊瑚,丹葩烧天边。开时无一叶,一一烽火然";陈恭尹诗,有"巢鸟须生丹凤雏,落英拟化珊瑚树"。

赵佗的进贡应该只是想开开中原皇帝的眼界,属于"落叶乔木"的木棉终究适宜生长在热带及亚热带地区,具有鲜明的岭南特色。明朝江苏昆山人王临亨在"奉命虑囚岭南"时写了部《粤剑编》,"非目之所睹、迹之所历与身之所接者,弗纪,志实也",这一出发点使该书为研究斯时广东政治时事、社会习俗、山川物产、古今遗迹提供了许多史料。在"志物产"类开篇未几,王临亨就写到了木棉:"木棉花,二月中开。树高四五丈,花类山茶,而瓣尖大者如碗。其不及山茶者,着花时无叶耳。"虽然简略,但还是描绘出了木棉的特征,以开花时有叶无叶而判断及与不及是否客观,另当别论。顺便道及,王临亨有句名言:"身非不爱钱,独不爱负心钱。"

作为广东学者的屈大均,对故乡的木棉自然更情有独钟,其《广东新语》中多处提到木棉。说唐朝节度使卢均在广州白云山"列植木棉、刺桐诸木,花敷殷艳,十里相望如火"。说南海神庙"多木棉。其种自海外来,树高数十尺,喜温恶寒,莫能过岭以北。花类玉兰,色正赤而无香,结实如酒杯。老而飘絮,著土自生,盛于荒滩闲址。集其絮可席以坐,柔而少温,若芦花然"。说木棉本身,"其木高四五丈,花殷红,朵大于杯,花落则絮蕴焉。春暮时温空而飞,采之,其粗者可以为褥"。以上散见于《山语》《宫语》《货语》,在专门记载植物的《木语》中,更辟出了"木棉"条目,在全方位予以介绍的同时,溢美之情跃然纸上。木棉,"高十余丈,大数抱,枝柯一一对出,排空攫挐,势如龙奋"。木棉,"脆不坚韧,可絮而不可织,絮以褥以蔽膝,佳于江淮芦花"。木棉,"(盛发)时光气熊熊,映颜面如赭。花时无叶,叶在花落之后,叶必七,如单叶茶。未叶时,真如十丈珊瑚"。由他的记录我们知道,彼时溯珠江而至肇庆,"夹岸多是木棉,身长十余丈,直穿古榕而出,千枝万条,如珊瑚琅玕丛生。花垂至地,其落而随流者,又如水灯出没,染波欲红",且"连村接野,无处不开,诚天下之丽景也"。

木棉树又被称为英雄树,最早提出的当是上面那位陈恭尹,其《木棉花歌》云:"粤江二月三月天,千树万树朱花开。有如尧时十日出沧海,更似魏宫万炬环高台。覆之如铃仰如爵,赤瓣熊熊星有角。浓须大面好英雄,壮气高冠何落落!后出堂榴枉有名,同时桃杏惭轻薄。祝融炎帝司南土,此花无乃群芳主?巢鸟须生丹凤雏,落花拟化珊瑚树。岁岁年年五岭间,北人无路望朱颜。愿为飞絮衣天下,不道边风朔雪寒。"陈恭尹与屈大均、梁佩兰同称岭南三大家,又为清初广东第一隶书高手。一个重要的背景是,他们都是明朝遗民,然而与梁佩兰在康熙年间终于博取功名不同,屈、陈两人以布衣终老,不事新朝,且时以反清复明为己任。《木棉花歌》中的几个"朱",以及木棉花耀眼夺目的"红",表明了他的价值取向。实际上,屈大均之"受命炎洲丽无匹,太阳烈气成嘉实。扶桑久已摧为薪,独有此花擎日出",与之异曲同工。那么,将木棉树誉为英雄树的初衷,应该是他们在借木棉而咏志。

2015 年 3 月 2 日

压岁钱

央视羊年春晚给人印象最深的,不是节目本身,而是隔一阵就开始的以微信"摇一摇"的方式发红包。有统计说,在高峰期一分钟内摇动了8.1亿次来抢红包,成了一场全民狂欢。在除夕的时候派红包,从前称作压岁钱。这个风俗起源于何时不大清楚,但"压岁钱"这个名词估计清朝才有。这样说,囿于自身的识见,因为我所看到的提及"压岁钱"的史料,无不出自清人之手。

富察敦崇《燕京岁时记》是记载清代北京岁时风俗的杂记,可能最早提到"压岁钱"。这么说的:"以彩绳穿钱,编作龙形,置于床脚,谓之压岁钱,尊长赐小儿者,亦谓之压岁钱。"以彩绳穿钱,因为那个时候的钱还是"孔方兄",钱币有孔可穿。形容钱粮富足的成语叫"贯朽粟陈",其中的"贯朽",就是穿钱的绳子都朽断了,钱多得用不过来。

顾禄《清嘉录》是记载清代苏州风土的杂著,在那里,"长者贻小儿以朱绳缀百钱,谓之'压岁钱'"。为了表明此俗不为苏州所独有,他还征引了不少内容相关的句子,如陈迦陵之"且充压岁之钱";王茨檐之"不惜金钱分压岁";张轶青之"用镇将除夜"及"回环朱缕结";郭濒伽之"红索青铜贯";蔡铁翁之"铮铮排户投琼响,半掷床头压岁钱";吴曼云之"百十钱穿彩线长,分来角枕自收藏。商量爆竹饧箫价,添得娇儿一夜忙";等等。这些人籍贯各异。

梁章钜《归田琐记》记了件趣事。朱珪曾经是嘉庆皇帝的老师,七十多岁了。某年除夕,"有门生至家,与公谈岁事",老先生"举胸前荷囊"说:"可怜此中空空,压岁钱尚无一文也。"然而未几,门人端着东西进来说:"此门生某爷某爷所送若干封。"这老先生又说话了:"此数人太呆,我从不识其面,乃以阿堵物付流水耶?"

以上无论是书之作者还是里面征引涉及的人物,都是清朝的学者名士之属。和今天的"红包"或"压岁钱"相比,从中可以看到这么几点异同:一、原初的"压岁钱"并不是接过来马上揣进兜里,而是置于床脚或放在枕边。二、因为收到的是"硬币",都要用彩绳或红绳串起来,没办法"包","荷囊"或是过渡载体,但"红"的要素已经具备。三、压岁钱既适用于"小小孩",也适用于"老小孩"。

压岁钱,可能原来是压祟钱。祟者,鬼怪也。在民间传说中,"年"就是一种凶猛的怪兽,每到除夕就出来为害不浅。久而久之,人们发现有三件法宝可以对付它:贴红对联;燃放爆竹;户户灯火通明,守更待岁。压祟,是要避凶;祟、岁音同,压祟钱就成了压岁钱,其本意正该是避凶。置于床脚或放在枕边,亦可说明问题。鲁迅先生《从百草园到三味书屋》中长妈妈讲了个老和尚治美女蛇的故事,就是给"读书人"一个装着飞蜈蚣的小盒子,告诉他"只要放在枕边,便可高枕而卧"。除夕之夜,"避凶"之后还可以看到"趋吉",那就是一些地方的"压岁盘"(所谓"长幼度岁,互以糕果朱提相赍献")、"压岁果子"(所谓"置橘、荔诸果于枕畔,元旦睡觉时食之,取谶于吉利")。这两种

"压岁"习俗,宋朝很明确地就有了。《梦粱录》"除夜"云:"是日内司意思局进呈精巧消夜果子合,合内簇诸般细果、时果、蜜煎、糖煎及市食。"还用吴曼云的诗句:"闽荔干红邓橘黄,深宵酒醒试偷尝。听郎枕畔朦胧语,新岁还君大吉祥。"守岁的历史就更悠久了。晋周处《风土记》云,除夕夜"各相与赠送称曰'馈岁';酒食相邀,称曰'别岁';长幼聚饮,祝颂完备称曰'分岁';大家终夜不眠,以待天明,称曰'守岁'"。宋孟元老《东京梦华录》说是夜"士庶之家,围炉而坐,达旦不寐,谓之'守岁'"。不过如果一年到头,"三十六旬都浪过,偏从此夜惜年华"的话,席振起的这两句就足以振聋发聩了。

有人说,唐朝的"洗儿钱"就是压岁钱,百度词条中关于压岁钱或红包的解释基本如此。谬矣。《资治通鉴·唐纪三十二》这么记载的,玄宗天宝十年(751)甲辰安禄山生日,"上及贵妃赐衣服、宝器、酒馔甚厚。后三日,召禄山入禁中,贵妃以锦绣为大襁褓,裹禄山,使宫人以彩舆舁之"。玄宗听到后宫很热闹,问怎么回事,"左右以贵妃三日洗禄儿对"。玄宗自己也跑去看热闹,看得高兴,还"赐贵妃洗儿金银钱,复厚赐禄山,尽欢而罢"。这是当时的一种习俗,婴儿生后三日或满月时亲朋会集庆贺,给婴儿洗身,叫作"洗儿会";亲朋赐赠给婴儿的钱即"洗儿钱"。然而具体到唐朝宫廷中的这出戏码,却完全是杨贵妃与安禄山两个在瞎胡闹。

任何一种民俗都要经历演变,未必一定是"进",也会有"退"。演"进"的是良俗,演"退"的是陋俗。压岁钱不知从何时起,正有演"退"的趋向。原本的一种象征,演变成了衡量人情厚薄的一种载体,极端的,甚至成为腐败的一条通道,完全失去了原初的意义。除夕通过微信抢红包,自然取代不了压岁钱,却也可视为一种演变。但这种单纯的"派钱"游戏,令不拘男女老幼的人们沉迷于此,至于喧宾夺主,尝试这一次之后可以罢了。

2015年3月7日

植树

3月12日是我国的植树节。像其他的节或日一样,这一天地不分南北,会集中搞相应的活动,植树节就是集中出动植树。因为成了"规定动作"之故吧,一些地方为了应对"任务",往往要绞尽脑汁来为自己的活动赢得声势。种了多少、活了多少都在其次,首要的是得让别人知道我很重视这活动,我去种了。因此围绕植树,每年基本上都有"负面"新闻。昨天,网络曝出湖南永州零陵区的此类活动又落入窠臼,在那里,主席台上铺着的大红地毯没人会感到奇怪,见惯了,感到奇怪的是通向植树地点的道路居然也铺着!能不千夫所指?

植树的重要性前人早就认识到了,历朝历代千差万别,在提倡植树这一点上却有着惊人相似的一致。周朝即"列树以表道,立鄙食以守路"。也就是道路两旁要栽种成列的树木以为标志,沿路再设立馆舍以接待过往官员和信使。那么,《诗经·小雅》中的"周道如砥,其直如矢",该是我们不难想象的诗意景象了。行道树是否就此起源,交给专家去研究,总之这种景观后来司空见惯。秦始皇统一之后,"为驰道于天下,东穷燕、齐,南极吴、楚,江湖之上,濒海之观毕至。道广五十步,三丈而树,厚筑其外,隐以金椎,树以青松"(《汉书·贾山传》);隋炀帝开凿大运河,"两岸为大道,种榆柳,自东都至江都二千余里,树荫相交"(杜宝《大业杂记》);如此等等。冯贽《南部烟花记》云"炀帝树堤,诏民间有柳一株,赏一缣",属实的话,可窥隋朝鼓励植树之一斑。

在前人"三观"里,植树与人之生死亦关联在了一起。南北朝贾思勰《齐民要术》是世界农学史上最早的专著之一,总结的是六世纪以前黄河中下游地区农牧业生产经验,书中专门有一章《栽树》:"先为深坑,内树讫,以水沃之,著土令如薄泥,东西南北摇之良久,然后下土坚筑,时时溉灌,常令润泽。"为什么要摇呢?"摇则泥入根间,无不活者;不摇根虚多死"。在《种榆》章则这样记载:"男女初生,各与小树二十株,比至嫁娶,悉任车毂。一树三具,一具直绢三匹,成绢一百八十匹:娉财资遣,粗得充事。"就是说,婴儿出生之时,专门为之栽种20棵榆树;等到长大该结婚了,小树便长成了大树。榆树可以做车轱辘,一棵树能做三副,按一副值三匹绢来算,基本上聘礼就够了。可惜,对女孩那20棵树出于怎样未雨绸缪的考虑,书中没有交代,基本上够嫁妆了?《齐民要术》还有个"樊重树木"的故事:樊重想做家具,先种梓树和漆树。旁人笑他,等能做家具的时候你都老了,用得上吗?但樊重照种不误,"积以岁月,梓漆皆得其用",而先前那些笑话他的,"咸来求假焉"。元人编纂的《农桑辑要》讲到了漆树,"春分前后移栽。候树高,六七月以刚斧斫其皮开,以竹管承之,汁滴则成漆"。古人植树,是施之自然再取之自然的一种,看《清稗类钞》对树木的介绍,大抵都有"可做器物"的字样,一如前些年动物园对动物的介绍:肉可食。

有人出生要植树,有人故去同样要植树。《左传·僖公三十二年》中有著名的"蹇叔哭师",蹇叔谏阻伐郑,秦穆公很不高兴,诅咒说:"尔何知?中寿,尔墓之木拱矣!"你要是早点儿死,坟墓上的树木已有两手合抱那么粗了。恶毒归恶毒,表明从前在坟地上植树是必然动作。唐朝沈佺期诗云:"北邙山上列坟茔,万古千秋对洛城。城中日夕歌钟起,山上唯闻松柏声。"北邙,坟墓的借指,沈诗从侧面道出了彼处是何等郁郁葱葱。一般来说,祖坟的树还是动不得的,在从前的宗族族规里,动了如何,都有严格的惩戒条款。曲阜的孔林,即孔子及其后裔的墓地,如今已成世界文化遗产的一部分。

《战国策·魏策》中,田需得到魏王宠幸,惠施提醒他要打点好魏王身边的人时打了种树的比喻:"今夫杨,横树之则生,倒树之则生,折而树之又生,然使十人树杨,一人拔之,则无生杨。"比喻是基于现实的,等于在说"毁树容易种树难",所以种下了不能拉倒,还要爱护。不要"拔之"固是一种爱护,《孟子》所说的"斧斤以时入山林,材木不可胜用也",是另一种爱护。按照《逸周书》的说法:"禹之禁,春三月,山林不登斧,以成草木之长;夏三月,川泽不入网罟,以成鱼鳖之长。"意味着在神话时代,我们的祖先就知道封山育林和休渔了。

可惜的是,有些道理今天也认识到了,承继了,有些却还没有。"植树造林,绿化祖国",是我们都耳熟能详的一句口号,但是不知从什么时候起,前半句被人改成了植树造"零",不得不承认改得贴切。有绿化专家早就算过账,如果按照每年植树节各地上报的数字相加,我们国家把城市街道、公路,甚至江河湖海面积都算上,都已经栽上两遍了。这就表明,我们一些人虽然口号喊得山响,却根本没有认识到植树究竟是为了什么,于是,本应"功在当代,利在千秋"的事情就异化成了他们表功的资本,当作向上爬的工具。零陵区"踩红地毯植树"这类"花架子",就是为"零"的前提或必然结果。

2015年3月13日

二月二

今天是农历二月初二,传统习俗中"龙抬头"的日子。传说中,安眠了一冬的龙在这一天终于苏醒了,抬起了头。有趣的是,天文现象中也有龙抬头。或者说,正是因为那种天象的存在,才催生了民间的传说吧。

我们的前人观测日月和金木水火土五星的运行,以恒星为背景,因而先后选择了黄道赤道附近的二十八个星宿,来表示日月星辰在天空的位置并借此判断季节。东方苍龙、北方玄武、西方白虎、南方朱雀各七宿,四七二十八。每一方的七宿联在一起,被古人想象成了四种动物的样子,因而有这种命名。比如东方苍龙是角、亢、氐、房、心、尾、箕七宿,从角宿到箕宿,联起来被想象成了一条龙,角宿恰似龙的角。每到二月二的黄昏,角宿就从东方地平线上出现,故称"龙抬头"。在《西游记》里,每个星宿都拟人化了,相应地还都给取了名字,跟孙悟空都是朋友。大圣在小雷音寺大战黄眉童儿,二十八宿都应邀前来助战,然而作用不大,亢金龙为大圣从铙钹中脱身算是帮了点儿忙,角木蛟只喊了声:"兄弟们,怪物来了!"

在唐宋时人留下的文字中,二月二已经成为节日了,但还看不到"龙抬头"的影子,那个时候叫挑菜节、踏青节。挑菜,就是初春百草生发之时，人们至郊外挖取野菜。唐李淖《秦中岁时记》有："二月二日，曲江采菜，士民游观极盛。"宋贺铸《二月二日席上赋》有："二日旧传挑菜节，一樽聊解负薪忧。"陆游《水龙吟·春日游摩诃池》词有："挑菜初闲，禁烟将近，一城丝管。"周密《武林旧事》卷二《挑菜》中有比较详细的描述："（二月）二日，宫中排办挑菜御宴。先是，内院预备朱绿花斛，下以罗皂作小卷，书品目于上，系以红丝，上置生菜、荠花诸品。俟宴酬乐作，自中殿以次，各以金篦挑之。"游戏进程中，除了后妃、皇子等有赏无罚之外，该罚的，"则舞唱、吟诗、念佛、饮冷水、吃生姜之类。用此以资戏笑。王宫贵邸，亦多效之"。从中可见，挑菜节已不是单纯为了挑菜，而演化成节日中进行的一次娱春活动了。

有人考证，最早记录龙抬头民俗的是元末熊梦祥的《析津志》，该书在描述京畿地区风俗时提到："二月二日，谓之龙抬头。五更时，各家以石灰于井畔周遭糁引白道直入家中房内，男子妇人不用扫地，恐惊了龙眼睛。"明刘侗、于奕正《帝京景物略》亦载："二月二日曰龙抬头，煎元旦祭余饼，熏床炕，曰熏虫儿。"沈榜《宛署杂记》云："二月引龙，熏百虫：宛人呼二月二日为龙抬头。乡民用灰自门外委蜿布入宅厨，旋绕水缸，呼为引龙回。用面摊煎饼。熏床炕令百虫不生。"大家期待龙抬头干什么？让他下雨，俗话说"龙不抬头天不下雨"嘛。龙在上古时，只是神人遨游天地时乘坐的普通交通工具，汉武帝会见西王母，后者就是"驾九色斑龙"而来。后来，龙被赋予了兴云作雨、滋润万物的功能。孙悟空在除魔过程中有几次需要雨，都是把东海龙王敖广叫出来帮忙。在朱紫国悟空行医需要无根水，敖广说："大圣呼唤时，不曾说用水，小龙只身来了，不曾带得雨器，亦未有风云雷电,怎生降雨?"一旦明了无根水无须太多,龙王释怀了:"既如此,待我打两个喷嚏,吐些涎津溢,与他吃药罢。"

"春雨贵如油",初春的雨关系到农作物一年的收成,所谓"二月二,龙抬头。大囤满,小囤流"。所以,龙在这天能不能抬头并布雨,势必成为民间高度关注的一件事。古人似乎也已经认识到,二月二前后降水的概率极高,理当春雨潇潇,正像"清明时节雨纷纷"一样。唐李商隐有:"二月二日江上行,东风日暖闻吹笙。……新滩莫悟游人意,更作风檐夜雨声。"白居易有:"二月二日新雨晴,草芽菜甲一时生;轻衫细马春年少,十字津头一字行。"宋张耒《二月二日挑菜节大雨》有:"久将菘芥荆南美,佳节泥深人未行。想见故园蔬甲好,一畦春水辘轳声。"沈遘《正月久旱二月三日大雨》有:"二月震雷差似早,三农愆雨已惊迟。"诸如此类。本埠天气预报说,明后两天广东局部地区将有中到大雨。倘若我们了解前人的经验之谈,则自己也可预先知道一二了。

二月二的民俗事项委实丰富多彩。祈雨之外,还有前面的引龙回、熏虫儿,还有《清嘉录》中的"(二月)二日为土地神诞,俗称土地公公,大小官廨皆有其祠",还有我们更熟知的"二月二,剃龙头"。今年的二月二恰逢春分,一般来说它是在惊蛰前后,惊蛰是春回大地、农耕开始之时,也是百虫蠢蠢欲动、疫病易生之时,所以有"二月二,龙抬头,蝎子、蜈蚣都露头"的说法,人们祈望龙抬头来镇住毒虫。《清嘉录》记载的是苏州民俗,这一天是另一种热闹,"官府谒祭,吏胥奉香火者,各牲乐以酬。村农亦家户壶浆以祝神鳌"。《清稗类钞》主要说的是吃和禁忌:"(二月二日)有食饼者,谓之龙鳞饼;有食面者,谓之龙须面。妇女亦停止针线,意恐伤龙目也。"

二月二的民俗事项如此丰富多彩,在振兴传统节日的今天,何愁找不到抓手?我们都已经淡忘了,只还记得个"剃龙头"吧。

2015 年 3 月 21 日

店招

城市管理,整顿店铺招牌似乎一直是比较看重的一项内容。以这几天来说,安徽肥东县、江苏连云港和苏州等地都有类似行动,不约而同。在肥东,说是合蚌路沿线的店招店牌制作材料粗劣、杂乱无章、横竖吊挂随意设置,极大地影响了沿线市容观瞻,与肥东县文明县城形象格格不入。在连云港,商家、门面业主会在店门口设置各种伸出来的小招牌,被叫作"小耳朵",称之为"视觉污染"。在苏州,一家伙拆除违章广告、店招1484块,涉及姑苏区百余条道路。现在雷厉风行了,不知先前在干什么,尸位素餐还是原本就打算"养肥再宰"?

店铺招牌,无论走到哪里几乎都举首可见,古今皆然。侯宝林先生有段艺人被迫改行的相声,说一个老艺人卖菜,挑着担子溜了半天也没开张。怎么回事?因为他不吆喝,"人家不知道他给谁送去"。行商靠吆喝,坐贾靠的就是店招。元杂剧《胭脂记》第六出,王月英开了个铺子,"卖的是油胭脂,锦胭脂,瓦子胭脂。不问佳人子弟,都来铺儿里,买着胭脂"。生意不错,仍要"挂起牌额在此",因为没有这东西,还是"有人来买胭脂不当稳便"。她这个牌额写的是:王月英发卖神色胭脂铺儿。这就是店招了。据元末熊梦祥的《析津志》,元朝店招之外还有辅助设施,比如"市中医小儿者,门首以木刻板作小儿,儿在锦棚中若方相模样为标榜";接生婆的家,"门首以大红纸糊箩筐大鞋一双为记";兽医的家,"门首地位上以大木刻作壶瓶状,长可一丈,以代赭石红之。通作十二柱,上搭芦以御群马。灌药之所,门之前画大马为记"。

倒回头看看宋朝。《清明上河图》作为北宋开封的社会生活实景记录,让我们也能得窥其店招真容。"孙羊店""杨家应症□□""王家罗明匹帛铺""刘家上色沉檀楝香""久住王员外家"等等,在画卷上一目了然,肉铺、药店、绸缎庄、香铺、旅店的性质,也一望而知。欧阳修《归田录》记载了当时的一些写白字的店招,说京师卖酸餡的,"皆大出牌榜于通衢,而俚俗昧于字法,转酸从食,餡从臽"。有人开玩笑说:"彼家所卖馂餡,不知为何物也。"欧阳修就此发挥,"饮食四方异宜,而名号亦随时俗言语不同,至或传者转失其本"。比如汤饼,唐人叫"不托",如今则叫"馎饦"。又比如西晋束皙的《饼赋》,"有馒头、薄持、起溲、牢九之号,惟馒头至今名存",另外几个,根本不知道是什么东西了。

吴自牧《梦粱录·铺席》记载了南宋杭州的好多店招名称,童家柏烛铺、张家生药铺、徐家绒线铺、阮家京果铺、俞家冠子铺还是冠姓,宋五嫂鱼羹、周五郎蜜煎铺、陈妈妈泥面具风药铺,等于直截了当点明店主的身份。当下的贵州"老干妈"正有此遗风,许是其风靡中外之故。去年到贵阳,于超市里见到龙大哥、刘姨妈、胖四娘、辣老太、巧外婆什么的,集纳起来,有成为"亲属称谓"大全之势。而"老干妈"之所以成功,显见不会是因为外在的商标,一定是在于瓶里的"货色"。

《西游记》写的是唐朝的事,但由明朝的人落笔,因而明朝的痕迹多多,援引的法律基本上就都是《大明律》。第八十三回,孙悟空见妖精洞里有"尊父李天王""尊兄哪吒三太子"的牌位,高兴极了,"也不去搜妖怪找唐僧",直接要到玉帝那里去告御状。八戒提醒他"告人死罪得死罪",这就是《大明律·诬告》中的条款:"凡诬告人……至死罪,所诬之人已决者,反坐以死。"八戒是担心师兄告错了。紧接着在第八十四回,听说灭法国这两年杀了"九千九百九十六个无名和尚,只要等四个有名的和尚,凑成一万,好做圆满哩",大圣乃变作扑灯蛾儿去城里打探究竟,"忽见那隅头拐角上一弯子人家,家家门首挂着个灯笼儿"。他道:"这人家过元宵哩,怎么挨排儿都点灯笼?"飞近前来仔细观看,正当中一家方灯笼上写着"安歇往来商贾"六字,下面又写着"王小二店"四字,大圣才知道是开饭店的。这该是明朝的店招了。

瞿兑之《杶庐所闻录》之"市招",讲的是清朝,且云好多店招由名家书写,最有名的,是"严嵩之西鹤年堂及六必居"。"六必居"牌匾今日仍然高挂,未知确为严氏真迹与否。店招出自名人的手笔,正常不过。《水浒传》里,宋江吟反诗的"浔阳楼",牌匾就是苏东坡的手笔。浔阳楼虽然宋江在家乡郓城就听说过,当时的一座名楼,实际上也是酒楼,"傍边坚着一根望竿,悬挂着一个青布酒斾子"。20世纪80年代,广州的店招还尽皆书法大家的笔墨,商承祚、秦咢生、麦华三等等,篆书、秦隶、瘦金体、爨宝子都不乏见。瞿兑之又说"光绪季年风行王埒之字,有'有匾皆书埒,无腔不学谭'之谚。埒为山东翰林,鲁人之营商者相率标榜之,实则陋劣不能成字也"。不知是文人相轻,还是那字真的不行;真的不行也不奇怪,这种现象今天我们在其他场合仍能所见多多。

前面几个地方当下整顿店招,大约还是杂乱无章,前些年则伤筋动骨,那就是禁绝繁体字。我一直不能理解,繁体字是传统文化的重要载体,那些决策人物为什么视之如寇仇?

2015 年 3 月 29 日

孤寒

在广东白话这种方言里,常常能够听到"孤寒"的说法,一般用之于对人的评价。如果说"某某真係(是)孤寒",等于是说这个人吝啬,抠门儿,很小气,贬义的成分居多。而普通话里已经没了这个词,起码我是没遇见过。

有人说,白话是唐宋时中原的主要语言,不知何据。如果说诵读唐诗,有些普通话不合韵脚的用白话则合的话,那么还有不少普通话合而白话不合的。比如大家都熟悉杜牧的"清明时节雨纷纷",用普通话读起来朗朗上口,"路上行人欲断魂(hun)""牧童遥指杏花村(cun)",押"un"。用白话呢,麻烦了,分别是"wan"和"cyun",押不押韵,一目了然。况且,方言大抵都保留了部分古音,用其他的来读也未必不合。就读唐诗而言,我就看到过这样的新闻:山西人说用晋方言、海南人说用海南话、陕西人说用西安话读起来更押韵。因而我有个不良的想法,这种情形大约就像各地争抢历史文化资源:拿出的都是对自己有利的证据,否则一概视而不见。

"孤寒"在古汉语中早就有了,比唐宋还更早,但是却全无广东白话中的这个意思。

比如,有出身低微或者出身低微的贫寒士人之意。《晋书·

陈颀传》载，陈颀"以孤寒，数有奏议，朝士多恶之，出除谯郡太守"。他说了些什么暂不计较，小时候他爸爸"立宅起门"，他说"当使容马车"，显见这只是个寻常人家。《晋书·陶侃传》陶侃临终自道："臣少长孤寒，始愿有限。……年垂八十，位极人臣，启手启足，当复何恨！"这是说我原来才那样，现在已这样，知足了。《旧五代史》说冯道为中书侍郎、刑部尚书平章事，"凡孤寒士子，抱才业、素知识者，皆与引用"。这些"孤寒"，指的就都是出身低微。五代王定保《唐摭言》云，李德裕"颇为寒畯开路"，因此其谪官南去之时有人作诗曰："八百孤寒齐下泪，一时南望李崖州。"这里的"孤寒"，就是出身低微的贫寒士人了。

到了明清，"孤寒"还有这些意思。陈康祺《郎潜纪闻》云崇祯时的工部尚书龚鼎孳，"怜才下士，嘉惠孤寒，海内文流，延致门下，每岁暮各赠炭资，至称贷以结客"。又云郑板桥"少孤寒，赖乳母费抚养得活，值岁饥，费晨负入市，以一钱易饼置其手，始治他事"。板桥后来入官，因有诗云："食禄千万钟，不如饼在手，平生所负恩，岂独一乳母。"陈康祺还讲到嘉庆间江淮大儒凌曙的励志故事，说他"少时读书之苦，有与牧豕负薪相仿佛者"。十来岁的时候就不得不中断上学，"作杂佣保"，但闲下来即"默诵所已读书"。弄不明白怎么办？"邻之富人，为子弟延经义师"，他就乘着夜里在窗外偷偷地听。听了几个月给人家发现了，"乃闭外户不纳"，他就去买那些有句读的旧书，"私读之达旦，而日中佣作如故"，终于"学以大成"。他的外甥刘文淇，"少贫似舅"，同样最后成为"通儒"。所以陈康祺"观凌氏舅甥"成才路径得出的结论就是："有志之士，其勿以孤寒自沮矣。"

又比如，还有孤立、孤单之意，宋代笔记说得最形象。《墨客挥犀》里,御史中丞张昇"数上封章,论及两府",仁宗敲打他:"卿本孤寒,何故屡言近臣?"你都孤零零成那样了,怎么还老是树敌?不料张昇回答,哪里是我孤寒,"臣自布衣,不数年致身清近,曳朱腰金",是陛下孤寒啊。从这段来看,张昇嘴里的孤寒尚未脱离出身低微的原意,所以仁宗给弄糊涂了,我世袭来的皇位怎么能跟孤寒扯到一起?张昇说:"陛下内无贤相,外无名将,官冗而失黜陟,兵多而少教习。孤立朝廷之上,此所以孤寒也。"张昇显见是说到了要害处,所以"帝喜而优容之",没有怪罪。《曲洧旧闻》里也有这段,对白稍有不同,由头一样。张昇的回答是:"臣自布衣,叨冒至此,有陛下为知己,安得谓之孤寒。陛下今日,便是孤寒也。"在这里,张昇的孤寒也成了孤立,"有陛下为知己"嘛。仁宗惊而问其故,张昇曰:"内自左右近习,外至公卿大臣,无一人忠于陛下者,陛下不自谓孤寒而反谓臣为孤寒,臣所未喻也。"自从这番关于孤寒的对话之后,张昇名重朝野。时有"三真"之谓,富弼、韩琦为真宰相,欧阳修为真内翰,而张昇为真御史。老了之后,张昇以一句"岂容尸禄养疾"而坚决求去,那些名曰"发挥余热"实则赖着不肯退下的人倘若知道,不知做何感想。

但凡"真"的人,大抵都因不肯随波逐流而呈现"孤"的一面。宋仁宗时的状元吕溱去世时,神宗诏中书曰:"溱立朝最孤,知事君之节,绝迹权贵,故中废十余年,人无言者。"吕溱"出知杭州,入为翰林学士",即疏论宰相陈执中奸邪。知开封府,"时为京尹者比不称职,溱精识过人,辨讼立断,豪恶敛迹"。吕溱这人虽然"善议论,一时名辈皆推许",但他平时的话并不多,"在杭州接宾客,不过数语",所以大家都叫他"七字舍人",他那可能是废话少说,但"孤"的一面亦已显现。

"孤寒"在典籍以及方言里残存至今,词义却已经发生了转变。这个转变是如何形成的?

2015年4月6日

席间

央视著名主持人毕福剑前两天的一段"不雅"视频被曝光,引起舆论哗然。舆论大抵分为两大派,一派指摘毕福剑为"两面人",主持节目时和私下里的面目全然南辕北辙;一派指摘视频发布者,认为用这样的方式"告密"卑鄙无耻。后来的信息披露表明,毕福剑的那段"不雅"内容并非其原创,而是在传播,传播听来的段子。

毕福剑传播段子是在席间,还是一个文化艺术交流的外事活动,大概是多喝了几杯,没管住嘴巴。这在宋太宗时的某些场合是没有问题的。《宋史》载,太宗雍熙元年(984)春,"大宴,上欢甚,以虚盏示群臣"。虚盏,就是喝完了来个杯底朝上,表示我已经干了。宰相担心这种喝法会把人喝倒,说出不好听的醉话,所谓"失仪"。太宗马上回头叮嘱相关人等:"今君臣相遇,有失者勿弹劾也。"醉话不要当真。毕福剑喝了多少还不知道,但无疑正属于把持不住的一类;又因为没有尚方宝剑,网友乃"群起而诛之",有司也暂停了他所主持的据说收视率还不错的《星光大道》节目。

酒桌宴席向来是国人重要的精神舞台,文人雅士在席间诗兴大发,早就形成了一项文化传统。大雅的便有很多,如魏晋时的

"西园之会"。在曹丕的回忆中,"昔日游处,行则连舆,止则接席,何曾须臾相失。每至觞酌流行,丝竹并奏,酒酣耳热,仰而赋诗,当此之时,忽然不自知乐也"。在石崇的笔下,"或登高临下,或列坐水滨。时琴、瑟、笙、筑,合载车中,道路并作;及住,令与鼓吹递奏。遂各赋诗以叙中怀,或不能者,罚酒三斗。感性命之不永,惧凋落之无期,故具列时人官号、姓名、年纪,又写诗著后"。又如东晋时的兰亭会,"一觞一咏",参加的共有42人,其中27人即席赋诗,15名交白卷的,"罚酒各三斗"。又如唐朝阎伯屿在滕王阁上摆了一围台,王勃即席来了篇《滕王阁赋》:"都督阎公之雅望,棨戟遥临;宇文新州之懿范,襜帷暂驻。十旬休假,胜友如云……"句子嘛,助兴的,真真假假、假假真真免不了,重要的是觥筹交错这种俗事,借此可以变得非常雅致;再加上"落霞与孤鹜齐飞,秋水共长天一色。渔舟唱晚,响穷彭蠡之滨,雁阵惊寒,声断衡阳之浦"的华丽句子,成就了一座千古名楼。而像毕福剑他们的这次,也算得上"千里逢迎,高朋满座"——不是还有外宾嘛,席间谈吐理应高雅得多,不幸却与凡夫俗子没什么两样,以传播段子来助兴可为一证。

除了大雅的,席间助兴的方式也还有许多。比如射覆,本来它不是酒令,成为席间的酒令之后,使我们看到了生活经验与学识的充分展现。《红楼梦》第六十二回中,大观园里的那帮文化程度不低的公子小姐们就这样玩儿了一回,平日里耳濡目染,丫鬟也受到了相应的熏陶。先是探春自告奋勇充当令官,命取了令骰令盆来,"从琴妹掷起,挨下掷去,对了点的二人射覆"。宝琴"一掷,是个三,岫烟宝玉等皆掷的不对,直到香菱方掷了一个三"。宝琴把谜底限于室内事物,然后覆了个"老"字,香菱"一时想不到,满室满席都不见有与'老'字相连的成语"。湘云忽见门斗上贴着"红香圃"三个字,恍然大悟,知道宝琴覆的是"吾不如老圃"的"圃"字。"见香菱射不着,众人击鼓又催",湘云就悄悄告诉香菱,偏偏给黛玉看见了,说"快罚他,又在那里私相传递呢",结果"恨的湘云拿筷子敲黛玉的手"。

"吾不如老圃",见于《论语·子路》,那是樊迟"请学稼""请学为圃"时,孔子的回答。记得"批林批孔"之际,这是孔子鄙视劳动人民的一条罪状。这种酒令,属于"四书令"。在明清两代的文人宴上,以《大学》《中庸》《论语》《孟子》四书句子组合而成的四书令大行其时,不啻检测文人对四书熟稔程度的一把标尺。冯梦龙编纂民歌集《挂枝儿》时,"因记昔年与友辈夜酌,余以《四书》句配药名为令,一时想路,多有奇绝",于是记下了若干,让我们也能眼界大开。如"出三日(肉苁蓉)""小人之德草(随风子)""楚狂接舆歌而过孔子(车前子)",等等。前面是四书句子,后面是药名。"小人"句,出《孟子·滕文公上》,草随风倒,无须多说。"楚狂"句,出《论语·微子》,接舆是从孔子车前走过,也无须多说。有趣的是"出三日"句,怎么成了肉苁蓉呢?《论语·乡党》这么说的:"出三日,不食之矣。"说祭祀用的肉,过了三天就不能吃了;不能吃的肉闲着没用,不是肉从容(谐苁蓉)吗?多有智慧的前人啊。再看老毕在那段视频中的表现,说句他不要生气的话,倒是跟薛蟠玩儿酒令时的表现有得一比,就是"女儿悲、愁、喜、乐"那一段。

古代可归文人雅士之列的席间话题,不仅比现代人丰富多彩,而且确乎呈现了雅的一面。现在呢?前几年就有人总结出中国饭局的三大特色:吹捧、忽悠、讲段子。尤其讲段子,像酒一样成了席间的润滑剂,饭局则是段子传播的主战场,且不外荤段子、政治段子两大类。段子背后诚然反映着社会舆情,但有的也全然

"无厘头",带来的只是浅薄一笑,甚至无聊一笑,毕福剑传播的就属此类。

2015 年 4 月 11 日

谷雨

今天是农历的谷雨。"春雨惊春清谷天",在二十四节气中,谷雨属于极其寻常的一个。前人从经验中得知,谷雨前后,降雨量会比之前增加。明代农书《二如亭群芳谱》云:"谷雨,谷得雨而生也。"所以,谷雨是播种移苗、埯瓜点豆的最佳时节,所谓"雨生百谷"。由此,"谷雨前后,种瓜种豆""谷雨之日,萍始生""清明忙种麦,谷雨下大田"等等农谚也便应运而生。除此之外,谷雨算得上默默无闻,只是反映气候变化的一个小角色。

谷雨之外,二十四节气中反映气候变化的,还有雨水、小暑、大暑、处暑、白露、寒露、霜降、小雪、大雪、小寒和大寒。如果再进行细分,小暑、大暑、处暑、小寒、大寒是反映气温的变化,用来表示一年中不同时期的寒热程度;雨水、谷雨、小雪、大雪是反映降水的变化,用来表示一年中不同时期的降雨、降雪的时间和强度。另外的白露、寒露、霜降呢,反映的则是气温逐渐下降的过程和程度:当气温下降到一定程度,水汽就出现凝露现象;当气温继续下降,凝露增多,降至摄氏零度以下,水汽便凝华为霜。谷雨在反映气候变化的这些节气中又有怎样突出的一面?"清明断雪,谷雨断霜",谷雨是春季的最后一个节气,它的到来,意味着寒潮天气基本结束。

欧阳修《洛阳牡丹记》云:"洛阳以谷雨为开候,而此花常至一百五日开,最先。"顾禄《清嘉录》"谷雨三朝看牡丹"条云:"牡丹花俗称谷雨花,以其在谷雨节开也。"届时,"无论豪家名族,法院琳宫,神祠别观,会馆义局,植之无间。即小小书斋,亦必栽种一二墩,以为玩赏"。于是,"郡城有花之处,士女游观,远近踵至,或有入夜穹幕悬灯,壶觞劝酬,迭为宾主者,号为花会"。然顾禄又说,《司马光集注》有"洛阳人谓谷雨为牡丹厄"之谓。不知何解。厄者,灾难也。敢是也如今日一些地方,比方2013年11月26日安徽蚌埠市金秋菊花展,园林部门原来准备将部分菊花留给居民,却遭到众多市民前来哄抢?

谷雨在从前还是纪念仓颉的日子。仓颉不是传说中文字的创造者吗?没错。《淮南子》说,造出文字的这一天"天雨粟,鬼夜哭",前面三个字是说天上下起了谷子雨,关联大抵在此。今年第4期《紫禁城》杂志认为,仓颉是在"谷雨节这一天成功创造了汉字",不大可信。前人对二十四节气的认知,自二分二至始,然后是四立等,直到秦汉才完全定型,而仓颉是传说中黄帝的史官,那个时候还没有谷雨节。仓颉造字成功,为什么会"天雨粟"?以其过于简约,历来便有不同的解释,正反都有。所谓正,如高诱注《淮南子》:"仓颉始视鸟迹之文造书契则诈伪萌生,诈伪萌生则去本趋末,弃耕作之业而务锥刀之利。天知其将饿,故为雨粟。"怕大家都去做买卖没人种地,以后没饭吃,所以先发警告。而所谓反,如墨子曰:"天雨粟,不肖者食禄,与三公易位。天雨黍、豆、麦、粟、稻,是谓恶祥;不出一年,民负子流亡,莫有所向。"天上下来的不是水,而是那些东西,兆头极其不好。至于"鬼夜哭",凌濛初《二刻拍案惊奇》开篇所做的尽情发挥,令人拍案叫绝:"仓颉制字……流到后来,好胥舞文,酷吏锻罪,只这笔尖上边几个字断送了多多少少人？那些屈陷的鬼，岂能不哭！至于后世以诗文取士，凭着暗中朱衣神，不论好歹，只看点头。他肯点点头的，便差池些，也会发高科，做高昏不肯点头的，遮莫你怎样高才，没处叫撞天的屈。那些呕心抽肠的鬼，更不知哭到几时，才是住手。"

清朝的某个谷雨，原本为明朝大将的洪承畴一边与人下棋，一边出了幅上联：一局妙棋，今日几乎忘谷雨。对方续曰：两朝领袖，他年何以别清明。以"清明"对"谷雨"，工整之余更一语双关：一方面，二者都是节令；另一方面，你老兄在历史上如何归类呢，算明朝的，还是清朝的？洪承畴此前还有一联："君恩深似海，臣节重如山。"降清之后，有人给各加一字："君恩深似海矣！臣节重如山乎？"嘲讽之味溢于言表。实际上，像洪承畴这样的"贰臣"，不要说明朝那边的人肯定瞧他不起，就是清朝这边的对之亦无好感。其叩头请降之后，皇太极"即日赏赉无算，置酒陈百戏"，将领们不高兴了："上何待承畴之重也！"皇太极循循善诱："吾曹栉风沐雨数十年，将欲何为？"诸将曰："欲得中原耳。"皇太极于是笑了："譬诸行道，吾等皆瞽。今获一导者，吾安得不乐？"所以，皇太极亲自到牢房去探视洪承畴，把自己的貂裘给他穿上，再来句"先生得无寒乎"，貌似关切，出发点其实是利用。正因为洪承畴没有辜负他的期望，也才令后世为之不齿。

2006年5月20日，二十四节气民俗被列入了第一批国家级非物质文化遗产名录，显见了国家层面的重视。在黄河中下游地区，二十四节气今天同样可以"指挥"农业生产，但是脑袋里还有这些概念的人，怕都已经有一把年纪了。如何使这笔文化遗产对后人而言像前人那样入脑入心，在口耳代代传承中断了的前提下，唯有寻找新的发力之点。

2015年4月20日

乡射

4月26日,苏州文庙内举行了一场隆重的乡射礼活动。为什么要搞这个呢?其负责人称,以传统的方式迎接正在苏州举办的第五十三届世界乒乓球锦标赛。乡射的确是我们的传统产物,乒乓球虽起源于十九世纪末的英国,但早成了我们的国球。二者所以能关联在一起,在于举办者认为乡射里面"蕴含着拼搏、进取的精神"。这种关联实在牵强了些。

乡射,射礼中的一种,属于"嘉礼"。古人很重视"射",勉励人当胸怀大志的成语"桑弧蓬矢",出自《礼记·内则》:"国君世子生,告于君……射人以桑弧蓬矢六,射天地四方。"桑弧,桑木做的弓;蓬矢,蓬梗做的箭。这六箭射出去,象征男子有志于四方。演变开来,"男子生则悬弧于其门,明必有射事也",成了生男孩之家的一个公告标志。《周礼·保氏》有曰:"养国子以道,乃教之六艺。"六艺,就是要求学生掌握的六种基本技艺:礼、乐、射、御、书、数。排在第三位的,就是"射",主要是射箭。发生于乡学之中的乡射,实际上带有军事训练的性质。

乡射,只是射礼之一。此外还有大射、宾射和燕射。大射,按《礼记·射义》的说法,"天子将祭,必先习射于泽。泽者,所以择士也",有选拔从祭人员的性质,"射中者得与于祭;不中者不得与于祭"。宾射,诸侯来朝或诸侯相朝之射。燕射,即宴饮之射。"诸侯之射也,必先行燕礼;卿、大夫、士之射也,必先行乡饮酒之礼。故燕礼者,所以明君臣之义也;乡饮酒之礼者,所以明长幼之序也。"所以,射礼不是单纯地比试射箭,在"射"和"礼"的权重之间,后者似乎大于前者。从西周的射礼开始,就改变了商代射礼的祭祀色彩,而赋予了相应的人文内涵。到了孔子,已经这样看待射之中与不中了:"修身而发,而不失正鹄者,其唯贤者乎?若夫不肖之人,则将安能以求饮?"孟子补充得更为直接:"仁者如射,射者正己而后发,发而不中,不怨胜己者,反求诸己而已矣。"射不中,自己要有相应的道德自省。

杨宽先生的《西周史》,对乡射装备、程序进行了十分清晰的介绍:三番射,每一番上场的人员构成如何,请射、纳射器、比三耦、张侯倚旌等。明确乡射是团体赛,而不是个人赛。每轮两人(一耦)分为一右一左,比三耦就是三对的较量,每人四箭。虽两两相较,最后统计是所有右方的总成绩和所有左方的总成绩,以此来判断哪方获胜。有趣的是第二番射后的"饮不胜者",也就是输了的一方罚酒。《诗·小雅·宾之初筵》中的"发彼有的,以祈尔爵",讲的就是这回事,是祈求自己射中而让别人饮罚酒。第三番射,射者必须按照音乐的节奏来行动和发射,达到了"射"的最高要求。但孔子对此似乎不以为然,《孔子家语》云,孔子观乡射,喟然叹曰:"射之以礼乐也,何以射?何以听?"射箭的人怎么可以一边发射,一边听音乐呢?

孔子很重视乡射,他曾经和弟子们"习射于矍相之圃",引得"观者如堵墙焉"。轮到子路登场的时候,孔子叫他"执弓矢,出列延",邀请看热闹的人出来比试一下,但有条件,"奔军之将,亡国之大夫,与为人后者,不得入,其余皆入",结果人走了一半。孔子又叫公罔之裘、序点举起酒杯说:"幼壮孝悌,耆老好礼,不从流俗,修身以俟死者,在此位。"结果人又走了一半。再叫序点举杯说:"好学不倦,好礼不变,耄期称道而不乱者,在此位。"结果只剩下了几个人。不忠不孝者不得入内,尊老爱幼和好学上进者可以就座,孔子这是在利用习射,不失时机地以淘汰法对民众进行礼的教育。所以,乡射不仅是一种寓教于乐、带有军事色彩的体育活动,更是一种修身养性培养君子风度的方法。如《论语·八佾》所云:"君子无所争,必也射乎,揖让而升,下而饮,其争也君子。"

乡射不知道是什么时候退出历史舞台的。《明史·礼志》中有"大射","凡郊庙祭祀,先期行大射礼",但已归入"军礼"范畴。那是太祖朱元璋"以先王射礼久废,弧矢之事专习于武夫,而文士多未解,乃诏国学及郡县生员皆令习射,颁仪式于天下"。于是,每月朔望两天,"于公廨或闲地习之"。类似于乡射的"官府学校射仪,略仿大射之式而杀其礼",具体是"射位初三十步,自后累加至九十步。射四矢,以二人为耦",确乎有复古的影子。永乐时还有"击球射柳之制",永乐十一年(1413)五月五日,帝"幸东苑,击球射柳,听文武群臣四夷朝使及在京耆老聚观。分击球官为两朋,自皇太孙而下诸王大臣以次击射,赐中者币布有差"。这该算是他们的继承创新了。

今年清明节,北京历代帝王庙上演了一场明代大射礼展示,耳目所及,仅仅是几张古装图片,看不出个所以然。此前他们已举办过两次,还根据明朝皇帝出京谒陵的《出警入跸图》等复原了明代仪仗。再现大射以及像苏州这样再现乡射,对今天来说尚有些启示意义,而后者除了排场、奢靡,又焉有其他?对传统文化还需进行必要的甄别,不是所有的东西都值得复原、再现。

2015 年 4 月 28 日

阆中

五一假期这三天,到四川阆中走了一遭。

久闻阆中其名,得自少时阅读《三国演义》,知张飞张翼德便镇守阆中,并在此为部下范疆、张达杀害。当然了,那两个也是被逼无奈,如张达所云:"比如他杀我,不如我杀他。"如今的阆中,张飞元素亦处处可见。汉桓侯祠在1996年就列入了全国重点文物保护单位,"桓侯"是刘备对张飞的追谥。此祠大约类似山西解州关帝庙,虽然全国各地都有许多,但这里的才是正宗。5月2日晚在南津关古镇观看阆中民俗会演,开场亮相和最后收场的,都是手持丈八蛇矛、字正腔圆的燕人张翼德;中间皮影戏表现的也是张飞断案,有趣的是换成阆中方言听起来,同样有滋有味。

阆中之得名,按宋祝穆《方舆胜览》的说法,在于"阆山四合于郡",位置居中。而按清顾祖禹《读史方舆纪要》的说法,"以阆水纡曲三面而名"。今天站在白塔山上俯瞰,顾说一目了然,只阆水已易名嘉陵江。无论如何得名吧,阆中自古大概就是旅游胜地,按前人的说法叫作"有诗为证"。挑几个名人,比如杜甫来过,写了60多首,"巴童荡桨欹侧过,水鸡衔鱼来去飞。阆中胜事可肠断,阆中城南天下稀"云云。元稹来过,"忆君(白居易)无计写君诗,写尽千行说与谁?题在阆州东寺壁,几时知是见君时"云云。李商隐来过,"嘉陵江水此东流,望喜楼中忆阆州。若到阆中还赴海,阆州应更有高楼"云云。陆游也来过,"城中飞阁连危亭,处处轩窗对锦屏。涉江亲到锦屏上,却对城郭如丹青"云云。除了元稹是怀友,其他几位描写的都是阆中的景致。

张飞元素之外,阆中本土文化也称得上灿烂辉煌。北宋哲宗时,里人已有"阆苑三学士,锦屏三状元"之语。三学士即雍元直、蒲传正、鲜于端夫,三状元则陈尧叟、陈尧咨、马涓。今阆中古城东门所在位置立一"状元坊",迎面而观,右书唐代兄弟状元尹枢、尹极,左即陈尧叟、尧咨。实际上陈家还有一个更有名的陈尧佐,三兄弟在《宋史》里都有传,尧佐虽老二但为传主,尧叟、尧咨附之,如道家陈抟老祖对陈父所言:"君三子皆当将相,惟中子贵且寿。"三陈读书岩今仍为一景,司马光当年亦曾侍亲而游,题名之末书"司马光捧砚",以示敬仰。

三兄弟中最为公众熟知的,该是尧咨。欧阳修的名篇《卖油翁》被收入中学课本,文中与翁对白的正是尧咨。"陈康肃公尧咨善射,当世无双,公亦以此自矜。尝射于家圃,有卖油翁释担而立,睨之,久而不去。见其发矢十中八九,但微颔之……"如此高超的射技,在卖油翁眼里只是"无他,但手熟尔"。你不是能"以钱为的,一发贯其中"吗?我能"以钱覆其(葫芦)口,徐以杓酌油沥之,自钱孔入,而钱不湿"。这个生动的小故事,阐释了熟能生巧的大道理。然三兄弟中,修养较差的也是尧咨。在长安,"豪侈不循法度……用刑惨急,数有仗死者"。任宿州观察使,"城壁器械久不治,葺完之",本来是件好事,却"须索烦扰,多暴怒,列军士持大梃侍前,吏民语不中意,立至困仆"。究其原因,尧咨"于兄弟中最为少文",还是缺点儿文化吧。

两个哥哥在史传中的记录则颇为优良。尧佐尝"坐言事忤旨,降通判潮州"。到那里之后,"修孔子庙,作韩吏部祠,以风示潮人"。时潮州鳄患未除,"民张氏子与其母濯于江,鳄鱼尾而食之,母弗能救"。尧佐命人捕到鳄鱼,"作文示诸市而烹之"。潮人叹曰:"昔韩公(愈)谕鳄而听,今公戮鳄而惧,所为虽异,其能使异物丑类革化而利人一也。吾潮间三百年而得二公,幸矣!"尧佐还是水利专家,治钱塘江,创"下薪实土"法;知滑州黄河决口,创"木龙杀水"法,所筑长堤呼为"陈公堤"。尧叟呢,为广南西路转运使时,"岭南风俗,病者祷神不服药",乃以"《集验方》,刻石桂州驿";又因"地气蒸暑,为植树凿井,每三二十里置亭舍,具饮器",以防人中暑。类似事迹,尚有若干。

关于"阆苑三学士"中的阆苑,是个很有意思的概念。"天上瑶池,地下阆苑",阆苑本来是传说中神仙住的地方。李商隐《九成宫》之"十二层城阆苑西,平时避暑拂虹霓",许碏《醉吟》之"阆苑花前是醉乡,踏翻王母九霞觞",《红楼梦》之"一个是阆苑仙葩,一个是美玉无瑕",等等,指的显然都不是阆中。李商隐说的是唐朝皇帝的避暑胜地,地方太舒服了,借指;许碏那是认为喝醉了的自己跟神游仙境没什么两样;曹雪芹笔下的阆苑仙葩是林黛玉,因为其前世为上界的绛珠仙草。阆苑怎么到了阆中呢?按祝穆的说法,"唐时,鲁王灵夔、滕王元婴以衙守卑陋,遂修饰宏大之,拟于宫苑内,是谓之隆苑",后来为了避明皇隆基之讳乃改曰阆苑。阆中之苑就此上位阆苑,天然熨帖,真是得来全不费功夫。

历史上的阆中有"地暖气清,地僻人富"之谓。然而去年10月国务院发布的《国家扶贫开发工作重点县名单》中,阆中竟然位列全国592个贫困县之间,煞是不可思议。概因从嘉陵江上一睹阆中之夜,丝毫不让广州的珠江两岸,且就文化含量而言,亦有过之而无不及。

2015年5月5日

滕王

阆中也有一座滕王阁,虽然名气远不如赣江边的那座,主人却一般无二:唐高祖李渊的第二十二个儿子、滕王李元婴。赣江边的滕王阁,乃653年李元婴任洪州都督时始建,建筑本身未必有什么特殊,但因为王勃省父过此,即席而作的《滕王阁赋》而名闻天下。阆中的这座,则是679年李元婴改任隆州(今四川阆中)刺史时所建,同样是作为"宴饮歌舞田猎游玩"之所。拟人的话,二者是有亲属关联的,那个是哥哥,这个是弟弟。

滕王封号不是元婴的专利,在他之前和之后,都有滕王,北周、隋、宋、金、明等。当然,他们之间互不相干,并无承继关系。北周宇文逌大约是首任滕王,他是北周奠基者宇文泰的儿子,四哥宇文邕当皇帝时被封滕王,后为杨坚所害。隋朝杨瓒与杨坚同母所生,命运与宇文逌相当。杨瓒北周时,为"贵公子,又尚公主,美姿仪,好书爱士,甚有令名于当世,时人号曰杨三郎"。杨坚称帝后,"立为滕王"。而在杨坚代周之前,杨瓒看出了他的野心,"恐为家祸,阴有图高祖之计",因此他在"开皇十一年从幸栗园,暴薨",结束了仅42岁的性命,只有用杨坚的报复才解释得通了,时人亦"皆言其遇鸩以毙"。此外,宋太祖赵匡胤的长子德秀、太宗赵光义的曾孙宗旦等等,死后都是追赠滕王。春秋战国时有众多的诸侯国,其中一个叫滕国(即山东省滕州市),孟子曾到该国拜见过滕文公,《孟子·梁惠王下》中载有二人的对白。不过,后世以"滕"为号封的王,除了元婴大抵都与此无关。

当然,滕王中最有名的还是唐朝这个。李元婴这个滕王也是哥哥封的,"(太宗)贞观十三年始王,实封千户"。正史、野史中,对元婴皆有不少记载,足以一窥其人,用"荒淫无度、无恶不作"八个字来概括之,恐怕毫不冤枉。

先看唐朝张鷟的《朝野佥载》是怎么记录的。有两处:其一,"滕王婴、蒋王恽皆不能廉慎"。高宗有回赏赐诸王,大家都有份儿,就没他们两个的。为什么呢?高宗说:"滕叔、蒋兄自解经纪,不劳赐物与之。"他们两个懂得自己怎么弄钱,钱有的是,不用我给。此举令"二王大惭",而"朝官莫不自励,皆以取受为赃污,有终身为累,莫敢犯者"。那么,高宗此举显然是在借此敲打二人了。

其二,"滕王极淫,诸官妻美者,无不尝遍,诈言妃唤,即行无礼"。典签崔简的妻子郑氏漂亮,滕王知道了,"遣唤"。典签在王府里只是掌文书的角色,抄抄写写而已,这就叫崔简犯难了:不去呢,"怕王之威";去呢,"必为其所辱"。不过郑氏很有自己的主意,一个人勇敢地深入虎穴。果然,刚一进门,滕王即"欲逼之"。郑氏大叫起来,左右说喊什么,这是滕王。郑氏假装不信,大王岂能干出这种事,"必家奴耳"。言罢"以一只履击王头破,抓面血流,妃闻而出,郑氏乃得还"。元婴丢尽了颜面,"旬日不视事"。倒是崔简给吓坏了,"每日参候,不敢离门";好不容易等元婴出来,赶快"向前谢过,王惭却入",这一回更"月余日乃出"。相形之下,郑氏此举令"诸官之妻曾被王唤入者,莫不羞之"。

北宋宋祁、欧阳修等编纂的《新唐书·高祖诸子传》,采纳了张鹫的这些记载,并补充了一些内容。"滕王元婴,为金州刺史,骄纵失度。在太宗丧,集官属燕饮歌舞,狎昵厮养;巡省部内,从民借狗求罝,所过为害",甚至无聊到了"以丸弹人,观其走避则乐"的地步。高宗曾写信切责这个叔叔:"朕以王至亲,不忍致于法,今署下上考,冀愧王心。"《新唐书》尤其点出,滕王"官属妻美者,给为妃召,逼私之",而"尝为典签崔简妻郑嫚骂",正发生在他为洪州都督之时。

《新唐书·文艺传》载,南昌都督阎伯玙九月九日大宴滕王阁,本来是要"命其婿作序以夸客",给自家女婿一个露脸机会,偏偏先要来个假客气,"因出纸笔遍请客",好像谁能写谁就写,结果出事了。到王勃那儿,年少气盛吧,"沉然不辞",惹得"都督怒,起更衣",气走了。这一段,应该是采纳了五代王定保《唐摭言》的说法,"阎公意属子婿孟学士者为之,已宿构矣",其实事先早就准备好了。"及以纸笔巡让宾客,勃不辞让,公大怒,拂衣而起",但他还是竖起了一只耳朵,"专令人伺其下笔",看看王勃究竟能即席发挥出什么。第一报云:"南昌故郡,洪都新府。"他以"老生常谈"论之;直到"落霞与孤鹜齐飞,秋水共长天一色"出现,才佩服了:"此真天才,当垂不朽矣!"

众所周知,王勃留序的滕王阁也并非元婴原版,而正是阎伯玙的手笔。据说,原版滕王阁是高宗旨令拆除的,然阎伯舆于上元二年(675)重建的时候,高宗还有8年时间在台上。阎伯玙何有此举,胆子从何而来?落成并大摆宴席之际,元婴尚在世(死于684年),阆中版的滕王阁还未出现。此种代为出头,暗示着他与元婴到底是一种什么关系?诸如此类,未知有人探究与否。

2015年5月8日

颜值

如今的人喜欢制造词语。放着传统的、能够清晰表达的不用,非要另起炉灶。比如,形容人的颜容英俊或者靓丽,有多少现成的同义词?不要,一定得鼓捣出个"颜值"。还衍生出了什么"颜值爆表",就是在英俊或者靓丽前面加个"太",美得没法形容的意思嘛。年轻人把"颜值"一类津津乐道地挂在嘴边,上了点儿年纪的人听着却犹如土匪黑话。据说"颜值"这个新词源自日语"脸"的汉字,苟如是,阿弥陀佛,还算不是从天而降。

爱美之心,人皆有之。古人对外貌自然也是相当欣赏的。翻开《诗经》,这类的句子比比皆是,以描写女性的居多。如《卫风·硕人》,"手如柔荑,肤如凝脂,领如蝤蛴,齿如瓠犀,螓首蛾眉,巧笑倩兮,美目盼兮"。如《郑风·有女同车》,"有女同车,颜如舜华。将翱将翔,佩玉琼琚。彼美孟姜,洵美且都"。如《邶风·静女》,"静女其姝,俟我于城隅。爱而不见,搔首踟蹰",漂亮的姑娘该来没来,看把小子给着急的。

宋玉《好色赋》里有个关于佳人的无疑属于完美取向的颜值标准:"增之一分则太长,减之一分则太短;著粉则太白,施朱则太赤;眉如翠羽,肌如白雪;腰如束素,齿如含贝。"简言之就是恰到好处,身材适中,肤色适中。不过,金朝的王若虚对这种华丽句子抬了一杠:"乃若长短,则相形者也。增一分既已'太长',则先固长矣,而'减一分'乃复'太短',却是原短。岂不相窒乎?"再不过,钱锺书先生认为"王若虚辈泥字义而未察词令",钻牛角尖了,没理解人家的长短为恰好,加的那个"太"字则表示失中乖宜。宋玉的标准属于理论层面,生活中不乏"颜值爆表"的样板,最著名的即"西貂王杨"这四大美女了,"闭月羞花之貌,沉鱼落雁之容"。次著名的,还有罗敷、秦娥、绿珠一类。就说罗敷吧,她到城南采桑,想来并没有化妆,不过是"头上倭堕髻,耳中明月珠。绿绮为下裙,紫绮为上襦"。这种寻常装扮就了不得了,"行者见罗敷,下担捋髭须。少年见罗敷,脱巾著帩头。耕者忘其犁,锄者忘其锄。来归相喜怒,但坐观罗敷"。

须眉的颜值如何,前人同样津津乐道。孟子曰:"至于子都,天下莫不知其姣也。不知子都之姣者,无目者也。"姣,即容貌美丽,体态健美。然这个公孙子都,却是爷们。《诗经·郑风》:"山有扶苏,隰有荷华。不见子都,乃见狂且。"姑娘约会,来的不是帅哥,是个丑家伙,失望到了极点。这回翻开《世说新语》的话,可知魏晋时有不少颜值颇高的爷们。潘安仁不用说了,其与夏侯湛"并有美容,喜同行,时人谓之连璧"。何平叔"美姿仪,面至白;魏明帝疑其傅粉"。卫玠更邪乎,在街上走一圈,"观者如堵墙",至于被"看杀"。其他还有王夷甫"容貌整丽"、裴楷"俊容姿"等等。相反,曹操会见匈奴使者,"自以形陋,不足雄远国,使崔季圭代",因为颜值不高且有自知之明,甘愿"捉刀立床头"。

如我们所见,颜值如何不仅为前人挂在嘴边,而且影响了日常生活。西汉杜钦说过:"男子好色,五十未衰;妇人四十,容貌改前。以改前之容,侍于未衰之年,而不以礼为制,则其原不可救。"他当然低估了,后世纪晓岚"年已八十,犹好色不衰"。杜钦讲这话,某种程度上揭示了二奶所以产生的"定律"。用《儒林外史》里季苇萧醉后掼掇杜少卿的话,最通俗易懂。他说少卿真是绝世风流,然"镇日同一个三十多岁的老嫂子看花饮酒,也觉得扫兴。据你的才名,又住在这样的好地方,何不娶一个标致如君,又有才情,才子佳人,及时行乐?"其中的"才名"自然还可以置换成"官衔"。在杜钦之前,"倾城与倾国"的李夫人便很懂得这个道理。病重了,尽管武帝亲临病榻,也是"夫人蒙被"不见,不让武帝看到自己的脸。在李夫人看来,"我以容貌之好,得从微贱爱幸于上。夫以色事人者,色衰而爱弛,爱弛则恩绝。上所以挛挛顾念我者,乃以平生容貌也。今见我毁坏,颜色非故,必畏恶吐弃我"。李白在总结同类事情时说得精辟:"昔日芙蓉花,今成断根草。以色事他人,能得几时好。"今日贪官与情妇反目成仇的极端案例不乏,情妇颜值下降或官员为新的颜值吸引,是其中的一个重要因素。

  如今谈论人物,不拘男女,甫一登场、一露面,颜值往往就如影随形,男神女神蜂拥而至。其实,外表能说明什么呢?贯休和尚有"君不见西施绿珠颜色可倾国,乐极悲来留不得"句,自然是"红颜祸水"论的翻版,但《抱朴子外篇·行品》在说到"人技未易知"时,强调绝对不能以颜值取人,便该洗耳恭听:"士有颜貌修丽,风表闲雅,望之溢目,接之适意,威仪如龙虎,盘旋成规矩。然心蔽神否,才无所堪,心中所有,尽附皮肤。口不能吐片奇,笔不能属半句;入不能宰民,出不能用兵;治事则事废,衔命则命辱。"需要简洁版的,再看回《世说新语》。王敬豫"有美形",有一次去向他当丞相的爸爸王导请安,爸爸抚其肩曰:"阿奴恨才不称!"可惜肚子里没什么货,空有一副皮囊。

2015 年 5 月 15 日

"为官择人"与"为人择官"

5月18日《人民日报》有一篇评论文章叫作《"为官择人"与"为人择官"》,从唐太宗李世民下诏自省——"为官择人者治,为人择官者乱"起兴,论及如今任人唯亲的歪风,所谓"用人腐败是最危险的腐败"。文章的观点毋庸置喙,只是那句古话,应该出自诸葛亮,见于他的《便宜十六策·举措》,太宗只是转述。太宗之后,接棒的是宋理宗时的赵葵,他有个疏奏:"今天下之事,其大者有几?天下之才,其可用者有几?……为官择人,不为人而择官。用之既当,任之既久,然后可以责其成效。"表达相同意思的话就更多了,如明朝宋濂对朱元璋说:"取士莫善于乡举里选,用人莫善于以能任官,任人莫善于久居不迁。"等等。

无论哪个朝代,在正常的时候,官员的任用大抵都离不开这两条路线:要么"为官择人",要么"为人择官"。自古及今常见的"跑官",显见该归入"为人择官"之列。所以宋高宗时"大宗正阙丞,人争求之",陈俊卿的态度很明确:"当予不求者。"此外,辽道宗或许是个特殊的例外。他"晚年倦勤,用人不能自择,令各掷骰子,以彩胜者官之"。拿不定该提拔谁,让大家自己碰运气。耶律俨就这样得过胜彩,道宗当时还来了句"上相之征也",以为如此择官颇有些符合天意。这"两条路线",也许贯穿着传统人治社会的官场史。但是,正如诸葛亮所言,走哪条路线,并不是单纯地走一走那么简单,谁在这个位置上干都一样,而决定着社会是"乱"还是"治"的大问题。辽道宗那种荒谬无比的择官方式,指望国家能得到"治"就几乎是梦想。正如《辽史》的结论,他的后期朝政叫作"群邪并兴,谗巧竞进……尚足兴论治哉"。

为什么要"为官择人"？前人的论点精辟极了,后人谨记就是。举宋朝几位人物。如袁甫:"监司、郡守非其人,则一道一州之蠹也。"如王居安,凡政事"问百辟士大夫则治,问左右近习则乱；大臣公心无党则治,植党行私则乱；大臣正、小臣廉则治,大臣污、小臣贪则乱"。如洪天锡:"在廷无严惮之士,何以寝奸谋？遇事无敢诤之臣,何以临大节？人物稀疏,精采销臾,隐惰惜已者多,忘身徇国者少。"如鲁宗道:"汉宣帝除刺史守相,必亲见而考察之。今守佐虽未暇亲见,宜令大臣延之中书,询考以言,察其应对,设之以事,观其施为才不肖,皆得进退之。吏部之择县令放此,庶得良守宰宣助圣化矣。"他不仅这样说,而且对非因才能途径上来的"恃权骄横"者,在皇帝面前亦敢"折之",致使"贵戚用事者皆惮之"。

道理这样清楚,如此浅显易懂,又为什么会"为人择官"？就是王居安所说的"植党行私"了。在我们的历史簿子中,这似乎才是一个常态。实例亦俯拾皆是,还说宋朝。《宋史·孙沔传》载,"宰相吕夷简求罢,仁宗优诏弗许",征求孙沔的意见,他正相反:"自夷简当国,黜忠言,废直道。"看他提拔的那些人,王随、陈尧叟"才庸负重,谋议不协,忿争中堂,取笑多士,政事寝废"；张士逊,"本乏远识,至隳国事"。究其原因,"盖夷简不进贤为社稷远图,但引不若己者为自固之计,欲使陛下知辅相之位非己不可,冀复思己而召用也"。在《盛度传》中,还可以读到后续。仁宗景祐二年(1035),王曾、吕夷简为相,盛度与宋绶、蔡齐并参知政事。这几个人等于分成三伙,"曾与齐善,而夷简与绶善,惟度不得志于二人",老哥一个。当王、吕两人齐齐提出辞相时,仁宗没弄明白,问盛度怎么回事。盛度说他们两人怎么想的,我肯定不知道,但是"陛下询二人以孰可代者",就能大概明白他们对将来怎么想的。结果仁宗问王曾,王曾推荐蔡齐;问吕夷简,夷简推荐宋绶。各自选择各自的心腹,不仅给自己将来的方便留了后路,而且摆明就是"为人择官"了。结果"四人俱罢,而度独留"。

《明史·刘基传》载,李善长罢,太祖想以杨宪接替。杨宪和刘基一直很要好,但刘基力言不可,认为杨宪"有相才无相器",而宰相当"持心如水,以义理为权衡,而己无与者也,宪则不然"。又问汪广洋如何,刘基说他的气量比杨宪更狭窄。又问胡惟庸如何,刘基说宰相好比驾车的马,担心他会将马车弄翻。太祖说,那肯定非你老先生莫属喽,刘基说我也不合适:"臣疾恶太甚,又不耐繁剧,为之且孤上恩。"我太疾恶如仇,又不耐烦繁杂事务,会辜负皇上的委托。然而,"天下何患无才,惟明主悉心求之,目前诸人诚未见其可也"。刘基在这件事上的表现,完美地诠释了"为官择人"与"为人择官"的根本分野。对这样的人,朱元璋"察其至诚,任以心膂",真是没有走眼。

如今,从落马官员身上都不难窥见干部提拔问题上"两条路线"之争的影子。他们有的公然卖官鬻爵,有的奉行"不跑不送,原地不动",那些属于窝案的,东窗事发时貌似各在天南地北,领域又各自不同,细看之下:你曾是我的秘书,我曾是他的部下……"为人择官"是怎样的一种情势,暴露得还不够充分吗?

2015年5月23日

象牙

5月29日上午,国家林业局和海关总署在北京市野生动物救助中心联合举行了"中国执法查没象牙销毁活动"。在专业粉碎机的强力作用下,662公斤象牙及象牙制品被销毁成粉末。这已是双方的第二次成功合作,上一次是去年1月,在广东东莞销毁6.1吨近年来执法行动中查没的象牙。此种举措,彰显的是中国政府打击象牙等野生动植物非法贸易的坚定立场和坚决态度。

象牙,在很早之前就已是一种非常昂贵的原材料。《诗·鲁颂·泮水》即有"憬彼淮夷,来献其琛,元龟象齿,大赂南金",意思是说,想明白了的淮夷,前来奉上他们的宝贝,大龟和象牙等等。《后汉书·西南夷传·哀牢》亦有,安帝永初元年(107),"徼外僬侥种夷陆类等三千余口举种内附,献象牙、水牛、封牛"。大象身上的好东西其实还有象黄。《养吉斋丛录》云,乾隆时"象房喂养贡象多至三十余只,因谕令暂行停贡"。彼时,凡是有大象死了,太医院官都要验视一下有没象黄。象黄就是象结石,大象体内的一种物质,可以用来制作念珠。《徐霞客游记·滇游日记》云,象黄"生象肚上,大如白果,最大者如桃,缀肚四旁,取得之,乘其软以水浸之,制为数珠,色黄白如舍利,坚刚亦如之,举物莫能碎之矣。出自小西天即今印度,彼处亦甚重之,惟以制佛珠,不他用也"。不过,象黄的珍贵程度终究不及象牙。

今人以象牙制作工艺品,如广州牙雕,以镂雕牙球、花舫、微刻书画为代表,还是第一批国家级非物质文化遗产。古人用象牙来干什么呢?那可太多了。比如做席子,即象筵,后来用于形容豪华筵席。装饰睡床,《战国策·齐策》曰:"孟尝君出行国,至楚,献象床。"制笔,以象牙为笔管,后来成为笔的美称。做手板,即所谓象笏,朝见君主时品位较高的官员才有资格手执。《北史·李穆传》,"其一门执象笏者百余人",成为津津乐道的一种资本。如此等等。

以前的大象显见也多。宋人《墨客挥犀》云:"漳州漳浦县,地连潮阳,素多象。"今天的潮阳,休说大象,像其他地方一样,谈论任何大型动物都是奢侈的。有趣的是该书还告诉我们,成群的大象不可怕,"惟独象遇之",要倍加小心,"盖独象乃众象中最犷悍者,不为群象所容,故遇之则踩而害人"。清人刘献廷《广阳杂记》云,吴三桂在湖南时有一支由45头大象组成的象军,"长沙人多曾见之"。接下来的描述,皆野叟村言,姑妄听之可也。说象军中的大象极其忠于主人,主人死,"人为之制棺讫,象必来亲殓,以鼻卷奴尸置棺中而盖之"。更神的是,有一主人"私与一妇戏,偕入草屋中。象见之怒,以鼻扃其门。奴恐,逾垣而出,象以鼻掷奴掷之,颠扑而下,复以牙触奴糜烂而死"。大象杀死了主人,"乃从来未有之事,官司拘象而问之",大象忽然奔逸而去,不一会儿,"卷一妇人来,置之官前,而自跪其官,以鼻触妇人使言。妇人战悸失音,久之始吐其实"。刘献廷说,这头大象可以当法官、可以当律师了,"世人目乱男女之伦者曰禽兽,象独非兽耶?胡可以之而詈人也?"

大象因牙而招祸,也有悠久历史。《左传·襄公二十四年》之子产予范宣子书,其中便提到"象有齿以焚其身,贿也",杨伯峻先生注曰:"以象牙值钱。"这是说,大象因为有了珍贵的大牙而遭到捕杀。"象齿焚身"这个成语,就此成为财宝招祸的比喻。

另看二例。《宋史·李昌龄传》载,李昌龄是太平兴国三年(978)进士,京城开金明池,因为"献诗百韵,太宗嘉之"而飞黄腾达。他到广州当知府,因为"广有海舶之饶",没抵住诱惑,给调了回来。路过许州,他爸爸李运在此当官时置下了产业,昌龄便将"包苴辎重悉留贮焉",都放在这儿存下,到京城后两手空空,"但药物药器而已"。这一招很奏效,太宗还以为人家说他贪官是诬陷呢,便"召赐金紫,擢礼部郎中,逾月,为枢密直学士"。昌龄如何洗白,不去理他,关键是他那个上言:"广州市舶,每岁商舶至,官尽增价买之,良苦相杂,少利。……雷、化、新、白、惠、恩等州山林有群象,民能取其牙,官禁不得卖。自今宜令送官,以半价偿之,有敢隐匿及私市与人者,论如法。"雷、化、惠州,俱在今日广东,地名依然沿用。新、恩州,即今粤之新兴、恩平;白州,桂之博白。这些地方曾有群象,民以象牙"走私",自如听闻天方夜谭。宋人笔记《萍洲可谈》讲到广州市舶司时也说,船来了,"帅漕与市舶监官莅阅其货"而征收实物税,叫做"抽解",而"象牙重及三十斤并乳香,抽外尽官市",也就是由官府进行专卖;因"官市价微",于是"商人有象牙稍大者,必截为三十斤以下"。这里所反映的,也是民间如何来钻官方的空子。

必须看到,销毁执法查没象牙是国际上通用的做法,目的是防止执法查没象牙再次进入贸易环节。从根本上看,为了保护大象免遭杀害,1973年有21个国家的全权代表受命在华盛顿签署了《濒危野生动植物种国际贸易公约》,该公约严格限制象牙贸易。我国于1981年加入了该公约,则销毁等严厉打击手段便成题中应有之义。

2015 年 5 月 31 日

茶乡,名茶

5月22日,由南方日报等单位主办的"广东十大茶乡"系列评选活动揭晓,韶关市曲江区罗坑镇等被评为"广东十大茶乡"、猴采红牌原生态高山红茶等被评为"广东十大名茶"。活动自去年8月28日便已启动,旨在对广东茶叶历史、品牌、价值、发展方向等进行一次集中梳理。评选出的这两个"十大",无疑是广东的名牌了。

茶,还有可可、咖啡,被誉为"世界三大饮料"。唐朝陆羽《茶经》的问世,算得上是"评选"茶乡、名茶的鼻祖。《茶经》放眼当时的全国,将茶乡分为八大区:山南(荆州之南)、浙南、浙西、剑南、浙东、黔中、江西、岭南;并对同一地区不同地点所产的茶叶都进行了评价,如山南所产以峡州茶为上,浙西所产以湖州茶为上,浙东所产以越州茶为上,剑南所产以彭州茶为上,等等。可惜没有提及岭南的上品,只是说"未详,往往得之,其味极佳"。

虽然"茶之尚,盖自唐人始",但唐朝的茶乡、名茶已相当成熟。李肇《国史补》云:"剑南有蒙顶石花,或小方,或散牙,号为第一。湖州有顾渚之紫笋,东川有神泉、小团、昌明、兽目,峡州有碧涧、明月、芳蕊、茱萸簝,福州有方山之露牙,夔州有香山,江陵有南木,湖南有衡山,岳州有浥湖之含膏,常州有义兴之紫笋,婺州有东白,睦州有鸠坑,洪州有西山之白露,寿州有霍山之黄牙,蕲州有蕲门团黄。"想来这是当时的约定俗成,而非评选的结果。白居易《琵琶行》中有"商人重利轻别离,前月浮梁买茶去",据陈寅恪先生考证,浮梁之茶"虽非名品,而其产量极丰也",《元和郡县图志》说那里"每岁出茶七百万驮,税十五余万贯"。而《国史补》在罗列一堆名品之后,特别说了句"浮梁之商货不在焉",也表明浮梁茶确是大路货色。

宋朝的饮茶情况,按蔡绦《铁围山丛谈》的说法,以徽宗时达到高潮,所谓"益穷极新出,而无以加矣"。宋人有片茶(或腊茶、团茶、饼茶)、散茶(或草茶)两大系列。欧阳修《归田录》云:"腊茶出于剑、建,草茶盛于两浙,两浙之品,日注为第一。自景祐已后,洪州双井白芽渐盛,近岁制作尤精,囊以红纱,不过一二两,以常茶十数斤养之,用辟暑湿之气,其品远出日注上,遂为草茶第一。"连茶乡都顺便交代了。关于片茶,《清波杂志》说自神宗时推崇"密云龙",于是,"每岁头纲修贡,奉宗庙及供玉食外,赉及臣下无几。戚里贵近,丐赐尤繁"。而密云龙的知名,却是得益于神宗的嗔怪:"令建州今后不得造'密云龙',受他人煎炒不得也!出来道我要'密云龙',不要团茶,拣好茶吃了,生得甚意智。"此语传出,"密云龙"声名大噪,皇帝都喝那玩意儿还能不是好东西?《铁围山丛谈》云:"密云龙者,其云纹细密,更精绝于小龙团也。"小龙团,对应的是大龙团,叶梦得《石林燕语》云:"故事,建州岁贡大龙凤团茶各二斤,以八饼为斤。"仁宗时福建路转运使蔡君谟,"始别择茶之精者为'小龙团'",缩小了茶饼的直径,一斤十饼。不知怎么搞的,仁宗对这一改良很生气,"命劾之",赖"大臣为请,因留而免劾"。神宗时,"熙宁中,贾青为福建转运使,又取小团之精者为'密云龙',以二十饼为斤而双袋,谓之'双角团茶'"。用颜色区别谁来享用,"大小团袋皆用绯,通以为赐也";黄色的,"盖专以奉玉食"。

因而所谓名茶,品质好只是一方面,另一方面还得得益于推手。又如欧阳修说的"双井茶",出名就与黄庭坚相关。叶梦得《避暑录话》云:"草茶极品惟双井、顾渚,亦不过各有数亩。双井在分宁县,其地属黄氏鲁直家也。元祐间鲁直力推赏于京师。"黄庭坚关于双井茶的诗作也有不少,比如《双井茶送子瞻》:"我家江南摘云腴,落硙霏霏雪不如。为君唤起黄州梦,独载扁舟向五湖。"云腴,就是茶叶,高山云雾生长的茶叶肥美鲜嫩。黄庭坚这是借送茶之机,委婉地劝告东坡不要忘记被贬黄州的旧事,与其浪迹官场,不如效法范蠡功成身退。当然,宋朝散茶的名品和产地不胜枚举,因为没有评选,全靠自说自话就是。

《国史补》还有一条,常鲁公出使吐蕃,"烹茶帐中",赞普问是什么东西,鲁公曰:"涤烦疗渴,所谓茶也。"赞普说,我们这里也有这些东西。叫人取来指给鲁公看,"此寿州者,此舒州者,此顾渚者,此蕲门者,此昌明者,此湜湖者"。周煇《清波杂志》也说:"煇出疆时,见三节人,或携建茶,沿途备用。而虏中非绝品不顾,盖榷场客贩坌集,且能品第精粗。中下者彼既不售,乃赍以归。"那么,我们今天在关注丝绸之路的同时,不妨也关注一下"茶叶之路",应该同样大有文章可做。

有统计说,广东是全国最大的茶叶消费市场,珠三角地区年人均消费量居全国之首,广州芳村因之成为全国目前最大的茶叶批发市场所在地。而广东名茶在全国茶业界地位日渐式微,被国内外其他名茶大举"入侵"的势头盖住,尤其在珠三角,以普洱茶、铁观音、湖南黑茶、广西六堡茶、岩茶等为代表的外省茶已渐成主流。这次评选无疑旨在提高全社会对广东本土茶发展的关注,以期重振雄风。

2015年6月7日

人参

"搜狐"网上看到一篇文章,叫作《1斤番薯叶顶10斤人参!好处太多了!可惜知道的人太少》,一二三四,列了番薯叶九大好处。算很多了吧,九,在古代被认为是最大的数字。长江那么多支流,"九派"就足以表述了。极为渺小轻微是"九牛一毛",说话极为有分量是"一言九鼎",皇帝是"九五之尊"。然而,尽管番薯叶有这么多好处,但是如果把这两样东西摆在一起选择的话,相信绝大多数人宁选1两人参,也不会选10斤甚至100斤番薯叶。

类比归类比,现实归现实。现实中有些常识的人都知道,人参这种多年生草本植物属于中药国宝,根和叶入药都有滋补功效,别说番薯叶了,没有任何别的东西可以取而代之。就像陆龟蒙说的,"品第已闻升碧简,携持应合重黄金"。段成式也有《求人参》诗:"少赋令才犹强作,众医多失不能呼。九茎仙草真难得,五叶灵根许惠无。"那么,周繇的《以人参遗段成式》显然是与之呼应了:"人形上品传方志,我得真英自紫团。惭非叔子空持药,更请伯言审细看。"《晋书·羊祜传》载,羊祜(字叔子)与陆抗两军对垒,陆抗生病了,"祜馈之药,抗服之无疑心",认为羊祜不是那种背后下黑手的人。不过,伯言是陆抗的爸爸陆逊的字,周繇这里子冠父戴了,但他要表达的意思与前两位一样:人参真是个好东西。段成式求人参干什么,难道如皮日休般,"从今汤剂如相赠,不用金山焙上茶"?

人参的药用功效也早为前人所认识。有人统计,医圣张仲景《伤寒杂病论》中收载113个中药处方,其中配有人参的21个,占总方数的17.7%;药王孙思邈《千金备急方》收载5300余方,其中配有人参的358方,占总方数的6.8%。古人视人参为地之精灵,《梁书·阮孝绪传》载,孝绪"母王氏忽有疾,……合药须得生人参",他就满山去找,没找到,"忽见一鹿前行,孝绪感而随后,至一所遂灭,就视,果获此草。母得服之,遂愈"。此类还属于孝感故事,传得神乎其神的,则如《五杂组》云"千年人参根作人形,千年枸杞根作犬形,中夜常出游,烹而食之,则仙去"。《宣室志》说唐朝天宝年间有个小赵,"笈而至山中,昼习夜息,虽寒热切肌,食粟袭纻,不惮劳苦",但脑洞硬是不开,"力愈勤而功愈少"。后来有老翁"衣褐来造之",两人交谈甚欢,老翁答应帮他一把,说完就不见了。"生怪之,以为妖",按老翁说的地址去找,结果找到一棵大树,在树下"得人参长尺余,甚肖所遇翁之貌"。小赵将这棵人参吃了,"自是醒然明悟,目所览书,尽能穷奥。后岁余,以明经及第"。

《五杂组》还给各地出产的人参排了座次:"人参出辽东、上党者最佳,头面、手足皆具。清河次之,高丽、新罗又次之。今生者不可得见,其入中国者,皆绳缚蒸而夹之,故上有夹痕及麻线痕。新罗参虽大,皆数片合而成之,其力反减。"辽东等地的人参未知今日境况如何,但见到韩国旅游的人们,每购高丽参,李连杰的"正官庄"广告也一度频繁闪现。甚至彼时尚不入流的美国花旗参,名号现在也响亮得多。国人已数典忘祖了。

像任何事物一样,人参也每被赋予相应的社会学意义。《晋书·石勒载记》云,石勒14岁的时候,"随邑人行贩洛阳,倚啸上东门",王衍觉得他不似凡人,跟人说"吾观其声视有奇志,恐将为天下之患"。声音流露反相,比诸葛亮的魏延"反骨"说更进了一步;不仅如此,石勒家乡的草木也皆有昭示,"勒居武乡北原山下,草木皆有铁骑之象。家园中生人参,花叶甚茂,悉成人状"。不过,"妙善玄言"的王衍还有个本领,"义理有所不安,随即改更",所以大家都说他"口中雌黄"。他对石勒的"未卜先知",是后人就结果而嫁接给他的也说不定。

《清稗类钞》云:"国人皆以人参为滋补之无上上品,然经西医化验,实无滋补之质料。"且举吴兆骞贬戍宁古塔为例,说他"曾以半斤之参煎汁饵之而泻,亦可见其无用也"。不知哪个地方的西医化验的,可视为番薯叶派的前驱吧。相形之下,黑龙江将军舒超铎的人参无用,更具积极意义。有人馈赠,他笑曰:"吾日啖粟数升,自强健,安用是物!"推脱不掉,乃"取小者啖之",曰:"已领盛意矣。味甚苦,无所取也。"舒超铎的无用说,是要杜绝谄谀的不良风气。在西安时,"前将军杜赖贪鄙,屡侵粮饷,至自制饼饵,令军士重价购之",舒超铎"至三日,立劾之",所以乾隆皇帝视之为"满洲世族未忘旧习者,惟某一人"。

东汉王符《潜夫论》有个论点,把求得真贤与求得真人参等而论之,所谓"夫治世不得真贤,譬犹治疾不得真药也"。他这么阐发的:"治疾当得真人参,反得支罗服;当得麦门冬,反得烝穬麦。已而不识真,合而服之,病以侵剧,不自知为人所欺也。乃反谓方不诚而药皆无益于疗病,因弃后药而弗敢饮,而便求巫觋者,虽死可也。"相应地,"人君求贤,下应以鄙"也是这样。"己不引真,受猥官之,国以侵乱,不自知为下所欺也。乃反谓经不信而贤皆无益于救乱,因废真贤不复求进,更任俗吏,虽灭亡可也"。不要说治国了,哪个领域不是这个道理?

2015 年 6 月 14 日

公车

根据日前公布的广东公车改革时间表,省级机关、各地级以上市和县级的节点分别是 6 月底、9 月底和年底。也就是说,到今年年底以前,全省全面完成公车改革:取消一般公务用车,普通公务出行社会化,按照级别适度发放公务交通补贴,如正厅级 1690 元/月、科员 300 元/月等。"多余"出来的公车将全部公开拍卖。

提及公车,就是指公务用车,不会有丝毫歧义,不会去想到康有为他们"公车上书"的"公车"。实际上,严格起来,那个"公车"也与公务用车相关。在后世,"公车"虽已是举人入京应试的代称,但它来自汉朝以公家车马运送应试之人。与此同时,汉朝还有一项制度:吏民上书言事,先由公车司马令来接待,称为"至公车上书"。康有为他们的"公车上书"算是二者兼而有之。一方面,康有为联合的是各省在京会试的举人,符合"公车"后来所指;另一方面,他们签名上书所提出的是反对签订《马关条约》等事件,属于到职能部门言事,符合"公车"先前所指。历史上其实有不少"公车上书"。《史记·东方朔传》载,"朔初入长安,至公车上书,凡用三千奏牍",让武帝读了两个月才读完。用东汉王充的话说:"断木为椠,析之为板,力加括削,乃成奏牍。"这么费劲,所以古人在"文不得不省,辞不得不约"的同时,也倒逼了造纸术的发明吧。《汉书·张敞传》载,先前被免为庶人的张敞被重新启用,宣帝"使使者即家所在召敞",张敞"即装随使者诣公车上书"。只是这些"公车上书"一概不及康有为们的轰轰烈烈,以张敞而言,其闻名后世的行为只是为妻子画眉显示恩爱或情趣。

公车作为官车,可以上溯至周朝。《周礼·春官》载:"巾车掌公车之政令,辨其用与其旗物而等叙之,以治其出入。"郑玄注曰:"公,犹官也。"这是说,由巾车(官职)来掌管有关官车的政令,根据官位的等级和尊卑次序,分辨官车的用途,该插什么旗子,管理它们的进进出出,相当于各单位的车队长了。成语有"冠盖云集",其中的冠是礼帽,盖就是车篷。冠盖,因而借指官吏。冠盖云集,形容到场的官吏非常之多,班固《西都赋》说"冠盖如云,七相五公",表明有车的全是当大官的。

对于什么级别的人坐什么车,《汉书·景帝纪》里有个诏曰,那是中元六年(前144)的事。"夫吏者,民之师也。车驾、衣服宜称。吏六百石以上,皆长吏也。亡度者或不吏服出入闾里,与民亡异。"此诏开宗明义,就是为了区别官民,以及区别官吏中的大小,不仅规定了坐什么车,而且规定了穿什么衣服,其中"令长吏二千石车朱两𬮼,千石至六百石朱左𬮼"。朱𬮼,车乘两旁的红色障泥,也就是垂于马腹两侧,用于遮挡尘土的东西。虽然有明确规定,但历来想方设法"超标"以显示自己与他人不同、格外、特殊的,都不乏其人。比如明朝的鄢懋卿,"性奢侈,至以文锦被厕床,白金饰溺器"。坐车方面就更不含糊了,"制五彩舆,令十二女子舁之,道路倾骇"。大家震惊什么呢?参阅《明史·舆服志一》,可知五彩舆至少是皇太子一级才能享用的。而此前,弘治七年

(1494)就已有令:"文武官例应乘轿者,以四人舁之。"只准四个男的抬,鄢懋卿却让十二个女子抬,胆子可不天大?那时虽然没有"超标"的概念,但有"僭越"!

在对待公车的态度上,很早就有楷模。《晏子春秋·内篇杂下第六》载:"晏子朝,乘弊车,驾驽马。"景公见了很不高兴,喂,给你的俸禄少吗,驾着这拿不出手的玩意就出门了?晏子说,不少,很多,"得以寿三族",并且"及国游士,皆得生焉",但是我这人"得煖衣饱食,弊车驽马,以奉其身",已经觉得很满足了,够了。但景公总觉得对不起晏子,"使梁丘据遗之辂车乘马"。辂车,大车,一般是君王坐的车。然晏子"三返不受"。景公说,你不坐,我也不坐。晏子对曰:"君使臣临百官之吏,臣节其衣服饮食之养,以先齐国之民,然犹恐其侈靡而不顾其行也。今辂车乘马,君乘之上,而臣亦乘之下,民之无义,侈其衣服饮食而不顾其行者,臣无以禁之。"我这根梁不正,怎么能指望下面不歪?

近读张宏杰先生《给曾国藩算算账(京官时期)》,眼界大开。原来清朝官员客观上已进行了"公车改革",他们的出行费用便完全自理。该书专有一章讲道光二十一年(1841)翰林院检讨曾国藩的收入与支出,其中就有"出行范围车马支出"。不要说彼时尚为从七品的曾国藩了,就是从二品的户部侍郎曾广汉,今天的副部级干部,也要自掏腰包。他是坐四人大轿,"每轿两班,四人一班,每人工资月白银一两",一年这一项要96两。初入官场的曾国藩消费不起,只有隔三岔五租一回马车,去长沙会馆呀,逛琉璃厂呀,到紫禁城、圆明园呀,等等。根据张先生的计算,这年曾国藩在出行上花了白银51两。

如今的公车消费,早成了深受公众诟病的"三公消费"之一。消费数目根据中央公开的决算,每年也是三四十亿之巨,而真正花了多少,实际上是一笔糊涂账,"公车腐败"早就是一个明目张胆的现象。换言之,公车改革已经到了不可不为的地步。

2015 年 6 月 18 日

戏剧

6月20日,"首届中国国际儿童戏剧教育艺术节"在陕西西安大华1935艺术区拉开序幕。艺术节以"世界童爱,全球童声"为主题,自6月20日起至8月30日期间在北京、西安、天津、合肥、武汉、南京、杭州、福建、厦门、深圳、济南、青岛、广州等13个城市组织超过150场演出,超过200场活动。有专业人士说,戏剧教育是一种重要且不可或缺的艺术美育形式,孩子们得到戏剧与艺术的熏陶并因此受到重视,对其人格、社会感知以及社会价值的培养颇有助益。

戏剧具有教育功能的一面,这是可以肯定的。不仅所表达的内容,而且所表现的形式,都有这样的一面。虽然前人有这么一种观点,所谓"戏之劣处,无情无理,其最可笑者,如痛必倒仰,怒必吹须,富必撑胸,穷必散发,杀人必午时三刻,入梦必三更三点,不马而鞭,类御风之列子;无门故掩,直画地之秦人",但这显然属于无视戏剧的象征、夸张手法。照这个逻辑来看问题,演员的化妆也成问题了。比如"花旦上装,两颊匀脂甚厚,以视北地胭脂,不止倍蓰。若觌面相看,色如深醉,颇不适目",但是登场之后就不同了,"卓文君颊际芙蓉,望而可见"。戏服也是,虽缎绣而极粗糙,又彩色特艳,"若衣之以行通衢,虽在剧场以为美观,亦将骇而却走"。

传统价值观中推崇的"忠孝节义",对于从前绝大多数不识字的百姓来说,主要靠戏剧来潜移默化。我收藏有一套1970年台湾发行的"中国戏剧"邮票,四枚的票名分别是"还我河山(忠)""孝行感天(孝)""巾帼英雄(节)""千里寻兄(义)",对应表现的是岳飞、闵子骞、穆桂英和关羽。应当说,千百年来,这些故事的深入人心,戏剧的作用功不可没。所以,一贫如洗的阿Q无论是"气愤愤"还是"得意"的时候,都可以随口唱出"我手执钢鞭将你打"来抒发情感,尤其得意的时候,还模仿出"呀呀呀……得得,锵锵,得,锵令锵"的伴奏声。关于形式,鲁迅先生在《脸谱臆测》中有过精辟见解,认为戏剧脸谱中的白表奸诈、红表忠勇、黑表威猛之类,是人物的分类而并非象征手法。他说得非常风趣,比如,"富贵人全无心肝,只知道自私自利,吃得白白胖胖,什么都做得出,于是白就表了奸诈"。

从前的戏剧终究还是娱乐功能为主,教育功能的一面应该只是顺带。就像《万历野获编》"禁中演戏"条所说的,"颇采听外间风闻,以供科诨……雅俗并陈,全在结局有趣,如人说笑话,只要末语令人解颐"。清朝沈学善"尝馆平湖县署,适演剧,主人固请出观,遵生固却,薄暮独立墙阴",人家问怎么回事?他说:"静听蟋蟀秋吟,差胜笙歌盈耳也。"这样的人肯定属于另类,因为看戏是从前人的主要娱乐方式。别说古代了,民国时候的戏园子也是热闹非常的,老一辈学人大抵也都好这口,在他们的回忆文字中往往都对此津津乐道。不过,从前看戏的观众,可能恰恰要排除儿童。首先因为戏剧表现的内容,像毛泽东所痛斥的,尽皆"帝王将相,才子佳人",并不适宜儿童。

陆容《菽园杂记》载:"嘉兴之海盐,绍兴之余姚,宁波之慈溪,台州之黄岩,温州之永嘉,皆有习为倡优者,名曰戏文子弟,虽良家子不耻为之。其扮演传奇,无一事无妇人,无一事不哭,令人闻之,易生凄惨。"陆容将之归结为"南宋亡国之音",并且他说:"其赝为妇人者,名妆旦,柔声缓步,作夹拜态,往往逼真,士大夫有志于正家者,宜峻拒而痛绝之。"不管我们是否认同他的观点,那些内容总是儿童不宜的。

《清稗类钞》有"西洋贡铜人"条,说乾隆年间"西洋某国贡铜伶十八人,能演《西厢》一部"。什么"人长尺许,身躯耳目手足悉以铜铸成,心腹肾肠皆用关键凑结",拧拧钥匙,张生、莺莺、红娘便"能自开箱加衣,身段交接,揖让进退",说得太玄。但著名的《西厢记》传奇,不要说原汁原味的里面脏话、粗话连篇,就是王丹凤、冯喆后来主演的电影,内容也并不适宜儿童。

《郎潜纪闻初笔》载,洪昇著《长生殿传奇》初成,"授内聚班演之",康熙皇帝很喜欢看,还"赐优人白金二十两"。于是"诸亲王及阁部大臣,凡有宴会,必演此剧,而缠头之赏殆不赀"。洪昇过生日的时候,给康熙演戏的原班人马亦演此剧来助兴,"名流之在都下者,悉为罗致",可惜百密必有一疏,请柬漏送了一个,结果人家生气了,气之余去告发了。告什么呢?洪家于皇太后忌辰设宴乐,大不敬。结果,"上览其奏,命下刑部狱,凡士大夫及诸生除名者几五十人"。这属另话,然同样著名的《长生殿》,儿童也没法理解吧?诸如此类,不胜枚举。

旧时儿童发蒙,《三字经》《百家姓》《千字文》之外,要背诵"子曰诗云",然而圣贤的内容恰恰是戏剧不能染指的。宋朝孔道辅出使契丹,"契丹宴使者,优人以文宣王为戏,道辅艴然径出",就因为道辅认为"俳优之徒,慢侮先圣而不之禁"。又如清朝,因为"优人演剧,每多亵渎圣贤",所以康熙皇帝"禁止装孔子及诸贤",雍正皇帝"则并禁演关羽"。俱往矣,当戏剧日渐远离大众娱乐之后,假如能令儿童怡然接受这种美育形式,那就不仅是培养人格了,而且对于传承传统文化亦功德无量。

2015 年 6 月 22 日

戏剧（续）

在潜移默化地传播传统价值观之外，戏剧某种程度上具有的是杂文的功能：辛辣，讽刺。

当然，只能说在某种程度上。你若跟我抬杠，例子也俯拾皆是。如《清稗类钞》之"伶人机警"条云，年羹尧率师出征，"朝士设宴为祖饯，演剧以佐觞"。点曲本的人没留意，里面有"瓦罐不离井上破，将军难免阵前亡"两句唱词。"及扮演登场，曲已过半，方猛然悟之，然已无及矣。点者不敢声。"这时演员救场了，他灵机一动，改为"瓦罐岂必井上破，将军此去定封王"，不吉利的成分来了个一百八十度反转，于是皆大欢喜，"座客击节，赏赉有加"。那个时候年羹尧还没倒台呢，戏剧在这个时候的功能实际上是见风使舵。

那些误打误撞的，自然也不能算是戏剧的杂文功能。《柳弧》载，江西以前有个姓梁的巡抚，"春酒赴宴"。入席坐定之后，发现台上演的是《刺梁》。但见"金鼓鸣时，一刺客掉臂而出，戟手指中丞，正面厉声大骂：'梁贼，梁贼！'"这个"刺梁"，刺的是梁冀，东汉大将军，清代传奇《渔家乐》中有此一折：渔女邬飞霞为报父仇，混入梁府，乘隙用神针刺死梁冀。故事当然纯属虚构，真实的梁冀为桓帝借宦官之力所诛杀。饶是彼梁非此梁，梁巡抚还是颜色大变，"拂衣而起，回署，负手徘徊，沉吟不已"，气坏了。此时，吓坏的新建、南昌两首县"已银铛伶人至求见"。跪了很久,老梁才传出话:"两县且回,优人放去,此后省中不许演剧。"像这一类充其量属于无心之失。

而戏剧的杂文功能也很早就已经显现。《国语·晋语》优施说:"我优也,言无邮。"韦昭注曰:"邮,过也。"钱锺书先生笺曰:"盖人言之有罪,而优言之能无罪。"同样的话,一般人说不行,伶人说是没问题的,有双重标准的意味。在生活中我们也能看到不少实证,如《梦粱录·妓乐》载,南渡以后,"凡有谏诤,或谏官陈事,上不从,则此辈妆做故事,隐其情而谏之,于上颜亦无怒也"。戏剧成了谏诤的一种方式,重要的是通过这种方式,不会有谁获罪。《万历野获编·优人讽时事》亦载,嘉靖初年,"议大礼,议孔庙,议分郊,制作纷纷"。这时,郭勋家的优人于一贵戚家演杂剧,扮作一个读书人到曲阜孔子家里去要饭,孔子不给,说:"近日我所享笾豆,尚被减削,何暇为汝口食谋,汝须诉之本朝祖宗。"于是到太庙先谒孝宗,不料孝宗曰:"朕已改考为伯(嘉靖明确孝宗不是自己宗法意义上的皇考,只是伯父),烝尝失所,况汝穷措大,受馁固其宜也,盍控之上苍?庶有感格。"读书人又去找玉皇大帝,玉帝说:"我老夫妇二人尚遭仳离,饔飧先后不获共歆,下方寒馁且休矣。"这一连串的告状,实际上"皆举时事嘲弄也",反映了当时的做法,所以看的人"一座皆惊散",看都不敢看了。在"议大礼"之争中,郭勋是站在嘉靖一边的,因而"闻之大怒",与此同时,他也怕惹祸上身,乃"痛治其优,有死者"。

认识到了戏剧的这一功能,其"双刃剑"的另一面也就露出了峥嵘:作为攻击的利器。陆游诗曰:"身后是非谁管得,沿村听唱蔡中郎。"但如我们所见,这种攻击未必一定发生在身后,即在身前也不妨碍撕破脸皮。

梁章钜《浪迹续谈》云:"世所演《荆钗记》传奇,乃仇家故谬其词,以诬蔑王氏者。"王氏,即王十朋,南宋状元。现存《荆钗记》的剧情是:钱玉莲拒绝巨富孙汝权的求婚,宁肯嫁给以"荆钗"为聘的温州穷书生王十朋。王十朋中状元后,因拒绝万俟丞相逼婚,被派往荒僻的地方任职,孙汝权暗自更改十朋家书为"休书",后母亦逼玉莲改嫁,玉莲投河遇救。最后,王、钱以荆钗为凭,终于团圆。这显然是在歌颂王、钱的爱情故事,而《荆钗记》有南辕北辙的另一版本:钱玉莲本娼家女子,在王十朋中状元后遭到抛弃,愤而投江。这该是梁章钜所云"撰传奇者谬悠其说,以诬大贤,实为可恨"。仇家如何结下的呢?《宋史·王十朋传》载:"史正志与浩族异,拜浩而父事之,十朋论正志倾险奸邪,观时求进,宜黜正志以正典刑。林安宅出入史浩、龙大渊门,盗弄威福,至是诈病求致仕,十朋并疏其罪。皆罢去。"《瓯江逸志》更直接,王十朋"为御史,首弹丞相史浩,乞专用张浚,上为出浩帅绍兴,又上疏言舜去四凶,未尝使之为十二牧,其謇谔如此,故史氏厚诬之"。《思益堂日札》说,明朝首辅申时行与王锡爵不合,也曾上演这出戏码,"王作《玉蜻蜓》以诋申,申作《红梨记》以诋王,两家门客所为,至今演唱"。也就是说,双方你来我往,各以其人之道还治其人之身,不是像王十朋那样束手就擒。

　　戏剧的功能说了这么多,其实都不如清朝戏剧大家李渔的概括精辟:"不过借三寸枯管,为圣天子粉饰太平",基本上属于拍马屁。因此,在李渔看来,剧情中"既有悲欢离合,难辞谑浪诙谐。加生旦以美名,既非市恩于有托;抹净丑以花脸,亦属调笑于无心。凡此点缀剧场,使不岑寂而已"。李渔那样说话,在如今一些人听来会有近乎"反动"的意味吧。

2015 年 6 月 25 日

土司

7月4日,正在德国波恩召开的第39届世界遗产大会上传来好消息:我国联合申报的湖南永顺老司城遗址、湖北恩施唐崖土司城遗址、贵州遵义海龙屯土司遗址获准列入《世界遗产名录》。入选的理由是,遗址反映了十三至二十世纪初期古代中国在西南群山密布的多民族聚居地区推行管理少数民族地区的政治制度,是该历史时期土司制度管理智慧的代表性物证。

土司制度,是民族学研究的一个重要领域。我在中山大学人类学系民族学专业读书时,记得除了"中国民族学概论"之外,课程还分列为"北方民族史"与"西南少数民族史"。无论哪一门,土司制度都是着重讲授之处。土司也称土官,是元明清时期中央政权于西北、西南地区设置的由少数民族首领充任世袭的官职。这种制度的核心是"以土官治土民",由早期的羁縻政策发展而来,到了土司出现,按等级划分为宣慰使、宣抚使、安抚使等武职,以及土知府、土知州、土知县等文职。这里的"土",对应的不是"洋",外国的或外国来的,而是"流",有一定任期、期满调任的官员。也就是说,土司土生土长,流官由中央政府从外地委派。著名的"改土归流"政策,就是将土司废除,改为朝廷中央政府派任官员,即流官。

本次申遗的三处遗址,都分布于多民族聚居的湘鄂黔交界地区,包括土司城、土司官寨、土司衙署、土司庄园和家族墓葬群等。报道说,这是从我国现存百余处土司遗址中,按照类型、规模、价值内涵、学术基础等方面进行研究之后遴选出的最具价值特征代表性,同时相互间整体组合又可共同体现土司职级体系、土司管理特点等社会文化完整背景,以及土司所处地理环境特征的三处,因此构成系列遗产进行申报。当然了,土司制度所涵盖的地域比这要广泛得多,多得多。《明史·土司列传》中,就分了湖广土司、四川土司、云南土司、贵州土司和广西土司,申遗的这三处充其量只占了湖广、贵州。《清史稿》更增添了"甘肃土司"卷。用乾隆大臣杨应琚的说法,"西宁土司计十六家,皆自明洪武时授以世职,安置于西、碾二属。是时地广人稀,城池左近水地,给民树艺,边远旱地,赐各土司,各领所部耕牧"。到清朝的时候,"俱就招抚",以原职世袭。这一制度很奏效,以为"今已百年,输粮供役,与民无异。惟是生息蕃庶,所分田土多鬻民间,与民错杂而居,联姻而社,并有不习土语者"。

土司制度出现于元。《元史·职官志》在记载"诸蛮夷长官司"说:"西南夷诸溪洞各置长官司,秩如下州,达鲁花赤、长官、副长官,参用其土人为之。"《元史·仁宗纪》则提到了土司世袭制:"云南土官病故,子侄兄弟袭之,无则妻承夫职。"因此,历史上也不乏女土司。前几年重庆出版社出版了《最后一个女土司》,讲述的是二十世纪前半叶康巴地区甘孜县孔萨家族女土司德钦旺姆的传奇故事。

在联合申遗的这三处土司遗址中,以我目前的阅读视野,贵州遵义海龙屯土司遗址的经历有相当惨烈的一面,那里曾经发生过"播州之役",属于被严酷镇压之后的遗存。

海龙屯所属区域,历史上叫作播州,"地主"为杨氏。唐僖宗的时候"杨端应募",杨家就开始世袭了,"历宋、元皆授世官,明室因之"。明洪武六年(1373)升为宣慰司。海龙屯是大本营,"所倚天险,飞鸟腾猿,不能蹯者"。据《明史·神宗本纪》记载,四川播州宣慰司使杨应龙是反了几次的,先是在万历十七年(1589),"万历二十二年(1594)冬十月己未,南京兵部右侍郎邢玠总督川、贵军务,讨播州宣慰使杨应龙"。再是万历二十五年(1597),"杨应龙叛,掠合江、綦江"。二十七年(1599)二月,"贵州巡抚江东之遣兵讨杨应龙,败绩"。直到二十八年(1600)春二月,前兵部侍郎李化龙总督川、湖、贵州军务,分八路进讨播州,才在是年六月攻克了海龙屯,杨应龙"与二妾俱缢",播州始平。结合《明史·李化龙传》,可以还原一些细节,甚至连杨应龙的对白都有,活灵活现。如闻抗诸路兵皆大败,应龙顿足叹曰:"吾不用(孙)时泰(应龙军师)计,今死矣!"《明史纪事本末》中有"平杨应龙"详细经过,讲得更为详细,当然也更神。城陷之际,应龙"提刀自巡垒,就四面火光烛天,彷徨长叹",甚至泣语妻子曰"吾不能复顾若矣",都不知这些场面、这些话给谁看到、给谁听到了。总之,"播自唐乾符中入杨氏,二十九世,八百余年,至应龙而绝。以其地置遵义、平越二府,分属川、贵"。海龙屯之成为遗址,显见是从那时开始。

三处土司遗址如今成为世界遗产了,难道仅仅如媒体渲染的意味着湖南、贵州"零的突破",意味着鄂西旅游业的提速发展吗?国家文物局副局长童明康在代表中国政府的发言中表示,申遗成功以后,中国政府将恪守《世界遗产公约》及其操作指南的规定,继续加强对"土司遗址"的保护、管理和监测工作,并将致力于改善遗产地民众的生活,让中国各民族传统文化得到继承和发展。申遗的实质意义,正在于后者。

2015 年 7 月 5 日

土司（续）

本次申遗成功这三处遗址，均是土司制度鼎盛时期的物质遗存，因为真实地保存了废毁后的遗存信息，所以反映了土司制度作用下特殊的山地城堡式聚落形态和社会组织特征。实际上，土司制度还有它的"非遗"一面。也就是说，正是通过土司制度，中央政权实现了对西南、西北地区长期、有效的管理，既保证了族群文化多样性的传承，也推动了各族群对统一国家的理解和认同。

土司制度的实质，用《明史》的话说，叫作"其道在于羁縻"。羁縻，笼络控制。《史记·司马相如传》中，相如有言："盖闻天子之于夷狄也，其义羁縻勿绝而已。"唐司马贞注释曰："羁，马络头（笼头）也；縻，牛韁（引车前进的皮带，一端套在车上，一端套在牲口胸前）也。《汉官仪》'马云羁，牛云縻'。"那么，这是个具有严重歧视色彩的词语确凿无疑，所以这样使用，在于统治者认为"夷狄之人贪而好利，被发左衽，人而兽心"，而究其根本，该是"文化中心论"作祟的典型表征。羁縻的历史相当悠久。《汉书·匈奴传下》中，西汉从内心就没有认为匈奴与自己平等，因此摆出高高在上的姿态："是故圣王禽兽畜之，不与约誓，不就攻伐；约之则费赂而见欺，攻之则劳师而招寇。其地不可耕而食也，其民不可臣而畜也，……其慕义而贡献，则接之以礼让，羁縻不绝，使曲在彼，盖圣王制御蛮夷之常道也。"这里谈羁縻,自然也有些自欺欺人了,卫青、霍去病等固然打了几个大胜仗,但西汉始终没有征服匈奴,也就是政权的触角并没有伸到人家那里。

土司,大抵是以"土"官"司"职之意吧。名称虽元代始见,然羁縻这种做法很早之前已经行其实也。《新唐书·地理志》载,唐朝一统之后,对北方如突厥、回纥、党项、吐谷浑,对南方如剑南、江南、岭南等地所谓蛮夷,均实行羁縻统治,"大凡府州八百五十六,号为羁縻云",其中,"大者为都督府,以其首领为都督、刺史,皆得世袭"。从行政管理上,看不出与土司有何种本质区别。宋朝因袭之。赵昇《朝野类要》云:"荆广川峡、溪洞诸蛮,及部落蕃夷受本朝官封而时有进贡者,本朝悉制为羁縻州。"元朝正式发展成为土司制度,换了种叫法而已。明朝"踵元故事,大为恢拓,分别司郡州县,额以赋役,听我驱调,而法始备矣"。但"土司"出现之后,"羁縻"也并没有退出历史舞台。《明史·地理志》云,"终明之世,……羁縻之府十有九,州四十有七,县六"。或者,土司为名,羁縻为实。

《旧唐书·徐坚传》载,唐睿宗时,"监察御史李知古请兵以击姚州(今云南西北一带)西贰河蛮,既降附,又请筑城,重征税之"。徐坚认为不该这样,"可以羁縻属之,未得同华夏之制,劳师远涉"。结果睿宗没有采纳,仍令李知古"发剑南兵往筑城,将以列置州县",结果,"蛮众恐惧,乃杀知古,相率反叛,役徒奔溃,姚、巂路由是历年不通"。土司制度未尝不可视为"妥协"的产物,没办法的办法,"其要在于抚绥得人,恩威兼济",强化对边疆地区的控制。不过,土司的领地相当于独立王国,虽由中央政府任命,"在万里外,皆赴阙受职",且有赋税以及进贡的义务,但土司在明朝时就"叛服不常,诛赏互见",海龙屯的经历已经形象地说明了问题。又如雍正时鄂尔泰所言:"苗、倮无追赃抵命之忧,土司无革职削地之罚,直至事大上闻,行贿详结,上司亦不深求,以为镇静边民无所控诉;若不铲蔓塞源,纵兵刑财赋事事整饬,皆治标而非治本。"所以,一旦条件成熟,改土归流成为必然。鄂尔泰的办法是,"计擒为上,兵剿次之。令其自首为上,勒献次之"。与此同时,"先治内,后攘外",我们先练好兵、选好将,使赏罚分明,将士用命。

有意思的是,"汉奸"一词正诞生于改土归流进程中。有人研究,二十四史中从《史记》到《明史》都找不到"汉奸"的使用。按照《汉语大词典》的说法,"汉奸"出自宋人王明清的《玉照新志》,说秦桧"既陷此,无以自存,乃日侍于汉奸戚悟室之门",然王珂先生通过对七个版本的《玉照新志》进行梳理,没有发现该词,且"悟室"乃女真皇亲国戚,与"汉"并无关联。余之上海古籍版确是"既陷金,无以自存,托迹于金之左戚悟室之门"。康熙中叶,贵州巡抚田雯于《黔书》中写道:"苗盗之患,起于汉奸。或为之发纵指示于中,或为之补救弥缝于外,党援既植,心胆斯张,跋扈飞扬而不可复制。"这个意思就很清楚了,那些与苗人相通且与清政府为敌的汉人,就是汉奸。后来的雍正皇帝认可了这一点,其谕四川等地督抚提镇:"然土司之敢于恣肆者,大率皆由汉奸指使。或缘事犯法、避罪藏身。或积恶生奸、依势横行。……倘申饬之后,不改前非,一经发觉,土司参革,从重究拟,汉奸立置重典,切勿姑容宽纵。"

像土司制度一样,"改土归流"也是一种历史必然。但土司制度作为一种非物质文化遗产虽然退出了历史舞台,还是应该为后世所重视,尽管对此种遗产"保护"已经毫不必要。

2015年7月8日

通州名迹

7月10日在《人民日报》参加一个评论方面的论坛,会毕特地去了一趟通州,准确地说叫作"回"了一趟。因为儿时寄籍顺义县南庄头村,虽不能说常去通州,但到过的次数也相当之多。彼时由家人骑着自行车带往,一旦上了运河桥,一座古塔兀地出现在不远的左前方,剪影的天际线十分清晰,于是知道通州马上要到了,即前人所谓"一支塔影认通州"。关于通州,先前都是感性认识,比如自小"运河、运河"地叫着,全然没有意识到那就是京杭大运河的一端,而"通州"即得名于"漕运通济"之意。前些年修建的运河公园,其"帆影广场"有不少浮雕,再现的就是运河当年繁华的情景,但运河公园中并无古迹可寻。

在我的记忆里,通州史迹也只是古塔和李贽墓。

从南庄头这边去通州城,路过今日大名鼎鼎的宋庄,不仅必能看到古塔,而且还要经过塔下。彼时仰望之,但觉高耸入云。明朝叶权看到广州越秀山上的镇海楼时,大约就是这种感觉,不是他说的"广城佳致当以五层楼为最",而是"重檐叠槛,高逼霄汉"。镇海楼今日仍在,早已辟为广州博物馆,实地看过之后你可能会发笑:这么矮也敢用霄汉一类的字眼来比拟?但恐怕还不能就此断言古人如何夸大其词,参照物变了,可用爱因斯坦的相对论来解释吧。彼时总要盯着塔上生长的一棵小树,惊诧于是怎么种上去的,为什么要种。当然了,那一定是飞鸟衔籽的功劳,但塔顶的土壤何来?此番原拟至塔前看那小树健在与否,不料塔的周边早为工地所包裹。连片"开发",工地太大,无论于哪个边缘对塔都属于远眺。殊为可惜的是,早没有当年远眺时的鹤立鸡群、一塔擎天,而是可怜巴巴地蜷缩于不城不乡的各类建筑之中,以至于不由得明知故问:是那个塔吗?

在运河公园看导游图指向,才知那塔原来正是燃灯佛塔。何谓正是?盖明朝《帝京景物略》"畿辅名迹"中,属于通州的有两个,其一即"燃灯佛塔"。书中云:"塔级十三,高二百八十尺,围百四尺,中空,供燃灯古佛。"燃灯佛,过去佛中之最著名者,佛经说他生时身边一切光明如灯,因此而得名。论资历,深于释迦牟尼,后者前世为菩萨时,燃灯佛曾为之授记,预言他将来必能成佛。通州燃灯佛塔始建于北周宇文氏政权,"塔有碣,楷书",写着呢。此外,"塔别存石一方,唐贞观某年,尉迟敬德修。又一方,元大德某年,笃烈图述再修",连历代的修葺情况都有明确记录。"杲杲天边日,长明劫外灯。"至少在乾隆时候,"古塔凌云"已为通州八景之一。资料上说,北京大学未名湖畔当年兴建博雅塔时,其设计就参考了通州的燃灯佛塔。

对于通州的名迹,燃灯佛塔之外,儿时我还知道李贽墓,恰巧又为《帝京景物略》所提到。当年,倘若我们要从通州坐车进京,必经李贽墓,就在公路边不远。每当这时大人们就会说:快看,王八驮石碑。把喜欢负重的赑屃叫成王八,不知为何民间一概如此,甚至连毛泽东也不例外。在《我的父亲毛泽东》中,李敏就有一段在十三陵水库她与父亲关于"王八为什么驮石碑"的对话回忆。评法批儒的时候,因为李贽被划入法家队伍,记得家里订阅的某一期《人民画报》上有两个页码的李贽介绍,其中一帧图片就是李贽墓。

按《帝京景物略》的说法,李贽至少有两个怪癖:一个是"恶近妇人",再一个是"鼻畏客气"。前一个估计不大靠得住,因为佐证的只是其"无子,亦不置妾";后一个倒有可能,因为"客至,但一交手,即令远坐"。读书之外,李贽至少还有两个嗜好:扫地和洗澡。综合这些怪癖和嗜好,在我们看来李贽该是怪人,但当时有人认为他是妖人。李贽在《明史》中没有被单独立传,附属于《耿定向传》。说耿定向"尝招晋江李贽于黄安,后渐恶之,贽亦屡短定向。士大夫好禅者往往从贽游。贽小有才,机辨,定向不能胜也"。又说李贽为姚安知府,"一旦自去其发,冠服坐堂皇,上官勒令解任。居黄安,日引士人讲学,杂以妇女,专崇释氏,卑侮孔、孟。后北游通州,为给事中张问达所劾,逮死狱中"。他的老友马经纶对妖人说相当愤懑:"先生妖人哉?有官弃官,有家弃家,有发弃发,其后一著书老学究,其前一廉二千石也!"李贽就是由马经纶下葬的,对老友自然相当了解。不过照我看,还可以加上个"有命弃命"。李贽下狱后,"寻得其实,议发还籍"之际,他说:"我年七十六,作客平生,何归为!"遂以剃发刀自刭。然李贽在20世纪70年代中期备受推崇,他的《焚书》《藏书》得到重印,不在别的,恐怕只在他的"卑侮孔、孟"!真实的李贽,恐怕如释真程《吊卓吾先生墓》诗云:"区区肉眼谁能识,肉眼于今世几多。"全诗曰:"鸦鸣犬吠荒村里,木落草枯寒月边。三拜孤坟无一语,只应拍手哭苍天。踏破百年生死窟,倒翻千古是非窠。区区肉眼谁能识,肉眼于今世几多。"

有一个问题殊为不解:寄籍之时,通州叫作通县,但是村里人莫不呼之通州;前些年恢复旧名,且成通州区,如今我们却又叫它通县。这是怎样的一种文化逆反心理？

2015年7月13日

木兰

"唧唧复唧唧,木兰当户织。"脍炙人口的《木兰诗》早已家喻户晓。最近,喜剧演员贾玲女士在东方卫视一档真人秀节目中演绎成了"唧唧复唧唧,木兰啃烧鸡"。节目中,贾玲版花木兰身穿古装、嘴啃烧鸡走上舞台,接下来,这个国人心目中原本的巾帼英雄,变成了贪吃、不孝、胸无大志、贪生怕死的"傻大妞"。节目播出之后,引来了舆论的强烈抨击,几个号称"木兰故里"的所在,甚至要求贾玲道歉。

众所周知,木兰是文学作品里的人物,无论怎样追溯,可能都要归到宋人郭茂倩编纂的《乐府诗集》。那是一部收录汉魏到唐、五代乐府歌辞兼及先秦至唐末歌谣的诗集,其中有北朝民歌《木兰诗》,歌颂了木兰代父从军的故事。这该是木兰传说的根源。除此之外,关于木兰故事无论在当时的正史还是野史中都没有记载,只见于各地方志和诗词戏曲中,因此,木兰姓花、朱、魏什么的都有,也就不足为奇了。贾玲版木兰出来之后,非议贾玲之余,人们也不忘调侃那几个"木兰故里",比如首先站出来要贾玲道歉的"木兰故里"是河南虞城,接着是湖北黄陂,此外还有安徽亳州、陕西延安等等。木兰故事未必一定是文学虚构,它也许具有民间述史的性质,另如《孔雀东南飞》等,存在故里也有可能,问题在于认定的依据如何。现实中那些认定所依据的,或《木兰诗》中的片言只字,或方志所载,或所谓物质遗存。仔细看去,这三种依据实际上是相互关联的,因为与作品中的片言只字契合,便为方志编纂所采纳;因为被方志记载了,就有了相应的纪念性建筑及纪念仪礼。至于方志是否像族谱那样攀龙附凤,没人去理会。所以我早就在文章中说过,争抢名人故里并非今天这个讲"文化"时代的产物,而属于传统承继的一种。

清朝姚莹《康輶纪行》有一则"木兰生地时事考",按照书中的说法,"木兰,盖古武威(今凉州)人也,其从军事在孝文帝太和二十年后,宣武帝景明、正始年间"。姚莹所依据的,也是《木兰诗》,"旦辞爷娘去,暮宿黄河边""旦辞黄河去,暮至黑山头"那两句。在他看来,"详此诗意,是木兰之家去黄河仅一日,而所宿之黄河边去黑水亦仅一日,黑水距其家不过二日,非武威而何?"牵强与否不去计较,但不知道这条材料甘肃武威知道与否,不知道这一旦知道了该是好消息还是坏消息,因为在争抢"木兰故里"的队伍中尚无他们的影子。由此可带来的好消息是:以出土东汉铜奔马(1983年被确定为中国旅游标志)而自豪的武威,就此可以骄傲地凭借木兰再一次提升自己的文化内涵,重要的是带动相关文化产业生机勃发。但坏消息是:一旦如此,在争抢名人故里的乱哄哄队伍中又要从天而降新的一员。

不管是否文学作品中的虚构,木兰在唐朝的时候一定已经相当知名了。据说"孝烈将军"的封号就是唐高宗的御赐,唐代著名诗人中也有不少留下了关于木兰的诗作。如白居易有《戏题木兰花》:"紫房日照胭脂拆,素艳风吹腻粉开。怪得独饶脂粉态,木兰曾作女郎来。"杜牧有《题木兰庙》:"弯弓征战作男儿,梦里曾经与画眉。几度思归还把酒,拂云推上祝明妃。"唐朝中后期韦元甫的《木兰歌》,为《乐府诗集》与《木兰诗》并列收入,与《木兰诗》区别不大,相当于改写,全文如次:"木兰抱杼嗟,借问复为谁。欲闻所戚戚,感激强其颜。老父隶兵籍,气力日衰耗。岂足万里行,有子复尚少。胡沙没马足,朔风裂人肤。老父旧羸病,何以强自扶?木兰代父去,秣马备戎行。易却纨绮裳,洗却铅粉妆。驰马赴军幕,慷慨携干将。朝屯雪山下,暮宿青海旁。夜袭燕支虏,更携于阗羌。将军得胜归,士卒还故乡。父母见木兰,喜极成悲伤。木兰能承父母颜,却卸巾鞴理丝黄。昔为烈士雄,今为娇子容。亲戚持酒贺,父母始知生女与男同。门前旧军都,十年共崎岖。本结兄弟交,死战誓不渝。今也见木兰,言声虽是颜貌殊。惊愕不敢前,叹息徒嘻吁。世有臣子心,能如木兰节。忠孝两不渝,千古之名焉可灭!"韦元甫在《旧唐书》中有传,云其"以吏术知名"且"精于简牍"。然此番改写意义何在,收录的用意何在,均不能解。韦诗不仅没有任何创作可言,且每一同类叙事均与原文意境相差太远。"朝屯雪山下,暮宿青海旁。夜袭燕支虏,更携于阗羌"与"万里赴戎机,关山度若飞。朔气传金柝,寒光照铁衣",岂可同日而语?

"谁云生女不如男,万里从军一力担。"清朝董廷晋的句子,木兰故事的主题或曰精髓正在于此。前些年曾有好莱坞版动画片《木兰》,虽然添加了木须龙甚至爱情元素,但是这一主题并没有丝毫弱化。反观贾玲版木兰,主题莫名其妙地成了"吃亏是福"。嘴啃烧鸡之外,看到壮男同伴裸露上身便流鼻血等,相当的低俗和无聊。当下翻拍经典、恶搞经典成为一种风气,美其名曰解构,实乃黔驴技穷。无非是清楚自己那些端不上台面的东西无人问津,便借用经典的外壳。这该属于一种当代文化乱象。

2015年7月20日

女扮男装

"愿为市鞍马,从此替爷征。"木兰代父从军之所以能够成功,端在于她的女扮男装,而且 12 年间不露丝毫痕迹。因此,当其荣归故里,"脱我战时袍,著我旧时裳。当窗理云鬓,对镜帖花黄"之后,"出门看火伴,火伴皆惊忙:同行十二年,不知木兰是女郎"。记得早年教科书中的插图,就是女儿装扮的木兰从屋里现身,屋外那群身着铠甲的须眉相互间面带笑容地在窃窃私语。

女扮男装当然并非始自木兰。最早的,恐怕要上溯夏朝最后一位君主夏桀抢来的宠妃妹喜。《国语·晋语》曰:"昔夏桀伐有施,有施人以妹喜女焉。"妹喜相当漂亮,"眉目清兮。妆霓彩衣,袅娜飞兮。晶莹雨露,人之怜兮"。可是,就是这个相当漂亮的妹喜,有三个——其中两个可归为极其不良的癖好:第一个是她爱看人们在规模大到可以划船的酒池里饮酒。这是刘向《列女传》里说的,"为酒池可以运舟,一鼓而牛饮者三千人",如果看到有"醉而溺死者",妹喜就更高兴了,竟至于"以之为乐"。第二个是她爱听撕裂绢帛的声音。这是皇甫谧《帝王世纪》说的,"妹喜好闻裂缯之声而笑,桀为发缯裂之,以顺适其意"。《红楼梦》里的晴雯好撕扇子,疑雪芹先生构思这个人物时脑袋里正摇晃着妹喜的影子。妹喜的第三个癖好就是喜欢戴男人的帽子。这是《晋书》里记载的,"妹喜冠男子之冠"。《列女传》里就已经说了,妹喜"女子行,丈夫心,佩剑带冠"。这身打扮显然就属于女扮男装了。

《晏子春秋·内篇杂下第六》也讲到了女扮男装。"灵公好妇人而丈夫饰者,国人尽服之",但灵公大概喜欢"独乐乐"吧,一旦大家都仿效,便下了禁令:"女子而男子饰者,裂其衣,断其带。"然而,"裂衣断带相望而不止"。看到这一段,很容易让人想到当年神州大地大剪时髦男女青年喇叭裤的情景。灵公奇了怪了:"寡人使吏禁女子而男子饰,裂断其衣带,相望而不止者,何也?"晏子回答,你自己可以这样,不准百姓这样,"犹悬牛首于门,而卖马肉于内也",正人先正己试试?果然,灵公"使内勿服"之后,一个来月的工夫,"而国人莫之服"。

倘若遵从主流观点,把木兰故事发生时间限定为南北朝,则可发现同一时期正有女扮男装的成功事例。《南史·崔慧景传》载,南朝宋少帝景平年间,"东阳女子娄逞变服诈为丈夫,粗知围棋,解文义,遍游公卿,仕至扬州议曹从事"。娄逞不仅女扮男装,还借此谋得了公职。暴露之后,被"驱令还东",娄逞才"始作妇人服而去",自叹曰:"如此之伎,还为老姬,岂不惜哉。"为自己的境遇感到愤愤不平。

在宋人编纂的《太平广记》中,女扮男装被列入"人妖"系列,附于"妖怪"之后,表明了前人对这一举动的鲜明态度。娄逞之外,还有孟姬、黄崇嘏。孟姬是唐朝大将郭子仪亲信张誉的老婆,夫妇二人长得很像,所以"誉卒,汾阳伤之",孟姬"遂伪衣丈夫衣冠,投名为誉弟,请事汾阳",一做就做到了"兼御史大夫"。黄崇嘏是五代十国时的前蜀临邛人,因为失火入狱,但"他"很会写诗,"偶离幽隐住临邛,行止坚贞比涧松。何事政清如水镜,绊他野鹤向深笼"云云，赢得了蜀相周庠的赏识，召见之余，"即命释放"。不仅如此，周庠还推荐"他"摄府司户参军，黄崇嘏也颇有作为，"胥吏畏伏，案牍丽明"。只是因为周庠"既重其英聪，又美其风采"，想把女儿嫁给"他"，事情才穿帮了。崇嘏袖封状谢，仍赋诗一篇，"幕府若容为坦腹，愿天速变作男儿"云云，令周庠"惊骇不已"。

生活方面非常开放的唐人，女扮男装更不在话下。《新唐书·五行志》载，高宗设宴，太平公主"紫衫、玉带、皂罗折上巾，具纷砺七事，歌舞于帝前"。帝与武后笑曰："女子不可为武官，何为此装束？"太平公主，武则天的小女儿，"方额广颐，多阴谋"，则天常谓"类我"。太平公主可能也真的是有学其母夺取唐朝江山的用意，"玄宗以太子监国，使宋王、岐王总禁兵。主惎权分，乘辇至光范门，召宰相白废太子"；并且，"时宰相七人，五出主门下"。《旧唐书·舆服志》载，玄宗初，"从驾宫人骑马者，……或有著丈夫衣服靴衫"。1973年陕西清理唐高祖李渊第十五子李凤墓，其中的一幅壁画描绘了一个身穿男子服装，手捧包袱呈行进姿态的女子形象。

晋人傅玄说："妺喜冠男子之冠，桀亡天下；何晏服妇人之服，亦亡其家。其咎均也。"认为无论是女扮男装，还是男扮女装，都是一种不正常的预兆。干宝这样阐释："男女之别，国之大节，故服物异等，贽币不同。"穿混了，就意味着祸事。所以《旧唐书》说开元以来，"太常乐尚胡曲，贵人御馔，尽供胡食，士女皆竟衣胡服，故有范阳羯胡之乱，兆于好尚远矣"。甚至连鞋穿"错"也是这样，《晋书》云："初作屐者，妇人头圆，男子头方。圆者顺之义，所以别男女也。至太康初，妇人屐乃头方，与男无别。此贾后专妒之征也。"诸如此类，当然尽皆无稽之谈，然了解之，足以从侧面一窥前人的"三观"。木兰形象以其孝的浓烈一面,压制住了人们可能的非议吧。

2015 年 7 月 24 日

垂帘听政

网上看到一篇文章《〈命中注定〉:垂帘听政的冯小刚》,说是《中国新闻周刊》刊载的。《命中注定》是一部电影,著名导演冯小刚任监制。文章的核心观点是"监制大过了导演太多",因为冯小刚"轻而易举地把《不见不散》《非诚勿扰》等自己熟悉的手法和桥段,大动声色地移植到这部电影当中"。因而《命中注定》成了"冯小刚垂帘听政的、平静的爱情片和风光片"。

那电影上周已在全国公映,我还没看过,但想先钻一下牛角尖:"垂帘听政"用得殊为不当。"垂帘",放下帘子,指的是闲居无事。《宋书·顾觊之传》载,觊之为山阴令,"理繁以约,县用无事。昼日垂帘,门阶闲寂"。《清波杂志》里有宋高宗自道:"朕性不喜与妇人久处,早晚食只面饭、炊饼、煎肉而已。食罢,多在殿旁小阁垂帘独坐,设一白木卓,置笔砚,并无长物。"当然,并非闲居而且"有事"的也不乏,如十国时"淫泆无度"的南平国君高保勖,不会没事干吧?但他"日召娼妓集府署,择士卒壮健者令恣调谑",然后"与姬妾垂帘共观,以为娱乐"。

"垂帘"和"听政"关联在一起,折射的则是一种政治生态,然而指的却是女后辅幼主临朝听政。就是说,帘子后面端坐着的,从来都是女人。如果代国君发号施令的是男人,那该叫摄政。

《礼记》早就说了:"昔者周公摄政,践阼而治。"周武王去世时成王尚在襁褓之中,为了政权的稳定,武王的弟弟周公乃代为主持国家事务。清朝最末一位皇帝溥仪,登基时只有三岁,就由他的爸爸载沣来摄政,虽然与此同时也有隆裕太后垂帘听政。

史上最有名的垂帘听政,自然非慈禧太后莫属。《清史稿·礼志》中专门辟有"垂帘仪",说六岁的同治嗣咸丰位,"御史董元醇奏请皇太后暂权朝政,称旨,命王大臣等议垂帘仪制"。方案拿出来后,懿旨犹谓"垂帘非所乐为,唯以时事多艰,王大臣等不能无所禀承,姑允所请"云,假惺惺地推让了一番。因为我们都知道,咸丰遗诏以载垣、端华、肃顺为首的顾命八大臣"赞襄一切政务",但慈禧发动"辛酉政变",毫不留情地举起了屠刀。同治死后,四岁的光绪被慈禧指定为继承人,王公大臣自然要"复请两宫皇太后垂帘",两宫皇太后自然又"悉准同治初成式"。慈安暴亡,慈禧"始专垂帘"。即便在光绪归政之后,"凡召见、引见",慈禧"仍升座训政,设纱屏以障焉",仍然操纵着国政。

垂帘听政不是慈禧的首创,像摄政一样历史堪称悠久,武则天就是一个著名实例。《旧唐书·高宗纪》载,高宗上元二年(675),"时帝风疹不能听朝,政事皆决于天后。自诛上官仪后,上每视朝,天后垂帘于御座后,政事大小,皆预闻之,内外称为'二圣'"。《大唐新语》云,张嘉贞刚刚作为人才被从地方举荐上来时,武则天"召见于内殿,隔帘与语"。这帘子显见透明,武氏因而得见"嘉贞仪貌甚伟,神彩俊杰"。插句闲话,宋朝丁谓有一次"于廉前诉之",过一会,有内侍卷帘曰:"相公谁与语?驾起久矣。"这样来看,帘子又并非透明。或者像今天影视剧中表现的审讯室玻璃窗那样,那面能看到这面,这面却看不到那面?回到唐朝,张嘉贞先是自谦:"臣生于草莱,目不睹阙廷之事。陛下过听,引至天庭,此万代之一遇。然咫尺之间,若披云雾,臣恐君臣之道,有所未尽。"这马屁可拍到了点子上,武则天曰"善"的同时,"遽命卷帘"。当然我们还都知道,武则天未几就把帘子彻底卷了起来,改唐的国号为周,自己做起皇帝。

宋朝的垂帘听政也有好几单。《宋史·仁宗本纪》载,真宗死时仁宗12岁,章献太后先"设幄次于承明殿,垂帘以见辅臣",接着与仁宗"同御承明殿垂帘决事"。仁宗亲政后"诏中外勿辄言皇太后垂帘日事",不解何意。而章献死时,按苏辙《龙川别志》的说法,"遗令册杨太妃为皇太后,且复垂帘",因为"士大夫多不悦。御史中丞蔡齐将留百官班争之,乃止"。执行遗令的吕夷简叹曰:"吾岂乐为此哉!仁宗方年少,禁中事莫主张者。"但这个时候仁宗已经23岁了,如苏辙所说,"然人主既壮,而母后听政,自非国家令典。虽或能整齐禁中,而垂帘之后,外家用事,亦何所不至?古今母后临朝,如宣仁后专奉帝室,不为私计,盖未有也"。仁宗崩,已经35岁的英宗"诏请皇太后同听政",可能是客套一下,结果"皇太后御小殿垂帘,宰臣覆奏事"。苏辙所推崇的,正是英宗皇后。其子神宗死后,立9岁的哲宗,以太皇太后身份临朝称制,复起用司马光等,恢复旧法。则苏辙之所推崇,带有鲜明的政治色彩。《续资治通鉴》载,范纯仁以国用不足,请再立常平钱谷敛散出息之法,司马光于帘前奏曰:"是何奸邪,劝陛下复行此事!"这话就是跟太皇太后说的了。

宋朝叶梦鼎说:"母后垂帘,岂是美事!"所以如此,在于不在其位而谋其政。然而在"家天下"的社会中,这却也是一种必然。今日一些领导干部退而不休,仍然抓住权力不放,像起首那篇文章一样,欲意拓展"垂帘听政"的外延乎?

2015年7月31日

黎平

8月7日到贵州黎平一游。来过贵州很多次了,却是首次踏上黔东南的土地。去年岁末,贵广高铁全线开通之后,从江成为入黔第一站。黔东南的"黎从榕",也就是黎平、从江、榕江,就此有了"回归"本省的感觉。当地人说,以前他们的用品供应更多是依赖广西桂林、柳州,因为从贵阳开车来这边,天不亮出发,天黑才能到;现在呢,还不到3个小时。再加上高速公路的先期开通,黔东南由交通最不便,一跃成为对外交通最方便的所在。

黎平在1985年即成贵州历史文化名城,这里的历史文化还有红色史迹的成分。遵义会议人们已经耳熟能详,然而在此会之前,还有不容忽视的黎平会议。1934年12月,长征中的红军占领黎平后旋即召开中央政治局会议,为次年1月召开的遵义会议进行了重要准备或可称为预演。主持会议的周恩来采纳毛泽东的意见,在行军方向及路线上做了重大调整:原定北上湘西,转向以遵义为中心的川黔边界行进。这一大政方针,决定了红军长征战略的重大转折。黎平会议会址在翘街之中。翘街于2011年入选"中国历史文化名街",整条街道顺坡势而建,因两头高,中间低,形似翘起的扁担而得名。走在翘街上,徽派风格夹杂本土特色的建筑样式,颇能感受到文化融合的魅力。

作为地名,黎平的出现只有600余年。侗族至今还传唱着一首略带戏谑性的古歌《盘门歌》:"先前楚王立五开,动了五开的官兵。先前叫作五垴寨,如今改叫黎平城。"明朝以前,黎平这一带叫作五开,侗语就是坐落在五个相邻山头上的寨子,译成汉语即五垴寨。一个名曰"五开洞蛮夷长官司"的地方政权,千百年来统治着这里的百姓。黎平得名于明朝永乐十一年(1413),成祖在思南、思州设置了包括黎平、新化二府在内的八大府,同时也奠定了贵州建省的基础。宣德十年(1435)并新化入黎平,治所迁至五开卫城,黎平始与五开在所指上重叠。为什么叫黎平?一说当年此地有里平江环绕,取"里平"的谐音;一说取"黎民平伏"的寓意。也许是后者流露出的歧视色彩吧,时至今日,湘黔桂三省区交界传统村寨的侗家人仍然拒绝接受,仍然以"五开"指代"黎平"。

　　黎平历史中最值得记忆的一笔,或许是它在改土归流中扮演的重要角色。黎平崇山峻岭间主要生活着侗、苗、瑶、水等少数民族,土司制度必然应用其中。新化并入黎平之时,黎平"领长官司十三",上面提到的潭溪长官司是为其一,此外还有八舟长官司、曹滴洞长官司、古州长官司等。《清史稿》载:"明洪武四年,以石平禾为潭溪长官司。传至石玉柱,顺治十五年,归附,仍准世袭。"这就是说,潭溪土司为石姓,一脉相承的历史相当悠久。清雍正四年(1726),巡抚云南兼总督事鄂尔泰奏言:"欲安民必先制夷,欲制夷必改土归流。"改土归流当然并非始自鄂尔泰,他自己也说了:"前明流土之分,原因烟瘴新疆,未习风土,故因地制宜,使之乡导弹压。"但经过鄂尔泰的力推,改土归流取得了实质性的成效,其中黎平扮演的角色正有排头兵的意味。

　　鄂尔泰的奏言,得到了雍正的高度赞同,被委派总督云、贵、广西三省,他的一个得力助手叫作张广泗。鄂尔泰"讨乱苗,以广泗佐其事,奏改调黎平",张广泗任黎平知府,着手推进改土归流。综合《清史稿·鄂尔泰传》与《张广泗传》,可知张广泗的手段无非招抚与镇压两途。雍正五年(1727),张广泗擢贵州按察使,开始推进全省的改土归流。六年(1728),"广泗率兵赴都匀、黎平、镇远、清平诸地化导群苗,相机剿抚",亦因此而"超授巡抚"。七年(1729)三月,"广泗率师攻贵州丹江鸡沟生苗,破其寨,种人悉降。上下九股、清水江、古州诸地以次定"。八年(1730)五月,"招黎平、都匀等寨生苗内附"。剿与抚双管齐下,成效显著,"诸土司慑军威纳土,疆理其地,置郡县,设营汛,重定三省及四川界域,而诸土司世守其地,一旦归版籍,其渠诛夷、迁徙皆无幸",昭示了改土归流进程中相当惨烈的一面。

有趣的是,黎平本地侗族还有一首古歌《从前我们做大款》,此中"大款"应该与我们寻常理解的迥异,因为此歌是缅怀侗族吴勉起义的。《明史·太祖本纪》载,洪武十一年(1378)六月,"五开蛮叛,杀靖州指挥过兴,以辰州指挥杨仲名为总兵官,讨之";十八年(1385)十月,"楚王桢、信国公汤和讨平五开蛮",讲的都是这回事,两次讨的都是吴勉,头一回吴勉蛰伏起来,后一回属于东山再起,但最后吴勉父子"悉送京师"被害。《明史·诸王传》中也讲到,"铜鼓、思州诸蛮乱,命桢与信国公汤和、江夏侯周德兴帅师往讨。和等分屯诸洞,立栅与蛮人杂耕作。久之,擒其渠魁,余党悉溃"。《汤和传》则提到了汤家付出的代价,小儿子汤醴,"积功至左军都督同知,征五开,卒于军"。

土司遗址申遗成功之后,各地见存的土司遗迹或都将成为新的旅游景点。此行只到了肇兴侗寨,大量原始风貌依存,唯土司踪迹丝毫未见,是为很大遗憾。可能是行色匆匆之故吧。

2015 年 8 月 10 日

萤火虫

今天是农历七月初七,传统的七夕佳节。今年的这个七夕节,萤火虫受到了格外关注。前两天看到一篇文章说,临近七夕,网络萤火虫贩卖愈演愈烈,据江苏青环志愿者服务中心调查:淘宝网上有37个商家在出售活体萤火虫,店面汇总的叫卖萤火虫数量超过千万只,去年同期才有百多万。咦,怪了事了,七夕关萤火虫何事?

萤火虫是一种昆虫,它的腹部能发出黄绿色的光。古人早就关注到了,并借此抒发情感。《诗经·豳风·东山》云:"我徂东山,慆慆不归。我来自东,零雨其濛。果臝之实,亦施于宇。伊威在室,蟏蛸在户。町畽鹿场,熠耀宵行。不可畏也,伊可怀也。"周振甫先生这样翻译:我去东山,长久不能回来,我今从东方回来,小雨迷蒙落下来。瓜蒌结的子儿,也挂在屋檐边。地虱虫在室内爬,蜘蛛结网挂在门边。野鹿在场上回旋,萤火虫儿亮光妍。这么荒凉不可怕,它是让人更怀念。其中的"熠耀宵行",字面上一下看不出,指的就是萤火虫。熠耀,即萤光;宵行,即萤火虫。屈大均《广东新语》对此有细致的解释:"萤之类初如蛹,腹下有火,数日能飞者,茅根所化,为萤。其长如蛆,尾有火不能飞者,竹根所化,为熠耀。萤飞而熠耀行,故曰宵行。岭内秋夕萤始飞,广则夏秋俱见。熠耀四时有之。"

"微萤不自知是晚,犹抱余光照水飞。"萤火虫因为发光,诗意的想象之外,还被古人赋予了实用功能。众所周知,历史上有著名的"萤窗雪案"为勤学苦读之典。萤窗,说的是东晋车胤,"恭勤不倦,博学多通。家贫不常得油,夏月则练囊盛数十萤火以照书,以夜继日焉"。雪案,说的则是东晋孙康,也是因为穷,"常映雪读书"。不过,我们都知道那强调的是一种刻苦精神,真正实践起来未必行得通。映雪我曾经实践过。那是1980年的冬天,我在第一重型机器厂当门卫,每天工作六小时,三小时白班,三小时夜班。某个大雪覆盖的夜晚,月色亦好,忽然记起该典,遂走出岗楼,试一下正在钻研的"数理化自学丛书"。大出意料的是,但见页页白纸!不要说辨不清字迹,连字的轮廓都没有。古人难道用的是"大字本"?萤窗我没试过,但是康熙皇帝体验过。《东华录》载,康熙对典故有穷根究底的嗜好,比如他对"唐明皇焚珠玉于殿前"就觉得不靠谱,"珠可焚毁,玉亦可焚毁乎?"关于囊萤,他说:"朕曾取百枚,盛以大囊照书,字画竟不能辨,此书之不可尽信者。"当代有人更实验证明,即使在满月时用囊萤补充照明,也至少需要近300只萤火虫才能勉强看清竹简上的字;而若要亮度相当于普通荧光灯,则需要10万只萤火虫。My God!车胤的"盛数十萤火以照书"确实太少了点儿。实际上,白居易留下的五首《放言》,第一首就说"草萤有耀终非火,荷露虽团岂是珠",虽其用意在于揭示"朝真暮伪何人辨,古往今来底事无",但间接否定了萤火虫那点儿光亮的照明。

七夕之外,每年全国夏季各地的萤火虫展览渐成燎原之势。大抵草地上放置着若干"蚊帐",把萤火虫"困"在里面供人观赏,慷慨的还把其中一部分"放生"。环保组织的一项调查显示,全国今年统计到的这类展览就已经超过 60 次。这么多萤火虫哪来的?基本上是从大自然中捉来的。我国第一位从事萤火虫研究的博士、华中农业大学植物科技学院副教授付新华,撰写过大陆第一份《活体萤火虫买卖调查报告》。据他透露,萤火虫人工繁殖的成本是每只 10—20 元,而野外捕捉的只要 5 毛钱一只,所以,"包括自称有人工繁殖基地的众多网络电商在内,野生萤火虫被以养殖名义进行贩卖"。当然,我们也不能苛责捕捉萤火虫以娱乐助兴的这种做法,因为也有前人的基因。

《隋书·炀帝纪》载,大业十二年(616),炀帝"于景华宫征求萤火,得数斛,夜出游山,放之,光遍岩谷"。隋朝的时候一斛等于十斗,一斗等于十升。虽然这里用的是量器而没有计数,然而以斗来量的"数斛",显示捕捉量也是相当惊人的。况且,无论古今,貌似对萤火虫"放生",而它们脱离了原来的生存环境,却可能无异于杀生。李商隐在《隋宫》诗中提及了这件事,恨恨地说:"于今腐草无萤火,终古垂杨有暮鸦。"这一"无"一"有",鲜明地揭示了荒淫亡国的历史教训。清朝李斗《扬州画舫录》载:"北郊多萤,土人制料丝灯,以线系之,于线孔中纳萤。其式方、圆、六角、八角及画舫、宝塔之属,谓之'火萤虫灯'。"不过,李斗又说,"近多以蜡丸爇之,每晚揭竿首鬻卖,游人买作土宜"。也就是说,扬州人后来找到了萤火虫的替代品。

专业人士认为,萤火虫的发光特性,原本是繁殖期求偶行为的一部分,如果在此期间遭到大规模捕捉,很可能影响其求偶和繁殖,给这一地区萤火虫种群带来毁灭性伤害。另外,萤火虫展览可能传播疫病、造成外来物种入侵等。所幸的是,如今越来越多的人在质疑、在抵制这种做法。"银烛秋光冷画屏,轻罗小扇扑流萤。"还是让诗情画意回归诗情画意,而不要演变成一场"生态灾难"吧。

2015 年 8 月 20 日

割肝

山西省运城市的一名幼儿在 7 个月大的时候被检查出患有肝硬化、肝积水晚期,其"80 后"母亲毅然割下自己的 200 克肝脏给孩子进行了移植。小家伙现在身体恢复得很好,母亲说:"希望更多的孩子遇到这个病时,父母都不要放弃,肯定有治的希望。"割肝,实际上是肝脏移植,指通过手术植入一个健康的肝脏到患者体内,使终末期肝病患者肝功能得到良好恢复的一种外科治疗手段。

史籍中常见割肝二字,却是截然不同的概念和行为。彼时所割之肝并非移植,以健康的来取代病变的,而是如药引般给病人服用。采取这种极端行为的目的是要使孝感动天,让老天爷出面解决问题。这种绝对荒诞不经的行为,按前人的说法,往往能带来神奇的疗效,例子数不胜数。此于宋元明清各拈一例观之。

《续资治通鉴长编》卷二六六,宋神宗熙宁八年(1075),德州言:"民宋靖刃左肋取肝啖父丙,久疾为愈。"

元陶宗仪《南村辍耕录》借杨铁崖所撰墓志铭,张扬父亲陶明元对宗仪奶奶的孝感。说"明元母病心痛,痛则拍张跳躅,啮床箦衾褥,号叫以纾苦楚,岁濒死者六七发,医莫能愈"。怎么办?"明元每搯心嚼舌,以代母痛",自然毫无效果。一天母亲病危,实在没办法了,明远祷告曰:"刲股割肝,非先王礼,在法当禁,某非不知也。今事急矣,敢犯死取一脔为汤剂,神尔有灵,疾庶几其瘳。"祷毕,正要操刀动手,"自外跃入"两名"天医",开了药方,"如方治之,药甫及口,而痛已失,终母身不再举"。

《明史·列女传》载,杨得安的女儿杨泰奴因为母亲的疫病老是不好,便"三割胸肉食母"。仍没效果,"一日薄暮,剖胸取肝一片,昏仆良久。及苏,以衣裹创,手和粥以进,母遂愈。母宿有膝挛疾,亦愈"。周祥的妻子张氏,"姑病,医百方不效",听说"人肝可疗",张氏乃"割左胁下,得膜如絮,以手探之没腕,取肝二寸许,无少痛,作羹以进姑,病遂瘳"。

清李斗《扬州画舫录》中的萧孝子也是如此,因为割肝疗母,他是被旌表了的,墓门上留下"奇孝可风"和"肝肠犹生"的石额。母亲朱氏病危,医药无效,萧孝子"号泣数昼夜,计无所出,为文告天,愿以身代"。又想"徒死无益,欲割肝和药,冀或得效。然不知肝之所在,自以手扪胸胁,仿佛其处,积思甚苦,恍惚闻神言人肝在左胁第几骨下"。萧孝子闻之大喜,"俟夜静磨利刃,焚香燃烛于庭",割了一片放在案上,"掩衣谢天"之后,再一看刚才那块肝没了,赶快"前划数寸下再力划之,左手启创,没腕入索,复得肝曳之出,再割一片衔口中。忽前所割者宛然在案上无恙,即并持奔药灶,置肝铫中,觅火索炭,欲然煮之",这个时候因为血流得太多,支撑不住了,"遂反身入寝室卧"。妻子俞氏接力,共同完成了救母之举。

诸如此类,不仅今天的人以之荒诞不经,有识见的前人其实也是这样。明初就有人指出:"子之事亲,居则致其敬,养则致其乐,有疾则拜托良医,尝进汤药。至于呼天祷神,此恳切之至情,人子之心不容已者。若卧冰、割股,前古所无,事出后世,亦是间见。至若割肝,残害尤甚。且如父母止有一子,割股、割肝或至丧生,卧冰或至冻死,使父母无依,宗祧乏主,岂不反为大不孝乎?"进而他认为,这是"愚昧之徒务为诡异,以惊俗骇世,希求旌表,规避徭役。割股不已,至于割肝;割肝不已,至于杀子。违道伤生,莫此为甚。自今卧冰、割股不在旌表之例"。这一段引文出自《山志》,在《明史》中也有,字句稍有不同。

《清史稿·孝义传》中有个孝子叫李盛山,"母病,割肝以救,伤重,卒",在是否旌表问题上,也能听到类似的声音。巡抚常赉疏请旌表,目的显然是要推个本地的典型,今天这类做法亦非罕见。但礼部认为此人"轻生愚孝,无旌表之例",不同意。最后雍正皇帝当了回和事佬,他说人命至重,"不可以愚昧误戕";尽管是尽孝道,也"不可以毁伤为正"。但是,"有司未尝以圣贤经常之道,与国家爱养之心,明白宣示",于是"愚夫愚妇救亲而捐躯,殉夫而殒命,往往有之"。出这种事了,"若不予以旌表,无以彰其苦志。故数十年来虽未定例,仍许奏闻,且有邀恩于常格之外者"。在他看来,"父母有疾,固人子尽心竭力之时,傥能至诚纯孝,必且感天地、动鬼神,不必以惊世骇俗之为,著奇于日用伦常之外"。所以,他现在"特颁训谕,有司广为宣示,俾知孝子节妇,自有常经,伦常之地,皆合中庸,以毋负国家教养矜全之德。倘训谕之后,仍有不爱躯命,蹈于危亡者,朕亦不概加旌表,以成激烈轻生之习也"。雍正的意思很明确:旌表就到李盛山为止,下不为例。

割肝救亲,如今在各地算得上此起彼伏,子女救父救母的,父母救子救女的,成功的不成功的,应有尽有。有人提出将此种行为归纳出"新二十四孝",这应当算是个馊主意。如我们所见,此割肝与彼割肝,名称相同而已,实无半点共通之处。明明是建立在医疗科学基础上的行为,为什么一定要去关联封建糟粕?

2015 年 8 月 26 日

北狩

第八期《紫禁城》杂志的封面专题是"北狩"。狩,打猎;北狩,到北方打猎。这一期正是讲清朝的几个皇帝在木兰围场秋狝的若干片段,木兰围场位于北京以北四百余公里的河北承德。秋狝,秋季打猎。不同的季节打猎古代有不同的称呼,秋狝之外,还有春蒐、夏苗和冬狩。

秋狝期间,皇帝并非观战,而是亲自上阵。《养吉斋丛录》云:"进哨行围,大驾亲御弓矢,殪猛兽。兽或负创而逃,则命一二侍卫逐之,踰越岩谷,或舍马徒步,必得以归献。"在这一期《紫禁城》中,就有清人所绘乾隆皇帝刺虎图、殪熊图、击鹿图、射狼图、弋凫图、落雁图等,但凡弓矢在手,天上的、地下的、水里的,就无能幸免。当然了,皇帝这种一显身手伴有大量前提条件。《啸亭杂录》"木兰行围"条记载得比较详细。蒙古、喀尔沁等部落,"年例以一千二百五十人为虞卒,谓之围墙,以供合围之役"。什么是合围呢?就是先用人形成一个包围圈,"纡道绕出围场之后,或三十里、五十里、以及七八十里",圈住什么动物算什么动物;然后慢慢缩小包围圈,直到"虞卒皆马并耳,人并肩"的程度,于是,在"扈从大臣、侍卫及亲随射生手、虎枪手等拥护"之下,皇帝出马了。如果圈住了老虎,则"俟上看殪虎毕,然后听敕而行"。

统计数据告诉我们,康熙皇帝来过木兰围场 41 次,举行秋狝大典 38 次,累计进出 1079 天,期间猎获虎 135、豹 25、熊 20、猞猁狲 10、麋鹿 14、野猪 132、狼 96、鹿无数。乾隆皇帝来过 40 次,举行秋狝大典 39 次,进出 728 天,期间猎获虎 58、豹 3、熊 10、鹿无数。看完这些综合进行推断,皇帝秋狝大抵应该就是射鹿,刺虎殪熊、弋凫落雁什么的,夸示的成分居多。鹿的体型较大,好射,尤其是不具攻击性。"哨鹿"可资佐证。乾隆每于"黎明亲御名骏,命侍卫等导引入深山叠嶂中,寻觅鹿群。命一侍御举假鹿头作呦呦声,引牝鹿至,急发箭殪毙"。这里的"作呦呦声"即所谓哨鹿,以哨致鹿,"哨以木为之,引吻达气,低昂应声,鹿即随至"。

秋狝有一套仪式,比如"大驾将至,管行宫之大臣先至行宫辟除。一人鸣钲,诸色人闻钲声皆出。又驾未至行宫时,喇嘛于殿阶下席地梵诵,以袚逐不祥也"。在功能层面最重要的,在于它实际上是一次大规模的准军事演习,是皇帝检验国家最精锐部队战力、锻炼兵勇、保持满族崇武本色的艰苦操练。顺带还有对"扈从之王公大臣、侍卫等官"的考核,因为他们要"例于山庄宫门校射",成绩优胜者有奖,"王公大臣中三矢,赛马一缎一;四矢,加缎一;五矢,加缎二。侍卫等官中三矢,赍银十两;四矢,十五两;五矢,二十两",等等。康熙甚至在北狩中发现了乾隆的不凡,《啸亭杂录》"圣祖识纯皇"条云,乾隆小时候跟康熙去过一次木兰,"圣祖枪中熊仆,命纯皇往射,欲初围即获熊之名耳",想让孙子一射成名。不料乾隆刚上马,熊又站起来了,没死,"圣祖复发枪殪之"。康熙归谕诸妃嫔曰,这孩子"诚为有福",如果他走到熊跟前的时候熊站起来,该会怎样?因此他对小乾隆"益加宠爱,而燕翼之贻谋因之而定也",亦即乾隆日后登基在此已然铺垫。

不管夸饰与否,这毕竟是真北狩。历史上还有一种伪北狩,那是皇帝被敌国掳去北方,不知谁发明的自欺欺人的说法,如北宋徽钦二帝、明英宗"北狩"一类。真北狩展示的是威风凛凛的一面,伪"北狩"除了屈辱自然无从谈起其他。由宋人所编纂之《瓮中人语》《开封府状》《青宫译语》《呻吟语》等,可窥徽钦二帝"北狩"场面之惨烈及悲怆程度。当其时也,各种妃嫔姬妾、皇子皇孙一概要抓走,甚至连内夫人、优倡以及童贯、蔡京、梁师成、王用家声乐也不放过,"虽已出宫、已从良者亦要之"。《靖康纪闻》载,于是乎,"开封府散遣公吏捕捉,巷陌店肆搜索甚峻,满市号恸,其声不绝"。《南征录汇》转引《靖康遗录》云:"二帝之行也,不得相见。分为四处:上皇与泗、景、肃诸王;上与燕、越二王及皇太子;大长帝姬从郑皇后;帝姬、诸王从朱皇后;诸驸马别为一处,以铁骑驱拥而去。"给人家押走的,还"北狩"？撷取若干片段,可知路途之惨烈程度。《青宫译语》云:"诸妇未惯坐骑,纷纷坠马,欲速不前。"到达真定,"以朱妃、朱慎妃工吟咏,使唱新歌。强之再,朱妃作歌云:昔居天上兮,珠宫玉阙,今居草莽兮,青衫泪湿。屈身辱志兮,恨难雪,归泉下兮,愁绝"。《呻吟语》云:"到相州,固新所押贡女均乘牛车,车两人。夜屯时,宫亲贵戚车屯于中,民间车屯于外,房兵宿帐棚,人环其外。连日雨,车皆渗漏,避雨房兵帐中者,多蹦毙。"到中山,徽宗对守将大呼:"我道君皇帝,今往朝金帝,汝可出降。"诸如此类,真不知以"北狩"名之的人,面皮究竟有多厚。

留心可见,这类自欺欺人的字眼还有很多,反映的实际上是一种文化心理。到了这个时候才记起"尊严"二字,已经无关尊严,倒是与"肉烂嘴不烂"庶几近之。

2015 年 8 月 30 日

阅兵

9月3日,北京天安门广场举行了纪念中国人民抗日战争暨世界反法西斯战争胜利70周年阅兵仪式。

阅兵,检阅武装力量的一种形式。《春秋·桓公六年》有"秋八月,壬午,大阅",《穀梁传》这样解说:"大阅者何? 阅兵车也。"可见阅兵的历史在我国相当悠久。较早且规模也较大的阅兵,公认为是周武王时在牧野召开的誓师大会,史称"盟(孟)津之誓"。《史记·周本纪》云,武王九年,"上祭于毕。东观兵,至于盟津。……是时,诸侯不期而会盟津者八百诸侯"。这次阅兵实际上是一次灭商总动员,不过,虽然大家一致认为"纣可伐矣",但武王却认为时机未到。再过两年,纣"杀王子比干,囚箕子",武王才认为条件已经成熟,乃遍告诸侯曰:"殷有重罪,不可以不毕伐。"于是再次"师毕渡盟津,诸侯咸会",接着在牧野一举击溃纣王军队,商朝灭亡。在牧野战场上,武王"左杖黄钺,右秉白旄"。孔安国解释说:"钺,以黄金饰斧。左手杖钺,示无事于诛;右手把旄,示有事于教令。"那么,武王无疑视自己为正义的化身。

有人把春秋时"吴欲与晋战得为盟主"亦视为阅兵,牵强了。看看《国语·吴语》怎么说:"吴王昏乃戒,令秣马食士。……万人以为方阵,皆白裳、白旄、素甲、白羽之矰,望之如荼。王亲秉钺,载白旗以中陈而立。左军亦如之,皆赤裳、赤旗、丹甲、朱羽之矰,望之如火。右军亦如之,皆玄裳、玄旗、黑甲、乌羽之矰,望之如墨。"然而,万人着白、万人着红、万人着黑,整整齐齐地排列在那里不假,但不是用于自我欣赏,而是要作战,"既陈,去晋军一里"。所以,"昧明,王乃秉枹,亲就鸣钟鼓、丁宁、錞于振铎,勇怯尽应,三军皆哗扣以振旅,其声动天地",结果是"晋师大骇不出"。这种着装的整齐划一,古代打仗时常见描写。比如《水浒传》里的吕方、郭盛都手拿方天画戟,两人当初交手的时候,区别在于吕方人马一概穿红衣,郭方人马一概穿白衣。在黑泽明的电影《影子武士》里,我们还能看到这种场面,未知算否"礼失而求诸野"?

《晋书·礼志》中的阅兵,大抵已有今天的影子,但仍是演兵性质。"汉仪,立秋之日,自郊礼毕,始扬威武",这时首先要"斩牲于东门,以荐陵庙",然后,"武官肄兵,习战阵之仪……兵官皆肄孙吴兵法六十四阵"。这种情况"汉世率以为常",所以献帝建安二十一年(216),魏国有司奏:"古四时讲武,皆于农隙。汉西京承秦制,三时不讲,惟十月都讲。今金革未偃,士众素习,可无四时讲武。但以立秋择吉日大朝车骑,号曰阅兵,上合礼名,下承汉制。"这个建议马上得到了采纳,"是冬,阅兵,魏王亲执金鼓以令进退",此魏王自然是曹孟德。曹丕为魏王的时候,也曾"阅兵于东郊,公卿相仪,王御华盖,亲令金鼓之节"。曹氏父子之"挟天子以令诸侯",可从侧面旁证。"魏明帝太和元年十月,又阅兵",更是自然而然了。

从前的阅兵,除了演练往往还有检查实力或模拟战斗的意味,所以唐人薛存诚《观南郊回仗》诗,有"阅兵貔武振,听乐凤凰来"句。先以《新唐书》为例。《李靖传》中,唐高祖"武德四年八月,大阅兵夔州",目的是要进击所谓"梁"的"皇帝"萧铣。《张弘靖传》中,"弘靖自以谏不听,思自效,乃大阅兵,请身讨贼",这个贼就是勾结吴元济的王承宗。《郭子仪传》中,平定安史之乱后,肃宗在"拜子仪兵部尚书"之余,"大阅六军"。如此等等。

再以其他典籍为例。《旧五代史》记载梁太祖朱温曾多次阅兵。开平四年(910)十二月,"宴文武四品已上于宣威殿。亲阅禁军,命格斗于教马亭"。乾化元年(911)十月,"御城东教场阅兵,诸军都指挥、北面招讨使、太尉杨师厚总领铁马步甲十万,广亘十数里陈焉。士卒之雄锐,部队之严肃,旌旗之杂遝,戈甲之照耀,屹若山岳,势动天地,帝甚悦焉"。《续资治通鉴长编》载,宋太宗至道二年(996),"上初以方略授诸将,先阅兵崇政殿,列阵为攻击之状、刺射之节。且令多设强弩。及遇贼布阵,万弩齐发,贼无所施其技。"宋孝宗乾道四年(1168),"连三鼓,马军上马,步人撮起旗枪。四鼓举白旗,中军鼓声旗应,变方阵为备敌之形。别高一鼓,步军四向作御敌之势,且战且前,马军出陈作战斗之势。别高一鼓,各分归地分。五鼓举黄旗,变圆阵为自环内固之形"。诸如此类。清朝的皇帝里,大约以乾隆阅兵的次数最多,《清史稿·高宗本纪》中具体的记载,如其二十二年(1757)于南巡途中,在嘉兴、石门、杭州先后阅兵。四十二年(1777),在京城阅武楼阅兵,"命诸王、大臣、外藩蒙古及回部、库车、哈萨克使臣、金川土司等从观"。

"帐下万兵听号令,军中诸将肃威仪。"阅兵的功能,顾炎武《军制论》又提供一说:"大集伍而阅之,皆胜兵乎?不胜者免,收其田以新兵补之。五年一阅,汰其羸,登其锐,而不必世其人。"借此淘汰职业军人中不合格的那些,充实新锐。这一点,应该是古今阅兵的本质区别吧。

2015年9月4日

白露

9月8日是白露。白露是9月的头一个节气,在二十四节气之中排名第十五,标志着整个一年中昼夜温差最大。唐朝孔颖达云:"谓之白露者,阴气渐重,露浓色白。"当然了,这些变化在岭南不会有什么感觉,不仅白露,二十四节气大抵都与这里合不上拍。比如立秋过去一个月了,谚曰"一场秋雨一场寒",然而雨也下过几场,但广州用前人的"节过白露犹余热"也还远远不能达意,因为气温根本就和盛夏没什么两样。"十场秋雨要穿棉"就更有天方夜谭之感了,余落籍此地已整整30年,尚从未着棉。

露,即露水,是水汽遇冷凝结于草木土石上的水珠。在昼夜温差大一点的地方或时间段,露水是一种常见的自然现象。《诗·召南》有"厌浥行露,岂不夙夜,谓行多露",是说谁不想天没亮的时候就赶路?路上的露水太多嘛。天寒了,才会"露浓色白",这在我的故乡极其寻常。《诗·秦风》中有脍炙人口的"蒹葭苍苍,白露为霜""蒹葭凄凄,白露未晞""蒹葭采采,白露未已",按周振甫先生的解释,这里的白露并非节气名,而是真的白色露水。韩愈《秋怀诗十一首·其二》中,"白露下百草,萧兰共雕悴。青青四墙下,已复生满地"云云,说的也是这种情形。韩诗当然只是借用一下露水这种自然现象,通过"寒蝉暂寂寞,蟋蟀鸣自恣"来阐明"适时各得所,松柏不必贵"的道理。虽是正宗的"你方唱罢我登场",不过,非但没有"乱哄哄",反而十分遵从自然规律。

白露作为节气关联的自然与人文,《逸周书》里有个简介:"立秋之日,凉风至。又五日,白露降。又五日,寒蝉鸣。凉风不至,国无严政。白露不降,民多邪病。寒蝉不鸣,人皆力争……白露之日,鸿雁来。又五日,玄鸟归。又五日,群鸟养羞。鸿雁不来,远人背畔。玄鸟不归,室家离散。群鸟不养羞,下臣骄慢。"前人关于天人感应的那一套,还有传说中的玄鸟之类,姑妄听之可也,但天凉了进而冷了,"鸿雁来"及"群鸟养羞"却不会差。对身居南国的人们来说,目睹"鸿雁来"是种奢望。当此白露之际,不免记起儿时在华北平原的生活:每当听到雁鸣之声,往往便仰望天空,盯着南飞的大雁,虽然雁阵只有"人"字和"一"字两种,还是百看不厌。这样的情景现在不知道还能不能见到,因为一方面自然生态恶劣了,另一方面人的出手也相当之狠了,大雁其能幸免乎? 比方同样是飞来温暖地方过冬的禾花雀,所经地域从前些年起便遭到了层层捕杀,至于世界自然保护联盟已在2013年将禾花雀从"易危"级别提升至"濒危"级别,跟大熊猫一个待遇了。一份来自"让候鸟飞"公益基金的调研报告显示,广东地区持续多年的捕杀,是导致该物种濒临灭绝的重要原因。而广东人之所以如此,在于他们认为禾花雀"很补",所谓"宁食飞禽一两,莫食地下一斤"……

至于"群鸟养羞",是我们不难想象的情形。羞,同"馐",美食,李白《行路难》有"金樽清酒斗十千,玉盘珍羞值万钱"。那么,"群鸟养羞"是说冬天要到了,鸟儿们都知道把好的食物积蓄起来,准备过冬。关于"鸿雁来",法国导演雅克·克鲁奥德拍摄过一部感人至深的纪录片《鸟与梦飞翔》,我们可以借助镜头重拾往日的记忆,进而对大鸟们飞过湖泊、田野、沼泽、大海,飞越峡谷、雪山、城市、农村,还能产生相应的理性认识,加上角度绝美的画面,带有禅意的配乐,电影在震撼我们心灵的同时也在提醒我们:要保持对于大自然的关注和热爱。关于"群鸟养羞",在英国广播公司(BBC)拍摄的纪录片《地球脉动》中,可以一窥相当之多的细节。从南极到北极,从赤道到寒带,从非洲草原到热带雨林,再从荒凉峰顶到深邃大海,电影中拍摄到的难以计数的生物,无不以极其绝美的身姿呈现在世人面前。这又是一部难以逾越的经典之作。

  像二十四节气中的众多"兄弟"一样,白露也与农业生产有着千丝万缕的关联,这自然是由节气的"出身"所决定。如宋张知甫《可书》云:"浙人以白露节前后早晚得雨,见秋成之厚薄。如雨在白露前一日,得稻一分,前十日,得十分。白露后得之,则无及矣。"类似的表述,还有"白露白迷迷,秋分稻秀齐"等,意谓白露前后如果有雾,则稻穗易实。在一些地方,白露节气还产生了相应的民俗。如明初松江人顾禄《清嘉录·秋兴》载:"白露前后,驯养蟋蟀以为赌斗之乐,谓之秋兴,俗名斗赚绩。提笼相望,结队成群。呼其虫为将军,以头大足长为贵,青、黄、红、黑、白,正色为优。"按照家景星《斗蟋蟀记》的说法,"白露后开斗,重阳后止斗"。

  "悲秋将岁晚,繁露已成霜。遍渚芦先白,沾篱菊自黄。"唐代颜粲的《白露为霜》,则是借节咏怀了。唐诗中的此类作品,大约首推杜甫的《月夜忆舍弟》:"戍鼓断人行,边秋一雁声。露从今夜白,月是故乡明。有弟皆分散,无家问死生。寄书长不达,况乃未休兵。"节气只是一年当中的一天,人们根据自然规律赋予了标志性意义,因而任何节气都不免染上浓浓的人文色彩。

2015 年 9 月 11 日

北狩(续)

与宋朝徽钦二帝"北狩"性质完全相同的,还有明英宗。

单要是看正史的话,所谓"英宗北狩"就相当简略,屈辱嘛,但能回避恐怕也就回避了。《明史·英宗前纪》载,"瓦剌也先寇大同,参将吴浩战死,下诏亲征。……辛酉,次土木,被围。壬戌,师溃,死者数十万",在一堆有官衔的烈士之后,"帝北狩",然后是"郕王即位,遥尊帝为太上皇帝"。这就是著名的"土木之变"带来的后果。英宗"北狩"的细节如何?只能从正史的其他记载中探寻蛛丝马迹,或者干脆依赖野史,大致可以得到还原。

李贤《天顺日录》说到了当时战场上的情形。"寇复围,四面击之,竟无一人与斗,俱解甲去衣以待死,或奔营中,积迭如山"。明军已经没有战斗欲望,干脆摆出束手待擒的架势。倒是"幸而胡人贪得利,不事于杀,二十余万人中伤居半,死者三之一,骡马亦二十余万",但是"衣甲兵器尽为胡人所得,满载而还"。在李贤看来,"自古胡人得中国之利未有盛于此举者,胡人亦自谓出于望外,况乘舆为其所获,其偶然哉?"

《明史纪事本末》则说到了"师既败"后的情形,"上乃下马盘膝面南坐,惟喜宁随侍"。这时有个胡兵来剥他们的衣甲,"不与,欲加害"。英宗的形象气度终究是不同于士兵吧,该胡兵的哥哥制止说:"此非凡人,举动自别。"等见到也先的弟弟赛刊王,英宗泰然自若地问道:"子其也先乎?其伯颜帖木儿乎?赛刊王乎?大同王乎?"赛刊王闻言大惊,"驰见也先",说我的部下抓了一个人非常特别,该不会是大明天子吧?也先马上让两个出使过大明的人来辨认,二人见了英宗,大惊曰:"是也!"

《明史·袁彬传》记载了"北狩"路途上的若干情形。"土木之变,也先拥帝北去,从官悉奔散,独彬随侍,不离左右"。袁彬非常忠心,英宗"上下山坡,涉溪涧,冒危险",他一概"拥护不少懈"。进入沙漠地带后,英宗"所居止毳帐敝帏,旁列一车一马,以备转徙而已。彬周旋患难,未尝违忤。夜则与帝同寝,天寒甚,恒以胁温帝足",凄凉至极。

李实《北使录》,说的是景泰元年(1450)他作为使节去探望英宗的情形。过长岭,李实首先赋诗一首:"盘旋直上长安岭,遍览驱驰路转赊。遥忆上皇经过日,几番回首望京华。"设身处地,感叹一番英宗"北狩"时的悲凉。等见到了英宗,李实发现"上所居者围帐布帏,席地而寝,牛车一辆,马一匹,以为移营之具",仍然是随时准备转移。英宗抱怨自己来这里都一年了,"因何不差人来迎我回?你每与我将得衣帽来否?"李实奏曰:"陛下蒙尘,大小群臣及天下生民如失考妣。但房中数次走回人口,有言见陛下者,有言未见陛下者,言语不一。又四次差人来迎,俱无回报。因此,特差臣等来探陛下回否消息,实不曾戴得有衣服靴帽等物来。"英宗曰:"你每回去上覆当今皇帝并内外文武群臣,差来迎我,愿看守祖宗陵寝,或做百姓也好。若不来接取,也先说今人马扰边,十年也不休。我身不惜,祖宗社稷天下生灵为重。"

李实还打听到英宗的伙食,"也先每五日进牛羊各一只,以为上食,殊无米菜",因而奏曰:"昔陛下锦衣玉食,今服食恶陋不堪,臣有大米数斗,欲进。"英宗对此倒是不以为意:"饮食之类小节也。你与我整理大事。"李实又问:"王振一宦官尔,因何宠之太过,终被倾危国家,以致今日蒙尘之祸?"英宗这时的回答振聋发聩了:"王振无事之时,人皆不说。今日有事,罪却归于朕。"这种现象我们今天都毫不陌生。李实再赋诗一首:"重整衣冠拜上皇,忽闻天语倍凄凉。腥膻满腹非天禄,野草为居异帝乡。"有意思的是,"也先见中国无衅,滋欲乞和,使者频至,请归上皇",倒是明朝这边不大乐意。"大臣王直等议遣使奉迎",代宗很不高兴:"朕本不欲登大位,当时见推,实出卿等。"于谦劝他:"天位已定,宁复有他,顾理当速奉迎耳。"放心,帝位还是你的。李实、杨善先后被委任出使,如我们所见,李实空手而归,杨善把太上皇接了回来。按沈德符《万历野获编》的说法,"英宗北狩"之时也是有些壮举的,比如"也先欲进其妹,上坚拒之,迄不能强。圣主英概,处困不挠,奚止雪耻酬百王也!"

比徽、钦二帝命运稍好的是,"北狩"的朱祁镇一年后不仅被放了回来,他自然不会兑现"做百姓也好"的那个承诺,不仅不会,过了几年,通过"夺门之变"还终于复辟成功,重新当回皇帝,并恶狠狠地将"取代"他的景泰皇帝废除帝号,赐谥为"戾",称之"郕戾王",极尽嫌恶之能事。代宗也因此成为唯一一个没有被葬入帝王陵寝的明朝皇帝,他那个庙号,还是后来的南明小朝廷追认的。复辟成功,所以《明史》里又有了《英宗后纪》,也就是他在前面当了十四年,后面又当了八年。而徽、钦二帝则埋骨异乡,不要说复辟了,连故土也再没有踏上半步。

2015 年 9 月 13 日

消防

截至9月14日下午的统计数据,天津滨海新区"8·12"大爆炸中共有99名消防人员牺牲、5名失联,酿成新中国成立以来消防官兵伤亡最惨重的安全事件。

消防,救火和防火。有人考证,该词如同"革命""民主""政府"一样,也是日语中的舶来品,进入中国已是光绪二十八年(1902)五月,且与袁世凯有关。袁氏在保定创设了警务学堂,其《章程》规定:"救火灾别有专门操作,各国名为消防队。"未几,袁氏代表清政府接管天津"都统衙门",建立巡警总局,将救火队易名"巡警总局消防队"。"消防队"的名称,就此正式登上我们的历史舞台。

此前,历史上,相应的概念叫作潜火。宋朝刘昌诗《芦浦笔记》云:"州郡火政必曰潜火。"《续资治通鉴长编》卷二六二,宋神宗熙宁八年(1075)为防止造兵刃的斩马刀局工匠暴动,神宗有个批复:"旧东、西作坊未迁日,有上禁军数百人设铺守宿。可差百人为两铺,以潜火为名,分地守宿。"这个潜火铺,该是早期的专职消防队了,由禁军也就是皇帝的亲兵组成。与此同时还有军巡铺,前文《大火》所引《东京梦华录》已有道及:"(汴京)每坊巷三百步许,有军巡铺屋一所,铺兵五人,夜间巡警收领公事。又于高处砖砌望火楼,楼上有人卓望,下有官屋数间,屯驻军兵官余人",并且救火家什齐备,水桶、洒子、麻搭、斧锯、梯子等等。"每遇有遗火去处,则有马军奔报军厢主",然后"马步军、殿前三衙、开封府各领军级扑灭,不劳百姓"。欧阳修《归田录》亦云,仁宗庆历八年(1048)正月十八日夜,"崇政殿宿卫士作乱于殿前,杀伤四人",然后,正是"取准备救火长梯登屋入禁中",试图行刺皇帝。赖"宫人不对",刺客找不到仁宗的寝阁,仁宗才逃过一劫。在这里"救火长梯"被刺客利用成翻越宫墙的上佳工具。

凡火灾,非扑救不可,《宋史》中的"孝感灭火",尽管煞有其事,还是属于扯淡,什么"孝如严氏,事舅姑不失起居供馔之礼。舅丧未葬,因火沿屋,哭告于天,孝心有感,而火遂灭,无伤其棺"。宋朝人本来是极尊重火的。他们认为自己继承的是后周的江山,所谓受周禅;周为木德,木生火,所以宋是火德,色尚赤。就此,崇尚火神就成了宋朝的一个常态,著名书画家米芾还刻了一方"火宋米芾"的印章。与之相应的,是任何怠慢或者亵渎火神的做法都不被允许。仁宗时东京不下雨,知制诰胡宿也认为是祭礼火神不够,要到南郊告谢天地。宋人如此敬重火神,火神却并不领情。《宋史·五行志》里记载了许多火灾,以开封为例,就有"京师相国寺火,燔舍数百区";"京师建隆观火";"楚王元佐宫火,燔舍数百区,王自是以疾废于家";"荣王元俨宫火……延燔左承天祥符门、内藏库、朝元殿、乾元门、崇文院、祕阁、天书法物内香藏库";等等。南宋的时候,这种情况并没好多少,因为都城临安也是人口密集,所谓"城郭广阔,户口繁夥,民居屋宇高森,接栋连檐,寸尺无空,巷陌壅塞,街道狭小,不堪其行,多为风烛之患"。

《梦粱录》讲的就是南宋都城临安的防火,见"防隅巡警"条,也是采用设置军巡铺的做法,"以兵卒三五人为一铺,遇夜巡警地方盗贼烟火,或有闹炒不律公事投铺,即与经厢察觉,解州陈讼"。有趣的是,"遇夜在官舍第宅名望之家伏路,以防盗贼",保护重点人群。因为"以潜火为重",乃"于诸坊界置立防隅官屋,屯驻军兵,及于森立望楼,朝夕轮差,兵卒卓望,如有烟处,以其帜指其方向为号,夜则易以灯"。至于望楼的分布,一一列举,不厌其详,"曰东隅,有望楼在柴垛桥都税务南;曰西隅,有望楼在白龟池;曰南隅,有望楼在吴山至德观后;曰北隅,有望楼在潘阆巷内;曰上隅,有望楼在大瓦子后三真君庙前;曰中隅,有望楼在下中沙巷蜡局桥东塊;曰下隅,有望楼在修文坊内";等等。如遇消防问题,"帅臣出于地分,带行府治内六队救扑,将佐军兵及帐前四队、亲兵队、搭材队,一并听号令救扑,并力扑灭,支给犒赏;若不竭力,定依军法治罪",各司其职,赏罚分明。在"帅司节制军马"条还可看到浙西安抚司的具体做法。先是组建专门队伍,"各差官兵千人,各委统制官二员带行,……于城内四壁置隅,以备调遣"。城外也是这样,"各司再选精军三百人,各以统制官二员。……并照城内四壁约束,俱隶帅司节制"。再是配备救火器材,"如防虞器具、桶索旗号、斧锯灯笼、火背心等器具,俱是官司给支官钱措置"。于是乎,"遇有救扑,百司官吏,俱整队伍,急行奔驰劄遗漏地方,听行调遣,不劳百姓余力,便可扑灭"。如果救火军卒中有受伤的,则"所司差官相视伤处,支给犒赏,差医胗治"。

天津大爆炸中牺牲的尽是年轻的消防员。透过每次恶性事故之后消防官兵的伤亡,都有一种声音呼吁借鉴发达国家的做法,以消防职业化来取代现在的兵役化。消防是一个充满不确定性的高危行业,需要经验的积累,需要面对复杂严峻的救火形势时做出更为准确的分析与判断。在无数血的教训面前,这种声音值得引起重视。

2015 年 9 月 16 日

古罗马

9月19日清晨到罗马,香港直飞的航班,飞了12.5个小时。罗马时间与北京时间相差6个小时,罗马时间加6等于北京时间。因此,虽是19日凌晨0点15分起飞,到达罗马才只是早晨6点45分。尽管知道一点儿时差的知识,但在现实面前,那6个小时的"时间都去哪儿了",也还是觉得有些不可思议,至少是挺奇妙的感觉。

落地的是当代罗马,但仿佛来到了古罗马,因为举目所见当时的遗迹。当然,古罗马并非某个时间点,而是一个漫长的时间段。按《中国大百科全书》(简明版)的说法,古罗马是公元前10世纪初在意大利半岛中部兴起、公元1世纪前后扩张而成为横跨欧亚非三大洲的庞大帝国。4世纪,罗马帝国分裂为东西两部,西罗马帝国5世纪灭亡,东罗马帝国15世纪灭亡。那么,公元前10世纪到公元15世纪,大抵就是古罗马的跨度了。罗马城市的建立日期,传统认为是在公元前753年。不过,国人都耳熟能详一句俗语:"罗马不是一天建成的",这意思我们都很清楚,凡事需要脚踏实地,不可急功近利。然据说这句俗语出自英语典故——"Rome was not built in a day",意思是"罗马不是在一个白天建成的",而是由狼奶养大的两个兄弟在一个晚上建成的。究竟如何,且不计较,还是遵循我们都已经很清楚的用法。此行首先游览的斗兽场便始建于公元72年,又如万神殿建于公元前3世纪,重建于2世纪;君士坦丁凯旋门建于4世纪。如此等等。

在罗马城中游览,在比比皆是的宏大建筑之外,还随处可以看到真正的"废墟":或者是一处面积不小的基址,或者是一堵断垣残壁,或者就是几根孤零零的石柱。总之,有凡是当年的东西就一概保留的态势。苟如是,则不难感受到他们的文物保护概念,与我们的完全是两回事。在我们,古迹至少在某个方面要有保存价值,当然这只是理论上,实践中的不分青红皂白还是另外一回事。两种思路导致的直接结果,就是所谓"历史文化名城"样貌的全然不同。借用星星来比喻的话,他们的,城中的"历史文化"成分灿若星河,的确称得上是"城";我们的,则寥若晨星,仅仅是一种点缀,不刻意寻找的话可能发现不了。

古罗马在历史上与我们可能产生过交集。《后汉书·西域列传》中的"大秦国",被我们的专家学者认为就是古罗马。正史中是这么说的:"大秦国,一名犁鞬,以在海西,亦云海西国。"宏观方位上大致不差。"以石为城郭",就更像了。"列置邮亭,皆垩墍之",似乎也是那么回事。墍,饰也;垩,白土也。"人俗力田作,多种树蚕桑",恐怕出于想象,那里已经有蚕桑的话,还要丝绸之路干嘛?"皆髡头而衣文绣,乘辎軿白盖小车,出入击鼓,建旌旗幡帜",以及"其王日游一宫,听事五日而后遍。常使一人持囊随王车,人有言事者,即以书投囊中,王至宫发省,理其枉直",估计是"以所见知所不见",纯粹的想当然。至于"其王无有常人,皆简立贤者。国中灾异及风雨不时,辄废而更立,受放者甘黜不怨。其人民皆长大平正,有类中国,故谓之大秦",应用了我们独有的天人感应理论,更有以己之心度人之嫌。

该传还明确地说,汉桓帝延熹九年(166),"大秦王安敦遣使自日南徼外献象牙、犀角、玳瑁,始乃一通焉",只是"其所表贡,并无珍异,疑传者过焉"。古罗马向汉朝进贡?这种表述不值得惊讶,清朝的时候我们也还是"老子天下最大"那种思维,把正常的交往视为人家的臣服,遑论彼时?18世纪,英使马戛尔尼试图借为乾隆祝寿之机建立两国关系,谁知我们的人从上到下一概浑然不知"外交"为何物。166年的古罗马是安东尼王朝,皇帝是马克·奥勒略,这样来看"大秦王安敦"名堂上算是靠了一点儿谱。这一年,据翦伯赞先生主编之《中外历史年表》,罗马东征帕提亚的士兵将鼠疫带回罗马,死亡极多,多瑙河上游马克曼尼人自波西米亚、亚洲部族撒玛底人自黑海沿岸相继侵入罗马。而此前,安东尼王朝皇帝图拉真在位时,罗马帝国版图达到了最大规模:西起不列颠,东迄幼发拉底河,北越多瑙河,南抵北非。这个时候古罗马与西汉发生关系是可能的,然《西域列传》开篇所说:"武帝时,西域内属,有三十六国。汉为置使者、校尉领护之。宣帝改曰都护。"干脆让古罗马归过西汉管辖,不是不知从何说起的问题,而是实实在在的意淫了。

正如"罗马不是一天建成的"一样,罗马遗迹的保护也不是一天完成的。维托里安诺意大利统一纪念堂(il Vittoriano)落成于1911年,位于罗马市中心,漫步之时从许多角度都可以看到。然而紧贴着它,就有一处明显无论从气势还是颜色都明显"不协调"的遗迹存在。我们今天仍然看得到"地面"上的古罗马,显然得到了他们世世代代的接力保护,与我们的做法——后代总要千方百计地抹去前代痕迹——大异其趣。虽然我们的文明也曾相当辉煌,但是一睹实物要仰仗地下考古了,不要说秦汉时期,唐宋元的,除了为数极其有限的塔、庙之类,地面上还能见到什么?难道仅仅是因为古罗马的建筑石质、我们的建筑木构使然吗?肯定不是。

2015 年 9 月 27 日

拉奥孔

参观梵蒂冈博物馆的时候,见到了久仰的雕像——拉奥孔,就在庭院中一道弧形的廊下。馆中珍品数不胜数,导游说这尊雕像是镇馆之宝,这倒是先前所未闻。资料介绍说,雕像是1506年1月14日在圣母玛利亚主教堂附近一个葡萄园出土的。近前赏之,不足一米的距离,有不可思议之感。首先是此前从来不曾想到能与之谋面,其次是不懂艺术的人也感受到了它散发出的魅力。米开朗琪罗十四行诗中写道:"我的粗笨的锤子,把坚硬的岩石有时斫成一个形象,有时斫成另一个形象,这是由手执握着、指挥着的,锤子从手那里受到动作,它被一种不相干的力驱使着。但神明的锤子,却是以它惟一的力量,在天国中创造它自己的美和别的一切的美。"(罗曼·罗兰《米开朗琪罗传》,傅雷译)真的很难相信,如此细致入微的作品是用锤子斫出来的!

拉奥孔,古希腊特洛伊人,祭司。在著名的木马计故事中(斯威布《希腊的神话和传说》,楚图南译),拉奥孔警告特洛伊人不要接受希腊人故意留下的木马,肯定"有某种危险隐藏在木马里",言罢还用一根长枪刺入木马的肚子。雅典娜女神知道后,派出两条巨蛇直奔正在神坛上忙着做献祭的拉奥孔和他的两个儿子,"首先它们缠绕这两个孩子,用毒牙咬他们柔嫩的肌肉。这两个孩子痛得大叫,他们的父亲执着利剑奔来,它们又在他的身上缠了两圈"。梵蒂冈的这尊拉奥孔雕像,表现的就是巨蛇袭击三父子时那惊心动魄的一幕。三个因为痛苦而扭曲的身体上,所有的肌肉运动都已达到了极限,甚至到了痉挛的地步,表达出在痛苦和反抗状态下的力量和紧张。所以,雕像出土之后,震动一时,被推崇为世界上最完美的作品。

像其他神话或宗教故事中的主人公一样,拉奥孔也为各种艺术形式所大量表现。德国启蒙运动时期剧作家、美学家、文艺批评家莱辛所著的《拉奥孔》(朱光潜译本)是为其一,但他没有陈说故事本身,而是另辟蹊径,通过比较"拉奥孔"这一题材在古典雕刻和古典诗中不同的处理,来论证"画与诗的界限",如普鲁塔克所说,"它们在题材和摹仿方式上都有区别"。该书的标题便可一目了然,第一章:"为什么拉奥孔在雕刻里不哀号,而在诗里却哀号?"第五、六章分别为:"是否雕刻家们摹仿了诗人?""是否诗人摹仿了雕刻家?"至于原因和是否,有兴趣的人们可以自己去阅读。

钱锺书先生1962年写就的《读〈拉奥孔〉》,认为书中"所讲绘画或造型艺术和诗歌或文字艺术在功能上的区别,已成老生常谈了"。这个老生常谈,是相对于我们而言,我们的前人早已经讲过这些。钱先生不是凭空而论,而是照旧祭出他纵贯典籍的看家本领。比如支撑莱辛"功能上的区别"的核心论点是,绘画宜于表现"物体"或形态,而诗歌宜于表现"动作"或情事。类似的话语,晋朝陆机就已说过,"宣物莫大于言,存形莫善于画"。宋朝邵雍也说过,"史笔善记事,画笔善状物。状物与记事,二者各得一";以及"画笔善状物,长于运丹青。丹青人巧思,万物无遁形。诗画善状物,长于运丹诚。丹诚入秀句,万物无遁情"。当然了,钱先生并无意否认莱辛著作的价值成分,认为虽然陆机、邵雍他们把话说在了前面,但属于"浮泛地讲过",而"莱辛的议论透彻深细得多"。

但莱辛的"老生常谈"或"不够周到"之处,钱先生也一一列举。比如莱辛说,一篇"诗歌的画"不能转化为一幅"物质的画",因为语言文字能描叙出一串活动在时间里的发展,而颜色线条只能描绘出一片景象在空间里的铺展。这话没错,但不及我们的前人说得精辟。如宋朝苏轼记参寥语:"'楚江巫峡半云雨,清簟疏帘看弈棋'。此句可画,但恐画不就尔!"明朝张岱说:"如李青莲《静夜思》诗:'举头望明月,低头思故乡','思故乡'有何可画?王摩诘《山路》诗'蓝田白石出,玉川红叶稀',尚可入画;'山路原无雨,空翠湿人衣',则如何入画?又《香积寺》诗:'泉声咽危石,日色冷青松','泉声''危石''日色''青松'皆可描摹,而'咽'字、'冷'字决难画出。"如此等等。在钱先生看来,莱辛《拉奥孔》的核心观点,是承认诗歌和绘画各有独到之处,而诗歌的表现面比绘画"愈广阔"。《读〈拉奥孔〉》其中的核心观点呢?觉得应该是这句:考究中国古代美学的过程中,注意力不要给名牌著作垄断了去,"倒是诗、词、随笔里,小说、戏曲里,乃至谣谚和训诂里,往往无意中三言两语,说出了精辟的见解,益人神智"。无论如何,拉奥孔雕塑、《拉奥孔》著作与中国古人的议论发生了紧密关联,也是非常奇妙之事。

莱辛著作(人民文学出版社 1979 年 8 月第 1 版)前面的拉奥孔雕塑照片,猛看去与现实中的造型基本上一致,但仔细瞧瞧,还是有不小的区别:插图照片人物形象是非常完整的,梵蒂冈那里的则是残缺的,不仅拉奥孔本人残缺了右手,而且两个儿子一个残缺了右掌、一个残缺了右臂。那么,这个完整版的"拉奥孔"与残缺版的是一种什么关系?见存于哪里?要就教于识者了。

2015 年 10 月 5 日

青蒿

在这个国庆假期里,没有什么新闻比得上我国科学家屠呦呦获得诺贝尔奖更能激动人心的了。10月5日北京时间17时30分,瑞典卡罗琳医学院在斯德哥尔摩宣布,将2015年诺贝尔生理学或医学奖授予中国女药学家屠呦呦以及另外两名科学家威廉·坎贝尔和大村智。从那一刻起,屠呦呦便再次走上了国际学术大奖的领奖前台。所以说再次,是因为早在2011年,当美国拉斯克奖——生物医学领域仅次于诺贝尔奖的一项大奖——授予屠呦呦,以表彰她发现了青蒿素这种治疗疟疾药物的时候,普通国人便开始了解了屠呦呦,甚至掀起了一个关注热潮。青蒿素,这个专业领域里的专业名词,也就此走入了公众的视野。

屠呦呦说:"青蒿素是传统中医药送给世界人民的礼物。"信然。在传统的中医典籍中,"青蒿"与"疟疾"一直如影随形。东晋葛洪《肘后备急方》记载了他收集到的许多偏方,里面就有"治疟病方",其中之一说道:"青蒿一握,以水二升渍,绞取汁,尽服之。"明朝李时珍《本草纲目》有"青蒿"条,在"主治"的十种病症中也有"疟疾寒热"与"温疟(只热不冷,痰多)",治前者"用青蒿一把,加水二升,捣汁服"——大抵照抄葛洪;治后者

"用青蒿二两,在童便不(疑"不"为衍字)浸过,焙干,加铅丹半两,研为末,每服二钱,白开水调下"。屠呦呦在接受采访时毫不讳言,自己受了葛洪的启发而重新思考提取方法。当然,传统的东西未免泥沙俱下,比如《肘后备急方》中治疟疾的方子有不少,"取蜘蛛一枚,着饭中合丸吞之",听着便觉得胡扯不是?但是我们不能因此而否定中医的贡献。当青蒿素举世瞩目之后,有一种声音似乎要急于撇清其与中医药的关系:青蒿中不含青蒿素,青蒿素提取于黄花蒿;中医是汤剂,青蒿素在温度高于60℃度时完全分解,不可能对疟疾有任何治疗作用;云云。在这里,我赞同廖新波先生的观点:如果说由于是在黄花蒿中提取到有效成分青蒿素,所以就不承认它是源于青蒿和缘于青蒿在中医药史上的贡献的话,岂不是逐末舍本吗?

青蒿,菊科二年生草本植物,茎、叶可入药,嫩者可食。有趣的是,屠呦呦先生的名字,似乎先天地与其研究关联在了一起。呦呦,显然来自《诗·小雅·鹿鸣》,"呦呦鹿鸣,食野之苹""呦呦鹿鸣,食野之蒿""呦呦鹿鸣,食野之芩",这里的"蒿",朱熹释曰"菣也,即青蒿也"。按周振甫先生的译注:"呦呦"是鹿鸣的声音,所谓"见食相呼";"蒿"就不用说了,"苹""芩"也皆为蒿草类的植物,因此这三句起兴之语表达的是同一意思:鹿在呦呦地叫,吃野地里的蒿草。曹操《短歌行》对此全盘借用,"青青子衿,悠悠我心。但为君故,沉吟至今。呦呦鹿鸣,食野之苹。我有嘉宾,鼓瑟吹笙",连引《诗》中的两组成句,表达了自己求贤若渴的心境,抒发了其所颁发的《求贤令》这一政治文件中所无法抒发的情感。

青蒿的食用,相当于佐料。苏东坡在诗作里屡屡提及,"烂蒸香荠白鱼肥,碎点青蒿凉饼滑"(《春菜》),"渐觉东风料峭寒,青蒿黄韭试春盘"(《送范德孺》),等等。明朝宋应星《天工开物》"造红花饼法"条云:"带露摘红花,捣熟,以水淘,布袋绞去黄汁。又捣,以酸粟或米泔清。又淘,又绞袋去汁,以青蒿覆一宿,捏成薄饼,阴干收贮。"其"神曲"条云:"造者专用白面,每百斤入青蒿自然汁,马蓼、苍耳自然汁相和作饼,麻叶或楮叶包罨如造酱黄法。待生黄衣,即晒收之。"这里的"神曲",是一种发酵而成的曲剂,专作医药用途,主治"饮食停滞,胸痞腹胀,呕吐泻痢"等。所以称神曲,是为了与酒曲相区别。韩愈的一首《醉留东野(孟郊)》,更把青蒿上升到了一种文化意象:"东野不得官,白首夸龙钟。韩子稍奸黠,自惭青蒿倚长松。"郁郁不得志的孟郊,因为得到韩愈的推崇而诗名大振,韩愈的另一名篇《送孟东野序》,因此还代之提出了"不平则鸣"的核心观点。在《醉留东野》中韩愈自比"青蒿",以孟郊为"长松",自然是一种自谦,只是他在落笔之际不会想到,"青蒿"在后世比"长松"不知要"高大"几许。

屠呦呦回忆,当年选定青蒿作为研制抗疟特效药之前,她尝试了200多种中草药材,提取方式加起来380多种。青蒿被圈定后,选择最佳的部位又是数不清的试验,终于在实验室观察到青蒿素对鼠疟、猴疟原虫的抑制率达到了100%。一项特殊历史时期的有政治性质的任务,就这样转化成了全人类对抗疾病的灵丹妙药。毫无疑问,青蒿素的发现是集体协作的结晶,但屠呦呦起到了关键作用:用乙醚提取青蒿中抗疟有效成分的方法,突破了此前水煮法和乙醇提取法的瓶颈。据世界卫生组织前几年的一项统计,疟疾当前仍然是人类的最大杀手之一。以青蒿素为基础的复方药物,如今已是世界疟疾治疗的首选药物,"在全球特别是发展中国家挽救了数百万人的生命"(拉斯克奖评语)。作为青蒿素研发成果的代表性人物,屠呦呦获得国际科学界的赞誉,既是中国科学家得到的认可,也是中医药对人类健康事业做出巨大贡献的具体体现。

2015年10月7日

虾

"十一"长假期间,青岛因为"一只虾"令全国瞩目,可惜不是好事。事情始自10月5日四川肖姓游客爆料,说自己在青岛一家"家常菜"饭馆吃饭时遭遇"天价虾",点菜时问清楚了是38元一份,结账时却变成了38元一只。于是,那份共40只的"蒜蓉大虾",被索要1520元。同店里的另一位南京朱姓游客,也遭到了同样的境遇。游客报警后,辖区派出所民警先是认为属于价格纠纷,该找物价局;而物价局则又将皮球踢回给民警。民警便有了最终"协调"结果:先把钱付给人家。此事恰如导火索,青岛在这个长假中的种种不堪都被摆上了台面。人们心目中美丽的海滨城市,就这样被"一只虾"坏了声名。

辞书上说,虾是十足目中腹部发达能游泳生活种类的通称。必须得承认,虾是有些特别品种的,比如有的个头相当之大。唐段公路《北户录》有"红虾杯"条,云"红虾出潮州、潘州、南邑县,大者长二尺,土人多理为杯"。宋窦革《酒谱·饮器》亦云:"《南史》有虾头杯,盖海中巨虾,其头甲为杯也。"能用虾头的甲壳制成杯子,那得多大的家伙?此外,段著还对若干作品进行了爬梳,"大虾长一尺,须可为簪",有人用虾须制成"须杖"等等,俱可见到。再往前溯,裴松之注《三国志》引王隐《交广记》曰:"吴后复置广州,以南阳滕修为刺史。或语修虾须长一丈,修不信,其人后故至东海,取虾须长四丈四尺,封以示修,修乃服之。""滕修虾须",因此而成为识见不广之典,如与谢灵运并称"颜谢"的南朝文学家颜延之,文章中即有"徒以魏文大布,见刊异世;滕修虾须,取愧当时。故于度外之事,怯以意裁耳"。

  这些资料中涉及的虾,都属于巨虾,个头相当之大。这样的虾莫说 38 元一只,便是 380 元、3800 元也是可能的。但从网友发布的照片看,青岛的"天价虾"只是寻常餐桌上的那种,实在没什么特别,那么无须权威部门的所谓定论,当时就可归类为当下商家普遍存在的价格欺诈无疑了。

  资料中的那些巨虾大抵都有神话传说的成分在内吧,即便不是,下面这些则显见是。陶毂《清异录》记,某天"二三友来访,买得虾蟹具馔",闲聊之中,"语及唐士人逆风至长须国娶虾女事"。有个叫谢秉冲的说:"虾女岂不好?白角衫裹个水晶人。"令满筵无不开怀大笑。长须国使,出自段成式《酉阳杂俎》。大意为,武则天时,"有士人随新罗使,风吹至一处",那个地方"人皆长须,语与唐言通,号长须国。人物茂盛,栋宇衣冠,稍异中国。地曰扶桑洲",士人在那里被召了驸马。既然人人都有须,公主也不会例外。因此,士人虽"威势烜赫,富有珠玉,然每归见其妻则不悦",这是非常可以理解的。后来在国王的宴会上,"士人见姬嫔悉有须",就作诗一首:"花无蕊不妍,女无须亦丑。丈人试遣总无,未必不如总有。"国王见了哈哈大笑:"驸马竟未能忘情于小女颐颔间乎?"实际上士人对太太的长须始终不能释怀。由段著中我们还知道,长须国的国民都是虾精,王是虾王,公主是虾女。我疑心,《西游记》里的虾兵、蟹将就是受此种故事启发。广东一带方言称渔家女孩为虾女,黄谷柳小说《虾球传》中,自小生长在香港贫民区的主人公名字叫虾球,未知是否文化残存了。

长须国的故事虽然荒诞,但也未必凭空而来。比如《新唐书·东夷传》载,高宗永徽初,新罗"使者与虾蛦人偕朝。虾蛦亦居海岛中,其使者须长四尺许,珥箭于首,令人戴瓠立数十步,射无不中"。又说高宗咸亨元年(670),"遣使贺平高丽。后稍习夏音,恶倭名,更号日本。使者自言,国近日所出,以为名"。就是说,长须的虾蛦人实际上即日本人。今天的研究者一般认为,北海道的阿依努人正是虾蛦人的后裔。以愚意度之,神话中的"长须国"与现实中的"虾蛦人",应该存在一定的逻辑关联,前者正脱胎于后者也说不定。

仿生的原理吧,鞠躬行礼在从前每被称为"虾腰"。陈其元《庸闲斋笔记》"中西礼俗之异点"条云,孙家穀游历各国回来,说还是外国人的仪文简略,"见国王只须磬折致敬,无所谓拜跪也"。布国——未知所指——"以新战胜故,于礼节大为增加",也只是"见皇帝须三虾腰"而已。孙家穀的话,流露出对清朝繁文缛节的微词。陈著"用兵以气为主"条云,前数年,他曾"以编修从军,每亲出击贼",军中呼之为"武翰林",他说自己乃"文虾"耳。这是因为清朝称侍卫为"虾",新武进士入侍卫学习的,叫"拉虾"。《广阳杂记》亦载,王辅臣骁勇善战,"八王子以辅臣为虾";后辅臣没为仆,顺治皇帝找到他,"立授御前侍卫一等虾"。侍卫曰"虾",殊难理解。

成语有"虾荒蟹乱",指虾蟹成灾,将稻谷荡尽,以此作为兵乱的征兆。为什么呢?宋朝傅肱解释说:"吴俗有虾荒蟹乱之语,盖取其被坚执锐,岁或暴至,则乡人用以为兵证也。"青岛这"一只虾",既是积弊的爆发,同时也未尝不可视为一种征兆,预示着如果青岛方面不知耻而后勇,一定会就此输掉自己的城市形象。

2015 年 10 月 11 日

须

世界之大,趣事多多。当地时间10月3日,2015年世界胡须锦标赛在奥地利莱奥冈开幕。胡须锦标赛比什么呢?比造型。比赛项目分三个大类别:大胡子、胡子和部分胡子;三个大类别中又细分出十几种单项。来自世界各地的300多名参赛者报名参加了这项奇葩赛事。第一届,1991年在德国举办。

我们中国人胡须最漂亮的,不用比,该首推关羽关云长,那个"美髯公"的雅号已经道明一切。《三国志·蜀书·关羽传》载,马超来降,关羽不大了解他,就写信给诸葛亮,"问超人才可谁比类"。诸葛亮"知羽护前",这么回信:"孟起兼资文武,雄烈过人,一世之杰,黥、彭之徒,当与翼德并驱争先,犹未及髯之绝伦逸群也。"诸葛亮是说,马超这人呢,在以前跟黥布、彭越差不多,现在充其量能比肩张飞,跟你可就没法比了。髯,即指关羽。关羽的须髯漂亮,所以诸葛亮专挑他最得意的地方来指代其人。护前,意谓逞强好胜,不容许他人争先居前。关羽的那点儿小心机早被诸葛亮看透了,果然,"羽省书大悦,以示宾客"。《水浒传》天罡星里有个朱仝,完全是克隆版的关羽,"有一部虎须髯,长一尺五寸,面如重枣,目若朗星,似关云长模样,满县人都称他做美髯公",连绰号都照搬不误。

要么施耐庵已有偶像崇拜的情结,笔下不少人物都生活在前人的影子里,如小温侯吕方,"平爱学吕布为人,因此习学这枝方天画戟";类似的还有小李广花荣、病尉迟孙立;等等。要么呢,是施氏终归有些笔拙,为了让一百单八将个性鲜明,只好顺手牵来现成的东西。

关羽的须髯美到什么程度?如今随处可见的各种关二爷塑像大抵都有展示。书上说"髯长二尺",那是标准尺寸,大小塑像自然要因像而异,关公家乡——山西运城——火车站前广场的那座我看过,二尺的话就小得没法看了;而店铺里供奉的,往往塑像本身都还不到二尺,髯长也只有退上一步。不管多长吧,那种须髯就像京剧里老生的扮相,瀑布一样直下来的。与之相映成趣的则是虬髯,卷曲的。代表性的当推杜光庭传奇《虬髯客传》,就是"红拂夜奔""风尘三侠"的那个故事,其中一侠即虬髯客。隋末,其亦有逐鹿中原之志,及见到"神气清朗,满坐风生,顾盼炜如"的李世民,乃主动退出竞争。虬髯客也是有名字的,叫张仲坚,而杜光庭一口一个"虬髯客",显然是沿用了诸葛亮的做法。天然去雕饰,虬髯客倘在今世,大可径直去奥地利参赛了。

在日常生活中,关于胡须,不拘长短,留下了颇多趣事。

《清稗类钞·才辩类》载,王丹麓好客,云集了不少富家子弟。一天,有人说孔子没胡子,现在的塑像都弄错了。大家问他怎么知道的,他说《孔丛子》里面有嘛,子思告齐王曰:"先君生无须眉,天下王侯不以此损其敬。"这时王丹麓六岁的儿子说话了,那么孔子也没有眉毛吗?那人答不上来。俞樾《九九消夏录》提到某县学石刻圣贤图赞,因为孔子的弟子樊迟名须,就画了一个大胡子;梁鳣字叔鱼,就画他拿着一条鱼,"是可一大噱矣"。为啥要大笑,毋庸赘言了。

《清稗类钞·豪侈类》里还有这么个故事。顾威明的曾祖,明朝时"曾出银十万四千余两,置义田四万八千余亩,合郡皆食其德"。但是渐渐地,顾家衰落了,"至威明已馆粥不给矣",就在这时,"朝廷忽下所司尽还其产"。顾威明好赌,又酷好观剧,忽然面对这么多钱有些不知所措,"遂聘四方伶人演汤临川《牡丹亭记》"。但是演杜丽娘的那个演员不知什么原因"已蓄须矣",如果演,就提了条件:"俗语去须一茎,偿米七百,倘勿吝,乃可从命。"顾威明笑了,这种条件实属小事一桩。"即令一青衣从旁数之,计削须四十三茎,立取白粲三百石送其家。"饶是蓄了,也才只有43根,怪不得还能演杜丽娘了。

粤语俚语里有"老猫烧须",是说经验丰富的人有时也会出错。生活中,人之须被烧,也是常态。唐朝李勣已贵为仆射,姐姐病了还是亲自给她熬粥,因有"釜燃辄焚其须"。李勣要表达的是,姐姐年纪大了,我也老了,"虽欲久为姊粥,复可得乎?"姐弟之情,溢于言表。这是私域,公域里的模范则是北宋韩琦。其为定州帅,"夜作书,一侍兵执烛他顾,烛欹,燃公须"。韩琦没当一回事,继续写。并且他还担心那侍兵受罚,为之开脱。唐太宗时,授司农卿李纬为户部尚书。太宗让人问问房玄龄的看法,打听回来的人说,玄龄"但云'李纬大好髭须',更无他语"。太宗由是改授李纬洺州刺史,他明白玄龄的潜台词:不合适。玄龄为官之妙毕现无遗,既没说太宗用人不当,也没说李纬的能力与资质都不足,只说李纬有一把好胡子,其他尽在不言中,同样达到了进谏的目的。

到世界胡须锦标赛参赛的胡须,自然是艺术化了的胡须。看那些参赛者的各种胡须创意造型,不能不钦佩人家的创意,司空见惯的胡子竟然也可以做这么大的文章,至于能"走向世界"。时下我们在经济社会领域的方方面面都强调创新,生活中有无创意或是工作中有无创新的前提吧,基因嘛。

2015 年 10 月 18 日

聂隐娘

5月25日,侯孝贤电影《刺客聂隐娘》拿下了第68届戛纳电影节最佳导演奖。电影公映之后,舆论便对立为两极,举之者欲使之上天,按之者欲使之入地。这两天看了一遍,画面美、音乐动听是毋庸置疑的,但我仍然觉得侯孝贤还是回归其乡土题材的好。无论是谁,演绎这一类有原著作为铺垫的故事,都会吃力不讨好。因为了解原著的人将之与电影进行两相对比,几乎是一种本能和必然。

《刺客聂隐娘》显然出自《太平广记》所收裴铏之《聂隐娘》传奇,原是归入"豪侠"类的,是侯导称之为"刺客"。如此,在前提上便不免一比。因为"刺客"与"游侠",从前大抵不是完全等同的概念。《史记》中就分别有《刺客列传》和《游侠列传》,前者列了曹沫(刿)、专诸、豫让、聂政、荆轲,后者列了朱家、剧孟、郭解。在司马迁看来,刺客属于"此其义或成或不成,然其立意较然,不欺其志,名垂后世"的一类;游侠呢,"其行虽不轨于正义,然其言必信,其行必果,已诺必诚,不爱其躯,赴士之阨困,既已存亡死生矣,而不矜其能,羞伐其德"。二者均有一些共同的特性比如践诺、极强的责任意识,但用研究者的话说,刺客没有独立的地位,只能依附于权贵门下,成为政治权势的一种附庸,

"脱身白刃里,杀入红尘中"(李白《侠客行》),专为恩主去行刺之人;游侠则是轻生高气、急人之难、施恩而不求回报的另一种人。电影中,聂隐娘虽然依附于道姑师傅,去刺杀试图割据的表哥,依然介入了政治,名之曰刺客倒也恰如其分。然而就忠实于原著而言,还是应当在"豪侠"层面多进行演绎才是。

在故事的情节上也不免一比。应当说,电影在这一点上基本上是忠实原著的,许多观众抱怨听不懂那些文绉绉的台词,正是电影对原著照搬不误的缘故。比如电影里,道姑对聂隐娘说:"以后遇此辈,先杀其所爱,然后杀之。"传奇里,人还是杀了,就是隐娘回来得比较晚。尼大怒:"何太晚如是?"答:"见前人戏弄一儿,可爱,未忍便下手。"尼叱曰:"已后遇此辈,先断其所爱,然后决之。"又比如,电影里隐娘说:"我跟师父学剑,第一年,剑长二尺,刀锋利可刃毛。第三年,能刺猿狖,百无一失。第五年,能跃空腾枝,刺鹰隼,没有不中,剑长五寸,飞禽遇见,不知何所来。第七年,剑三寸,刺贼于光天化日市集里,无人能察觉。"传奇中是这样:"尼与我药一粒,兼令长执宝剑一口,长二尺许,锋利吹毛可断。逐令二女教某攀缘,渐觉身轻如风。一年后,刺猿猱百无一失。后刺虎豹,皆决其首而归。三年后,能使刺鹰隼,无不中。剑之刃渐减五寸,飞禽遇之,不知其来也。"几乎一模一样。当代观众听不惯这些,像当年对待电视剧《甄嬛传》一样,讥之为不说人话。所不能理解的是,《甄嬛传》催生了"甄嬛体",大家以模仿造句为乐趣,对《刺客聂隐娘》则完全义愤填膺。

《刺客聂隐娘》无疑提高了豪侠《聂隐娘》的立意,提升到了分裂不得人心的高度。《聂隐娘》开篇即道:"贞元中魏博大将聂锋之女也。"贞元是唐德宗的年号,安史之乱因藩镇割据而起,此后就成了一个顽疾,德宗便经历过"泾原兵变",像他的曾祖父玄宗一样要仓皇离京出逃。《刺客聂隐娘》中,道姑是深明大义之人,她指使隐娘行刺,奉行杀一人以救万人的理念。但在《聂隐娘》中,"(宪宗)元和间,魏帅与陈许节度使刘悟不协,使隐娘贼其首",纯粹是出于个人之间的恩怨,隐娘不过是被魏帅利用的一件工具。此外,电影中那个莫名其妙的磨镜人,在传奇里是聂隐娘的丈夫,其自己所择,干脆利落。某日,"忽值磨镜少年及门,女曰:'此人可与我为夫。'白父,父不敢不从,遂嫁之"。没有任何理由,就是非他不可,虽然"其夫但能淬镜,余无他能"。在电影中,磨镜人也得到了提升,首先是东瀛来客,其次在磨镜之外还武功高强,机缘巧合下救了聂隐娘,两位难以和人交流的孤独者于是惺惺相惜,最后走在了一起。为了更接近真实吧,扮演磨镜人的妻夫木聪本人也正来自日本。当然了,张友鹤先生在注释时对《聂隐娘》拔得更高:"聂隐娘学会本领之后,去刺杀无故害人的大僚,是符合人民愿望的。她以大将之女——封建统治阶级的身份,却自愿嫁与劳动人民——磨镜少年为妻,也反映了作者反抗当时门阀制度的思想。"(人民文学出版社,1982 年 4 月)饶是囿于时代局限,亦难免让人哑然失笑。

侯孝贤的电影我看过好多部,《恋恋风尘》《童年往事》《风柜来的人》《冬冬的假期》《悲情城市》等。那种成长的烦恼以及浓郁的乡土情怀,正如识者所云,留下了一个完整的作品序列,以至于若干年后我们必须从那里进入某个年代的台湾。我不明白侯导为什么要扬短避长。"七年磨一剑"为什么呢,去掉聂隐娘的神性还原其人性?"罽宾国国王得一青鸾,三年不鸣,有人谓,鸾见同类则鸣,何不悬镜照之?青鸾见影悲鸣,对镜终宵舞镜而死。""汝剑术已成,却不能斩绝人伦之亲。"或者是对观众普及若干格言警句?

2015年10月25日

獬豸

红黄相间的衣服、胸前五角星图案、火炬发型、黑框眼镜,身边一个象征司法公正的神兽獬豸……这是政法微信公号"长安剑"的主人"长安君"。长安剑于9月底上线,一个月已经吸"粉"数万,做法是基本保持每天发布一篇原创文章的频率,评论政法类热点事件。

选择獬豸作为政法领域的"吉祥物",倒是颇合这种俗称独角兽的动物的特性。说它是动物,实则子虚乌有,就像神乎其神的麒麟、凤凰一样。然而,尽管谁也没见过,并且连这东西像牛、像羊还是像鹿也说法不一,达成不了共识,但是丝毫不妨碍其活灵活现地存在于各种典籍当中。《金史·五行志》载,金熙宗皇统三年(1143)七月,"太原进獬豸及瑞麦",甚至还捉到了一只。当然我们都知道,彼时太原当局的用意当无秘密可言,胆子特别大、脸皮特别厚,仅此而已。从先秦到明清,獬豸的形象一直被视为监察、审计和司法官员执法公正的象征,不啻该领域最重要的标志性符号。比如,《淮南子·主术训》云"楚文王好服獬冠,楚国效之",表明春秋的时候,这种象征意义已然存在。再者,我们的事凡追溯起来,都可以溯至三皇五帝的时代。传说中有"中国司法鼻祖"之誉的皋陶就养了獬豸,专门用于断狱。所以李白曾经感慨"何不令皋繇(陶)拥彗横八极,直上青天挥浮云"。宋朝方勺《泊宅篇》亦云:"今州县狱皆立皋陶庙,以时祀之,盖自汉已然。"

獬豸如何和断狱关联在了一起呢?汉朝杨孚《异物志》这么说的:獬豸"性别曲直。见人斗,触不直者;闻人争,咋不正者"。就是说,见别人在争斗,就会用角去顶那个不正直的人;听别人在争论,就会去咬那个不讲理的人。杨孚持的是獬豸为羊说。杨孚故里今天属于广州市海珠区,就在中山大学旁边,尚有"杨孚井",相传即杨宅后花园水井,市级文物。因为獬豸能"别曲直",所以人们利用它的形象是对司法人员寄予了期望。《后汉书·舆服志》记载相关人员须戴"法冠"也就是獬豸冠,这种帽子"高五寸,以缅为展筒,铁柱卷",明确"执法者服之,侍御史,廷尉正监平也"。王充《论衡》对獬豸有一番精彩议论,他说獬豸乃"天生一角圣兽,助狱为验",因此"皋陶治狱,其罪疑者,令羊触之,有罪则触,无罪则不触"。但他接着认为,羊的特性就是用犄角顶,"徒能触人,未必能知罪人"。可是为什么皋陶还要依赖獬豸呢?"皋陶欲神事助政,恶受罪者之不厌服",你看,连獬豸都知道你有罪,顶你了,你还有什么不承认的?"欲人畏之不犯,受罪之家,没齿无怨言也"。毫无疑问,皋陶这是充分利用了时人的"三观"。

明朝的谢肇淛也不信獬豸断狱一类的说法,其《五杂组》云:"皋陶治狱不能决者,使神羊触之,有罪即触,无罪即不触。则皋陶之为理,神羊之力也。后世如张释之、于定国,无羊佐之,民自不冤,岂不胜皋陶远甚哉?"张释之、于定国皆西汉人,执法公正的典范,所谓"张释之为廷尉,天下无冤民;于定国为廷尉,民自以不冤"。不妨看两个张释之的经典案例。其一,某次文帝出行,有人突然从桥下走出,"乘舆马惊"。抓起来审问,那人说,知道戒严了,所以藏在桥下,"久之,以为行已过",实在是没想到啊。张释之当即以犯跸处以罚金,但是文帝怒了:"此人亲惊吾马,吾马赖柔和,令他马,固不败伤我乎?而廷尉乃当之罚金!"张释之说,法律就是这么规定的,"法者天子所与天下公共也。今法如此而更重之,是法不信于民也"。如果立法的时候规定,这种情况要"立诛之",那就没什么好说了,"今既下廷尉,廷尉,天下之平也,一倾而天下用法皆为轻重,民安所措其手足? 唯陛下察之"。其二,有人偷刘邦庙"坐前玉环"给抓住了,"文帝怒,下廷尉治"。张释之说,法律规定盗窃宗庙服饰器具之罪要奏报皇帝,判处死刑。文帝大怒曰:"人之无道,乃盗先帝庙器,吾属廷尉者,欲致之族,而君以法奏之,非吾所以共承宗庙意也。"他要的结果是灭族。然释之免冠顿首谢曰:"法如是足也。且罪等,然以逆顺为差。今盗宗庙器而族之,有如万分之一,假令愚民取长陵一抔土,陛下何以加其法乎?"

"乡中贺者唯争路,不识传呼獬豸威。"(唐卢纶句)无论如何,千百年来,獬豸已与相应的官职须臾不可分。宋朝群臣车辂之制有一项是:"其绯幞衣、络带、旗戟、绸杠绣文:司徒以瑞马,京牧以隼,御史大夫以獬豸,兵部尚书以虎,太常卿以凤,驾士衣亦同。"清朝御史和按察使等监察司法官员,一律戴獬豸冠,穿绣有"獬豸"图案的补服。谢肇淛说,獬豸这种神羊虽见于记载,但"其言诞妄,不足信"。这是肯定的,然"自楚文王服獬豸冠而汉因之,相沿至今,动以喻执法之臣,亦无谓矣",倒也不必这么愤青。隐喻、象征都失去的话,这世界未免也太单调了些。最有趣的,当推东坡寓言故事集《艾子杂说》讲到的獬豸。齐宣王问艾子獬豸是什么,艾子说完"处廷中,辨群臣之邪僻者",加了个"触而食之",然后又加了一句:"使今有此兽,料不乞食矣。"邪僻者太多,早就吃饱了。

2015 年 10 月 30 日

立冬

今天是立冬。传统观点认为冬季自此开始。旋见一篇科普文字,说是从气候学上讲,连续五天日平均气温在10℃以下才算作冬季。11月6日,北京迎来了今年的初雪。不过在广州,这些天包括今日仍宛如盛夏,白天的气温29℃,一直在穿短袖,且有不知穿到何时的态势,说是冬季开始,未免相对失笑。当然了,二十四节气也根本不是根据岭南的季节变化总结出来的。除了清明、冬至岭南相当重视,其他的也概不理睬。而指导农事活动当是二十四节气的重要功能。

在北方,黄河中下游一带就全然不同了。元稹《酬乐天初冬早寒见寄》云:"乍起衣犹冷,微吟帽半敧。霜凝南屋瓦,鸡唱后园枝。"如果说"初冬"这个时间点还有些含混,那么宋相张商英的《立冬日》则明白无误了,他又是怎么说的?"己亥残秋报立冬,新新旧旧迭相逢。定知天上漫漫雪,又下人间叠叠峰",那天许是特殊一些,至于"夜来西北风声恶,拗折亭前一树松"。不知道当时张商英身处何处,想来是汴京也就是开封,确是的话,无疑那里真的已经入冬了。

传统社会对待立冬隆而重之。《吕氏春秋·孟冬》云,"是月也,以立冬"。孟冬,冬季第一个月,即农历十月。但今天是农历九月廿七,不知道是不是给去年闰九月闹的,连续两个立冬都没有与《吕氏春秋》合辙。重要的自然不在这里,在于时令的官俗。"先立冬三日,太史谒之天子,曰:'某日立冬,盛德在水。'天子乃斋",先做好准备。到了立冬这天,"天子亲率三公九卿大夫以迎冬于北郊。还,乃赏死事,恤孤寡。"高诱注曰:"先人有死王事以安边社稷者,赏其子孙;有孤寡者,矜恤之。"也就是奖赏那些为国捐躯者的后人;与此同时,抚恤孤寡。这样的话,立冬的内涵就远远超出了其作为冬季来临的标志。

民俗在立冬日也有相应体现,看看《东京梦华录》:"是月立冬,前五日,西御园进冬菜。京师地寒,冬月无蔬菜,上至宫禁,下及民间,一时收藏,以充一冬食用。于是车载马驼,充塞道路。"这种情形,在北方生活过且稍微有点儿年纪的人都会记忆犹新。20世纪80年代中我离开齐齐哈尔时,冬藏还是家家户户的"标准程序"。梅尧臣诗曰:"畦蔬收莫晚,圃吏已能供。根脆土将冻,叶萎霜渐浓。不应虚匕箸,还得间庖饔。旨蓄诗人咏,从来用御冬。"什么事情到了文人嘴里都诗情画意起来,现实则很骨感,至少我感到是一种沉重负担。首先,每家要择一空地去挖菜窖,不是华北那种掘一长方形的坑,然后加盖,而是挖一个直径不足一米的圆洞,三四米深,到底部之后再四扩,直如《地道战》里打鬼子的那种。圆洞出入用,四扩部分储存用,储存的有土豆、大白菜、萝卜、胡萝卜、大葱等,《东京梦华录》中同时介绍了不少"时物",姜豉、鹅梨、榅桲(水果),甚至蛤蜊和螃蟹,不知是否入藏,是的话颇有些不可思议。记忆中东北收藏的时令在立冬之前,阳历的九月就开始了,东北与华北区别之故吧。

《官场现形记》第十三回,胡统领带兵去剿莫须有的土匪,从杭州到严州不过只有两天多路程,却"一走走了五六天还没有到"。怎么回事呢?船上的官员公帑嫖妓是一个因素,还有一个因素就关联到了立冬。"这日饭后,太阳还很高的,船家已经拢了船,问了问,到严州只有十里了",问他"为甚么不走"?船家回道:"大船上统领吩咐过:'明天交立冬节,是要取个吉利的。'所以吩咐今日停船。明天饭后,等到未正二刻,交过了节气,然后动身,一直顶码头。"交节,两个节气交接的时候,算命的人常用。命理中的月份都是以节来断月的,所谓交节即消,那些凶的、不吉利的东西过了节就消除了、没有了,因而胡统领一定要过了立冬节才动身。该回目中最搞笑的,还是胡统领教训文七爷的那些话,他假装说是他在省里听到的:"(浙东)所有的官员大半被这船上女人迷住,所以办起公事来格外糊涂。照着大清律例,狎妓饮酒就该革职,叫兄弟一时也参不了许多。总得诸位老兄替兄弟当点心,随时劝戒劝戒他们。倘若闹点事情出来,或者办错了公事,那时候白简无情,岂不枉送了前程,还要惹人家笑话?"其实,他因为吃文七爷的醋而旁敲侧击,却浑然不觉"乌鸦落在猪身上——看见别人黑不知道自己也黑"。

宋人余安行《龙游舟中遇立冬》诗曰:"挂帆朝发龙游浦,天寒正下潇潇雨。共道人间今日冬,连樯处处欢相语。我今与汝共孤舟,寂寞舟中任水流。人生自适乃为乐,莫把闲肠生寸愁。"这个龙游,可能是今天浙江衢州那个龙游吧,所以天虽寒但下的是"潇潇雨"而不是"漫漫雪"。从"共道人间今日冬,连樯处处欢相语"来推断,立冬在宋朝是个相当快乐的节气,只是余安行那时不知遇到了什么失意之事,是科举又一次落败(安行53岁中进士),还是上书言事被斥而心灰意冷、退隐家居?总之,该高兴的时候高兴不起来,以诗句聊以自慰,必是人生中遇到了某种坎坷。

如今的立冬简单了,简单到只是媒体什么的嚷嚷一下:今日立冬。索然无味。

2015 年 11 月 8 日

同年

今年是余等入读中山大学 30 周年。彼时毕业,没有任何仪式,饱餐一顿之后便各奔东西。后来有了学位授予,再后来学校开始"补救",让那些已经在社会上摸爬滚打了多年的缺憾仪式的人回来穿一穿学士袍,登一回台,好像刚毕业的模样。今年轮到了毕业 30 周年以及入学 30 周年这一波,所以满校园来穿袍子的,不是 81 级就是 85 级。说心里话,我对这袍子多少有些抵触,毕竟是舶来的。不过,虽然我们某些大学把自己的历史高攀至历史的某个年代,现代意义的大学终归起源于人家那里吧。

我们当年全级两个班共 45 人,分别是民族学和考古学专业,逝去了两位,齐聚了 30 有余,其乐融融。像这种同学关系的聚会,从前叫作同年会。南宋笔记《朝野类要》云:"诸处士大夫同乡曲并同路者,共在朝及在三学,相聚做会,曰乡会。若同榜及第聚会,则曰同年会。"同榜,正相当于今天的某一级。同年会既是同榜学子建立关系的开始,也是他们日后加强交往、增进友情的主要平台,这同样与今天并无二致。

相应地,这种同榜亦即同学关系从前叫作同年。当然,这是特定科举而说,因为同年也有年龄相同的人或者同一年的意思。《世说新语》云"顾悦与简文同年,而发蚤白",说的就是简文帝问顾悦,咱俩一个岁数,你的头发怎么就先白了呢?结果顾悦说了那句著名的但拍马屁的话:"蒲柳之姿,望秋而落;松柏之质,经霜弥茂。"那是因为我的身体不行,没有你老人家好哦。蒲柳之姿,因成未老先衰或体质衰弱之喻。同年指同一年,我们见得就更多了,那些江湖气息浓厚的人,每将"不求同年同月同日生,但愿同年同月同日死"挂在嘴边,如《三国演义》里的刘关张桃园结义时,"三人焚香,再拜而说誓"就有这句话。但是如我们所见,三人中先死了关,再是张,最后是刘,别说同月同日死了,同年也算不上,刘备要不是因为生病,与关羽被害时间还决不会只差3年。这种发誓属于毒誓,任何发毒誓的人大抵都是说给他人听的,有其自身的目的,发誓者姑妄说之,旁观人等姑妄听之可也。

据清朝学者赵翼的考证,"同年之称起于唐"。关于唐朝的史书可以佐证这一点。《新唐书·许孟容传》载,孟容的弟弟季同从兵部郎中迁官京兆少尹,京兆尹元义方弹劾说,升得这么快,还不是因为宰相"李绛与季同举进士为同年"。言下之意一定是李绛关照了。宪宗问起来,李绛回答跟我没什么关系,"进士、明经,岁大抵百人,吏部得官岁至千人。私谓同年,本非亲与旧也",许季同哥哥是礼部侍郎,有关系也不是那种吧。不过,"忠臣事君,不以私害公,设有才,虽亲旧当自用。避嫌不用,乃臣下身谋,非天子用人意",表明李绛对提拔许季同还是认可的。又《唐语林》载,宣宗大中十二年(858),崔沆、卢象同年进士,上巳日是他们同年会的日子,"卢称疾不至"。不料崔沆在路上碰见了卢象,卢象也看见他了,但是"侧席帽,映一毡车以避"。崔沆因曰:"低垂席帽,遥映毡车。白日在天,不识同年之面;青云得路,可知异日之心。"那意思无非是说,就他现在的这种态度,等他日后发达了也不会理睬咱们的。

如果说,李绛助力同年与否还是一笔糊涂账,则其他一些实例足证同年关系还是非同一般。《资治通鉴》载,令狐楚与皇甫镈是同年进士,"故镈引楚为相"。宪宗崩,穆宗欲诛镈,令狐楚联合另一位同年进士即宰相萧俛"力救之",至镈只"贬崖州司户"。所以赵翼说,李绛虽曰"同年非亲与旧",而其时同年之分谊已亲。再往前溯,"同年"的前身该是"同岁",可溯至东汉。《后汉书·李固传》中,"有同岁生得罪于(梁)冀";《三国志·魏书·武帝纪》中,曹操与韩遂的爸爸"同岁孝廉,又与遂同时侪辈",因此临阵时曹韩"交马语移时,不及军事,但说京都旧故,拊手欢笑",惹得马超猜疑。在赵翼看来,"同岁即同年也,则是时同岁举孝廉者,已有分谊,此又后世同年之风之所始也"。当年之同岁、同年只是同一年榜上有名而已,如今之同年四年生活在一起,情感自然更深一层了。

当然,同年之间的关系也未必一定皆大欢喜。再看《唐语林》里的另外一则:李蔚、王铎是进士同年,然"蔚常恐铎先大用",用《太平广记》里明确的话说,是李蔚"尝恐铎之先相,而己在其后也",于是两个人总是明争暗斗。等到路岩出任地方长官,李蔚愈加失势,而王铎"柔弱易制",懿宗身边那些宦官就把他先扶上来了。李蔚知道后,"挈酒一壶",前来祝贺:"公将登庸矣,吾恐不可及也。愿先事少接左右。"但王铎的妻子对这壶酒起了疑,认为下了毒药,"使婢言之"。李蔚大惊:"吾岂鸩者?"言罢让拿来一个大酒杯,自己斟满,喝完走人。不用说,这关系是彻底掰了。

现在的各级校庆,被诟病处颇多。主要是那些习惯以校友行政级别或财富程度来"排排坐"的做法,用武松的话说"冷了弟兄们的心"。实际上这是一个畅叙同年之谊的绝佳时机,本该剔除权钱的俗念。如余等回顾往事,再聊聊这些年所历,其乐融融之余又何等满足?

2015 年 11 月 15 日

取暖

这几年每到冬季,南方就有供暖与否的议论。今年广州数次"入冬失败",成为一件大众津津乐道的趣事。30年前我刚来广州的时候,还真是过不惯冬天。南方人大多不解,齐齐哈尔的冬天岂不是更冷,尿着尿着都能结成冰柱?这自然是没到过那里的人的凭空想象。从气温上看,的确高下立判,但在东北,冷是外面的事,大自然里的事,屋子则有暖气,还是相当舒服的。广州则屋里要冷过外面。南方供暖,大抵是要借鉴北方的模式。从前,北方也无集中供暖的时候,人们该如何御寒?

皇家自然是不用犯愁的,可以在建筑上先做足文章。《三辅黄图·未央宫》载:"宣室、温室、清凉,皆在未央宫殿北。"明确"温室殿武帝建,冬处之温暖也"。这是汉朝的宫殿。该书又引《西京杂记》曰:"温室以椒涂壁,被之文绣,香桂为柱,设火齐屏风,鸿羽帐,规地以罽宾氍毹。"然陈直先生校正云,今本《西京杂记》无此文,确是。何清谷先生校释,"以椒涂壁",是用椒和泥涂墙壁,取其温暖而有香气。"被之文绣,香桂为柱",是在门窗及墙壁上披挂绣花的锦帛以便遮风,用桂木作柱。"设火齐屏风",是屏风中有控制火候的装备,以保持殿内的恒温。"鸿羽帐",是用鸿雁羽毛做的帷帐。"规地以罽宾氍毹",是室内地面铺罽宾产的地毯;罽宾,在今喀布尔河下游及克什米尔一带,所产毛织地毯最为西汉宫廷所喜用。取暖措施如何完备,可窥一斑。未央宫里皇后的居所,干脆就叫椒房殿,"取其温而芬芳"之外,还有多子之义。椒房甚至成了皇后的代称,做皇后就叫"入椒房"。

温室的使用,记载颇多。《汉书·京房传》中,元帝"令公卿朝臣与房会议温室"。《霍光传》中,霍光"独夜设九宾温室,延见姊夫昌邑关内侯"。《孔光传》中,孔光为尚书令,"沐日归休,兄弟妻子燕语,终不及朝省政事"。家人对温室很好奇,打听"温室省中树皆何木也?"结果孔光"嘿不应,更答以他语",不肯吐露半点信息,不知道是否有保密的纪律约束。孔光是孔子的十四世孙。与"温室殿"对应的是"清凉殿",殿名同样可以顾名思义,"夏居之则清凉也"。

有权或有钱的人家也不会犯愁。《宋书·孔季恭传》云:"富户温房,无假迁业;穷身寒室,必应徒居。"《世说新语·汰侈》载,石崇和王恺斗富,其中一项就是"石以椒为泥,王以赤石脂泥壁"。两人比赛是一浪高过一浪的,"赤石脂"显然要高过"花椒"。贵则贵矣,只是不知御寒与否,赤石脂是一种中药,常用于久泻久痢,大便出血嘛。富人们还可以用炭,还可以在穿着上发力。《卖炭翁》里的卖炭翁,"可怜身上衣正单,心忧炭贱愿天寒",正一写照。以节俭闻名的晏子,也还有一件狐裘,虽然30年没换新的。《红楼梦》第五十一回,晴雯忘了给宝玉暖被铺,说:"终究暖和不成,我又想起来,汤婆子还没拿来呢。"麝月道:"这难为你想!他素日又不要汤壶,咱们那熏笼上又暖和,比不得那屋里炕凉,今儿可以不用。"这里面提到了两种取暖用具：汤婆子和熏笼。汤婆子，金属制成的圆壶，热水袋的前身。宋代顾逢《汤婆子》诗云："皤然一器微，有用在冬时。永夜寒如许，孤衾暖不知。少年皆见弃，老者最相宜。却恨无情处，春来便问离。"老年人用的东西，怪道宝玉不要了。熏笼，一种覆盖于火炉上的器物，既用来熏香、烘物，也用来取暖。

　　普通百姓冬季取暖，大约只能依赖"红泥小火炉"，此外便是以身体的力量去抵御自然。有个旁证。从前有一种大力提倡的孝行叫作温床或温席，如《三字经》之"香九龄，能温席"，说的是东汉黄香，九岁就知道冬天卧床使之温暖后，再让父亲上床就寝。干宝《搜神记》载，罗威八岁丧父，"事母性至孝，母年七十，天大寒，常以身自温席，而后授其处"。《晋书·孝友传》载，二十四孝中那个"卧冰求鲤"的王延，开始时继母"遇之无道，恒以蒲穰及败麻头与延贮衣"，但王延终于感动了她，"事亲色养，夏则扇枕席，冬则以身温被"。如此等等，固然极端了些，但至少是现实的一种折射。这一点，"何不食肉糜"一类的养尊处优者是不能想象的。卫灵公尝"隆冬兴众穿池"，人谏曰："天寒，百姓冻馁，愿公之罢役也。"卫灵公就说："天寒哉？我何不寒哉？"天气面前，并不人人平等，"衣轻暖，被美裘，处温室，载安车者，不知乘边城，飘胡、代、乡清风者之危寒也"。唯其如此，所谓"父母官"更应当"仁以恕，义以度，所好恶与天下共之，所不施不仁者"。这是桓宽《盐铁论》里阐明的道理。

　　宋人《鸡肋编》云："昔汴都数百万家，尽仰石炭（煤），无一家然薪者。今驻跸吴、越，山林之广，不足以供樵苏。虽佳花美竹，坟墓之松楸，岁月之间，尽成赤地。根柢之微，斫撅皆遍,芽蘖无复可生。思石炭之利而不可得。"今天烧煤而不烧柴,也极大地保护了生态。然而,烧煤也是一柄"双刃剑","供暖性雾霾"的概念横空出世,正是锅炉燃煤所致,成为压垮空气质量的最后一棵稻草。看来讨论南方供暖,也得同时考虑这个问题。

2015 年 11 月 29 日

拔河

韩国《中央日报》报道,12月2日在纳米比亚首都温得和克举行的第十届非物质文化遗产政府间委员会上,韩国的申遗项目——拔河——得到了超过半数的成员国的支持,被联合国列为世界人类非物质文化遗产。严格地说,这是韩国联合柬埔寨、菲律宾、越南三国共同申报的,韩国只占四分之一。拔河,我们再熟悉不过:两组人马,面对面站在两边,中间划条楚河汉界,然后往各自的方向互拽绳子,越界为输。历史上我们就玩这种民俗游戏,今天仍然弦歌未绝,何以论到遗产了却没有中国的份儿?

我们从什么时候开始有拔河?源头至少可以上溯到春秋战国,只是那时不叫这个名字,叫作施钩或牵钩。南朝宗懔《荆楚岁时记》云:"施钩之戏,以绠作篾缆相胃,绵亘数里,鸣鼓牵之。求诸外典,未有前事。公输子游楚为舟战,其退则钩之,进则强之,名曰钩强,遂以时越。以钩为戏,意起于此。"《隋书·地理志》讲到南郡、襄阳的民俗,首先谈到的是龙舟竞渡。说"屈原以五月望日赴汨罗,土人追至洞庭不见,湖大船小,莫得济者,乃歌曰:'何由得渡湖!'因尔鼓棹争归,竞会亭上,习以相传,为竞渡之戏",非常热闹,"迅楫齐驰,棹歌乱响,喧振水陆,观者如云"。接着就谈到了拔河,"二郡又有牵钩之戏,云从讲武所出,楚将伐吴,以为教战,流迁不改,习以相传。钩初发动,皆有鼓节,群噪歌谣,振惊远近"。相较之下,韩国承认他们最早关于拔河的记录,只是出现在十五世纪的《东国舆地胜览》。

韩国的拔河据说与我们的不同,绳索用稻草绳捻成,有主干绳、分支绳之分。但这充其量是本与末的区别,况且我们的《封氏闻见记》载,拔河"古用篾缆,今民则以大麻絙长四五十丈,两头分系小索数百条挂于胸前,分二朋,两向齐挽"。竹篾编的绳子在唐朝正式换成了大麻绳,而这里的"两头分系小索数百条",未尝不是主干绳、分支绳。并且,拔河得今日之名,也正在唐朝。再看《封氏闻见记》:"当大絙之中立大旗为界,震鼓叫噪,使相牵引,以却者为胜,就者为输,名曰拔河。"该书还告诉我们,唐中宗时"曾以清明日御梨园球场,命侍臣为拔河之戏"。当时七名宰相二名驸马在东边,三名宰相五名将军在西边。人数不对等,西边不干,说无论输赢都不公平,"请重定,不为改",结果人少的西边输了,其中仆射韦巨源、少师康休璟因为年纪大,还给绳子拽倒了,半天爬不起来,"上大笑,令左右扶起"。《新唐书·中宗本纪》又添旁证,景龙三年(709)二月,中宗"及皇后幸玄武门,观宫女拔河,为宫市以嬉"。

唐朝的皇帝里,玄宗也非常喜欢看拔河,"数御楼设此戏"。他还写过一首《观拔河俗戏》:"壮徒恒贾勇,拔拒抵长河。欲练英雄志,须明胜负多。噪齐山岌嶪,气作水腾波。预期年岁稔,先此乐时和。"有一回,玄宗玩儿大了,"挽者至千余人,喧呼动地",至于"蕃客士庶观者,莫不震骇"。进士薛胜还专门写了篇《拔河赋》,"其词甚美,时人竞传之"。他儿子御史中丞薛存诚在《旧唐书》里有传,开头便道:"父胜,能文,尝作《拔河赋》,词致浏亮,为时所称。"不过,薛胜却是得也《拔河赋》,失也《拔河赋》。《太平广记》载,"安史之乱",被俘的萧华虽任过伪职,但因为李泌的举荐,肃宗还是以之为相。然而李泌举荐薛胜则不成功,他甚至"置其《拔河赋》于案,冀肃宗览之,遂更荐"。肃宗果然看到了,却鸡蛋里挑出不少骨头,他老爸都不在乎的句子,他来吹毛求疵。

《拔河赋》都说了些什么呢?其实就是场面上的描写,以及为什么要搞千人拔河的重要意义。因此该赋开宗明义:"皇帝大夸胡人,以八方平泰,百戏繁会。令壮士千人,分为二队,名拔河于内,实耀武于外。"于是,参与者都表现出了无畏的气概,所谓"勇士毕登,器声振腾。大魁离立,麾之以肱。初拗怒而强项,卒畏威而伏膺。皆陈力而就列,同拔茅之相仍。瞋目翩员,壮心凭陵。执金吾袒紫衣以亲鼓,伏柱史持白简以鉴绳。败无隐恶,强无蔽能。咸若吞敌于胸中,憯莫蒂芥;又似拔山于肘后,匪劳凌兢。然后一鼓作气,再鼓作力,三鼓兮其绳则直"。最后以"超拔山兮力不竭,信大国之壮观哉"收官。把拔河写到这个程度,"其词甚美"言之不虚。然肃宗硬是看不上眼,不是人家说的薛胜没有当官的命,说到底,该是肃宗对他太上皇老爸那边的人极不放心,不放心的程度甚至超过了曾经是敌人的人。

韩国人说,拔河作为祈愿丰收的一种农耕游戏,在包括他们在内的稻米文化圈广泛流行,因此才与柬、菲、越联合。以此又可见出与我们的同源性,《隋书》那里就说了,"俗云以此厌胜,用致丰穰"。玄宗诗前小序也说:"俗传此戏,必致年丰,故命北军,以求岁稔。"根源属于我们的拔河被人家抢走了,毫无疑义。这不是第一遭,韩国已经屡屡"抢注"了"我们的"东西,然我们在义愤之余,要检讨自己对待传统文化的态度,是不是没有他们那么认真,对身边司空见惯的传统遗存是不是早已不以为意?

2015 年 12 月 4 日

广告

年底了,报纸广告好像也在突击完成任务。我们的评论版面一向因为位置在前,身价高,全年都很少有广告,如今却也半个版半个版地来了。对于新媒体冲击下日暮西山的纸媒来说,这自然是件好事。

广告,是推介的一种方式。历史该如何追溯,是专业人士的研究范畴。但从其广而告之的性质看,有不少不叫广告的做法可能正给广告以灵感。《韩非子》云:"宋人有沽酒者,升概甚平,遇客甚谨,为酒甚美,悬帜甚高。"悬帜,就有广告的意味。《水浒传》里,宋江被刺配江州后一个人在街上无聊地溜达,"正行到一座酒楼前过。仰面看时,傍边竖着一根望竿,悬挂着一个青布酒斾子"。众所周知,这个就是浔阳楼,宋江在那儿喝醉了,吟了反诗。南宋《梦粱录》讲到临安酒肆标志说,"有挂草葫芦、银马杓、银大碗,亦有挂银裹直卖牌,多是竹栅布幕"。与悬帜异曲同工。清朝还有这种方式,《清稗类钞》云"商店悬牌于门以为标识广招徕者曰市招",这些招牌"有用字兼绘形者,更有不用字,不绘形,直揭其物于门外,或以象形之物代之,以其人多不识字也。如卖酒者悬酒一壶,卖炭者悬炭一支,而面店则悬纸条,鱼店则悬木鱼"。

还有草标。颜师古说过:"古未有市,若朝聚井汲,便将货物于井边,货卖曰市井。"集市大约是从晋代开始兴起的,叫作草市,东晋建康城外就有,六朝设"草市尉"对之管理。草市是大名,各地的花名则有墟、场、集等。也许彼时遍地皆草之故,草市上卖东西的人都把草插在东西上,所谓草标。这种情形大家都不会陌生,《水浒传》和《儒林外史》中有很多类似的描写。前者如杨志卖刀,就是"当日将了宝刀,插了草标儿,上市去卖"。后者如范进中举,邻居跑到集市上找他报喜,看到范进"抱着鸡,手里插个草标,一步一踱的,东张西望,在那里寻人买"。一直到解放前表现卖儿卖女的场面,被卖者的头上还都插着草标。草标,也可视为广告的雏形吧。

还有叫卖声。《东京梦华录》载,春天的时候,"万花烂漫,牡丹芍药,棠棣香木,种种上市,卖花者以马头竹篮铺开,歌叫之声,清奇可听。晴帘静院,晓幕高楼,宿酒未醒,好梦初觉,闻之莫不新愁易感,幽恨悬生,最一时之佳况"。《清稗类钞·苏女卖花》云:"吴俗,附郭农家多莳花为业,千红万紫,弥望成畦。清晨,由女郎挈小筠篮入城唤卖。昔人谓金陵卖菜佣亦带六朝烟水气,而吴中卖花女郎,天趣古欢,风姿别具,亦当求诸寻常脂粉之外。"爱屋及乌,这声音想必也是非常动听的。这声音到了大都市就不同了,虽然上海这些人"率为移居之苏人,赁地而自种自卖者也"。在一些人听来,上海街巷中"最可厌者为各种卖物叫唤之声"。

借助工具来推销的声音,与单纯的叫卖声异曲同工。再看《清稗类钞·京师小贩之打鼓》,讲的是收破烂的人,"持小鼓如盏击之,负箱笼巡行街巷中"。人们一听到这个声音,就知道"收买佬"来了。不知谁说的,龚自珍特别讨厌听到饧箫声,"每于日斜时闻卖饧声则病"。饧箫声,即卖麦芽糖的人所吹的箫声。有人考证,自东汉始,卖麦芽糖的小贩便通过吹箫来招引顾客。北宋宋祁因有"草色引开盘马地,箫声催暖卖饧天",南宋陆游因有"陌上箫声正卖饧,篮舆兀兀雨冥冥"的句子传世。人家都听得向好处浮想联翩,龚自珍却厌恶到这个程度,想来是和他当时的心绪相关。

中国历史博物馆收藏有一块雕刻铜印版,是印刷北宋济南刘家功夫针铺广告用的,就与现代广告一般无二了。印版四寸见方,中偏上位置绘是的白兔捣药图,图两侧分布"认门前白兔儿为记"八个字;正上方是"济南刘家功夫针铺";正下方是经营项目和质量要求:"收买上等钢条,造功夫细针,不误宅院使用。客转为贩,别有加饶,请记白。"文字简洁扼要,图像鲜明。研究指出,这是世界上迄今发现最早的商标广告实物。那只兔子,该算是中国历史上第一位广告代言明星了。

辽宁省图书馆收藏有宋版《抱朴子》,不仅让我们见识了北宋东京大相国寺东荣六郎书籍铺的刻书水准,而且该书卷二十后面的五行广告也让我们眼界大开。广告内容是:"旧日东京大相国寺东荣六郎家,见寄居临安府中瓦南街东,开印输经史书籍铺。今将京师旧本《抱朴子·内篇》校正刊行,的无一字差讹,请四方收书好事君子,幸赐藻鉴。绍兴壬申岁六月旦日。"这则广告,除了文言之外,和现在的并没多少差别。

《苌楚斋五笔》载,德国的一家寿险公司曾经用李鸿章来代言,李鸿章"当日曾在该公司保有寿险银壹千两",戏言"为老年棺材本"。那家寿险公司的经理曾经说过,明知李鸿章年纪大了,还不惜折本给他办保险,"以中堂为中国人望,以为公司中光荣,且借此可以招徕华人生意"。在国人看来,"以银壹千两,即欲招徕千百万银生意,其计亦狡矣"。不过,今日《广告法》已明确规定,广告不得"使用或者变相使用国家机关、国家机关工作人员的名义或者形象",虽然在实操中地市级的头面人物在广告变体亦即所谓软文里还比比皆是,但"李鸿章"那个级别的还是销声匿迹了。

2015 年 12 月 11 日

任性

《咬文嚼字》杂志日前发布了2015年度"十大流行语",其中"任性"排在第七位。

"任性"的走红,显然始于今年3月2日下午在人民大会堂召开的全国政协十二届三次会议新闻发布会。大会新闻发言人吕新华回答香港卫视记者关于反腐问题时,套用了一个网络热词:大家都很任性。现场女翻译当即转过头来与吕新华交流,确认是"任性"后,译成capricious,引来一片赞叹。接着,又看到两篇"任性"应该如何翻译的商榷文字。大众狂欢之后,再由专业人士介入"科普",对于"任性"准确地走向世界大有裨益。

任性,当然不是一个新词,像"土豪""打酱油"一样,在网络时代被赋予了新意,但不像"屌丝""二逼"之类把粗俗的东西搬上台面。从"有钱就是这么任性"的网络用语开始,迅速衍生出一个流行句式,其中的"钱"被代之以"权""房""车"等等。"任性"究竟该如何释义,当下似乎并无权威声音,仿佛大家都心知肚明。而在从前,它的意思则是相当清楚的,辞书上看,大抵有这样一些。

其一,纵任性情,率真而不做作。《后汉书·马融传》载,马融"才高博洽,为世通儒,教养诸生,常有千数",享誉后世的学者卢植、郑玄都是他的学生。马融"善鼓琴,好吹笛,达生任性,不拘儒者之节"。他的任性表现在,"居宇器服,多存侈饰"。看他有时上课的那副样子,"坐高堂,施绛纱帐,前授生徒,后列女乐"。范晔说他"终以奢乐恣性,党附成讥",进而得出结论:"固知识能匡欲者鲜矣。"这个结论拿到今天高校教师队伍中,也未必过时。别的不说,教授"休"了妻子而娶学生,竟成时尚,此即不能"匡"之一"欲",率真则率真,但是为周边人等戳戳点点。《旧唐书·高祖传》说李渊,"倜傥豁达,任性真率,宽仁容众,无贵贱咸得其欢心",那么,李渊的任性才具正面意义。

其二,恣意放纵,以求满足自己的目的。《后汉书·杨终传》载,杨终与马廖的关系不错,马廖既是伏波将军马援长子,也是当朝太后的哥哥,地位显赫。但他"谨笃自守,不训诸子",杨终就给好友写了一封信,其中说道:"汉兴,诸侯王不力教诲,多触禁忌,故有亡国之祸,而乏嘉善之称。今君位地尊重,海内所望,岂可不临深履薄,以为至戒!黄门郎年幼,血气方盛,既无长君退让之风,而要结轻狡无行之客,纵而莫诲,视成任性,鉴念前往,可为寒心。君侯诚宜以临深履薄为戒。"马廖听不进去,他的儿子马豫后来也果真出了问题。

其三,执拗使性,必欲按自己的愿望或想法行事。这在我的故乡基本上叫"拧",主要是说小孩儿主意大、不听话。《红楼梦》第一百十七回,说宝玉"在王夫人跟前不敢任性",大概也是这个意思了。

对照这几个定义,不难发现魏晋名士尽皆任性之徒,其中不少干脆就不可理喻。《世说新语》有《任诞》篇,名目都大致相当。任诞,即任性,放诞。比如对饮酒的态度,似乎可以作为一根主线,串联起形形色色的名士。看刘公荣,他跟什么人都能喝到一起,他的逻辑是:"胜公荣者不可不与饮,不如公荣者亦不可不与饮,是公荣辈者又不可不与饮。"看刘伶,喝多了便"脱衣裸形在屋中",人家说他,他振振有词:"我以天地为栋宇,屋室为裈衣,诸君何为入我裈中?"你们跑我裤子里来干啥?看毕卓,其生活逻辑是"一手持蟹螯,一手持酒杯,拍浮酒池中,便足了一生"。看张翰,人家劝他不要放纵舒适于一时,要想想身后的名声。他回答得很干脆:"使我有身后名,不如即时一杯酒!"其他如王子猷雪夜访戴,"经宿方至,造门不前而返",以为"乘兴而行,兴尽而返,何必见戴?"今人看似神经病的任性就更多了。

名士任性的首要表现是蔑视礼教,不拘礼法,然子曰"过犹不及"。如温峤讲话从来口无遮拦,有一次与庾亮吵架,"发口鄙秽",实际上是毫无修养。又如殷洪乔出任豫章太守,"临去,都下人因附百许函书",结果他路上都给扔到江里,还理直气壮地说:"沉者自沉,浮者自浮,殷洪乔不能作致书邮!"当初就不应承可好,信誉何在?前人早就认识到了这一点,《抱朴子·外篇》云,"世人闻戴叔鸾(良)阮嗣宗(籍)傲俗自放,见谓大度,而不量其材力非傲生之匹,而慕学之",变成东施效颦,"或乱项科头,或裸袒蹲夷,或濯脚于稠众,或溲便于人前,或停客而独食,或行酒而止所亲。此盖左衽之所为,非诸夏之快事也"。余嘉锡先生笺疏《世说新语》上升得更高,把戴、阮一类的行为也否了,视《任诞》篇为千古殷鉴,认为"自古未有无礼义,去廉耻,而能保国长世者。自曹操求不仁不孝之人,而节义衰;自司马昭保持阮籍,而礼法废。波靡不返,举国成风,纪纲名教,荡焉无存。以驯致五胡之乱,不惟亡国,且几亡种族矣"。

去年全国"两会"期间,吕新华以一句"你懂的"回应民间沸沸扬扬的周永康案而红遍中国,彼时周案尚未公开,这种心照不宣的回答显示了高超的政治智慧。如果说那是"上天"的话,次年的"任性"则是"入地",接地气嘛。新闻发言人需要这种本领。

2015年12月18日

朱雀

12月20日,正在考古发掘中的江西南昌海昏侯墓现场,主棺内棺盖板揭开后发现了漆画,有一只站立的朱雀。不少媒体在报道时说,发现了"神鸟"。结合之前的那些宣传,出土了多少马蹄金、多少金饼之类,给人的感觉是打开了一座金银的宝库,而不是文化的。

朱雀,红色的鸟。沈括《梦溪笔谈》云:"四方取象苍龙、白虎、朱雀、龟蛇。唯朱雀莫知何物,但谓鸟而朱者。羽族赤而翔上,集必附木,此火之象也。……或云,鸟即凤也,故谓之凤鸟。"到北宋了,朱雀是一种什么鸟还不知道,可知以前都是闻名而不曾谋面,大抵像凤凰、麒麟那些一样,虽然正史中不乏被人目睹的言之凿凿。当代美国学者薛爱华说,"象征祥瑞的古典的朱雀成了一种纯粹而神秘的符号",不会固定地属于任何一种鸟类。

朱雀的确是一种"神鸟",我国古代神话传说中的南方之神,与青龙、白虎、玄武合称为四方神,表示东西南北四个方向。二十八宿体系形成之后,朱雀成为南方七宿的总称,也就是井、鬼、柳、星、张、翼、轸。把它们连起来,图形就被前人臆想为朱雀。在《西游记》里,二十八宿都有名字,南方七宿分别叫井木犴、鬼金羊、柳土獐、星日马、张月鹿、翼火蛇、轸水蚓,后面那个字都是动物。

《水浒传》里梁山好汉有个郝思文,他妈怀他之前曾梦到井木犴投胎,所以他的绰号就叫井木犴。犴,同"豻"。《说文解字》云:"豻,胡地野狗。"真不知井木犴在郝思文妈妈的梦里是个什么形象。梁山人物的绰号都有一定的"依据",或与外貌或与技能相关,如豹子头林冲、青面兽杨志,以及双鞭呼延灼、白日鼠白胜等。郝思文虽是梁山五虎上将之首关胜的结义兄弟,本领肯定一般,十八般武艺样样精通是吹的,他出场时的那阕《西江月》赞词,"千丈凌云豪气,一团筋骨精神。横枪跃马荡征尘,四海英雄难近"云云,空空荡荡,等于什么都没说。在战场上,他与女将扈三娘一交手,就给人家"撒起红绵套索",一家伙拖下马来俘虏了。那么,郝思文的这个绰号可能与他的长相相关,亦即野狗的模样。

四象这种星宿信仰,是古代汉族神话中对远古星辰自然崇拜的一种表现,对人间产生了莫大影响。《三辅黄图·未央宫》载:"苍龙、白虎、朱雀、玄武,天之四灵,以正四方,王者制宫阙殿阁取法焉。"汉朝的宫殿用四象的图案制作瓦当,作为标志宫阙殿阁方位的建筑材料。《礼记·曲礼》云:"行,前朱鸟而后玄武,左青龙而右白虎。"古代军事家将之运用于排兵布阵,军旗上画这四种图形为标志。会看风水的人则以之作为叨咕在嘴边的顺口溜。也就是说,屋宅的东面要有蜿蜒流水,西面要有绵延大道,南面要有清澈池塘,北面要有丘陵俯伏,四种条件齐备,即所谓"风水四兽"镇护,那么此宅就是风水宝地。道教勃兴,青龙、白虎、朱雀、玄武这些原本民间信仰的神灵被纳入了神系,成为道教的尊神。《抱朴子内篇·杂应》描绘太上老君老子的出场形象时说:"左有十二青龙,右有二十六白虎,前有二十四朱雀,后有七十二玄武。"四象成了天神护卫,在逐渐被人格化之后,还有了各自的封号,对应来说,分别为孟章神君、监兵神君、陵光神君和执明神君。再后来,玄武(即真武)的信仰逐渐扩大,从四象中脱颖而出,跃居"大帝"的显位,青龙、白虎成了"打工者",以门神的姿态镇守道观的山门,谁叫它俩一东一西,正好一左一右呢。朱雀是不好安排还是其他什么缘故?反正它在道教里面渐渐淡出了。

汉朝的宫殿布局受四象左右,唐朝的也是这样。唐朝西京长安中有著名的朱雀门街,"东西广百步",起自皇城的朱雀门,直到都城的明德门,"九里一百七十五步",成为长安城的中轴线,也是长安、万年两县的分界线。唐代一步等于五尺,一尺相当于现在31厘米,则朱雀门街如何壮观也就不难推断了。1985年修复西安城墙时,发掘出了包裹在明城墙内的朱雀门遗址。明了前述背景,可知朱雀门一定是皇城的南门。类推的话,玄武门一定在北边。唐朝有过好几次"玄武门之变",宫廷内部为夺取皇位而大动干戈,最著名的自然是秦王李世民这次。据陈寅恪先生的发覆,政变成功与否,玄武门由谁把守非常重要。唯其成败系于北门,政变者首先要考虑安排心腹在那里值班。薛爱华有《朱雀:唐代的南方意象》一书,在第十二章"朱雀"中,专门谈"南方的气味、南方的滋味、南方的声音、南方的色彩"。直接把朱雀作为南方的代指,以这种神秘的艺术形象阐释神秘的岭南自然风貌和历史文化。

所以,在海昏侯墓中发现的那个"朱雀"图案,除了代表南方之外恐怕并无深意。江西南昌,无论古代还是现在都属于南方。或者说,那个图案要不是"朱雀",或者光是另外三个中的一个,倒要值得奇怪一下了。海昏侯墓的此类宣传,让人不坐实"考古即挖宝"也难。海昏侯者何,借此普及一下相关知识不是很好的时机么?当然,这方面的内容也有,宣传力度却远不及张扬那些宝贝。

2015年12月23日

日历

今年岁末的一个特点,是各种文化日历"引爆"各大电商网站和社交媒体,报道说卖断货的现象时有发生。在微博、微信上"晒日历",也成为当下网络新时尚。具体而言,有故宫出版社出版的《故宫日历》、中华书局出版的《红楼梦日历》《汉字之美日历》、单向空间出品的《单向历》、企鹅出版集团出版的《企鹅手账》、中国青年出版社出版的《吴昌硕艺术日历》,等等。在上月"双十一"当天,《故宫日历》创下了5万册的惊人销量。文化日历的文化体现在哪里呢?比如《红楼梦日历》,精选了《红楼梦》中的诗词曲赋楹联等百余篇,从诗词出处、背景以及文化内涵等方面加以注释、赏析,并配以百余幅古代书画作品,实际上就是一本图文并茂的精美小书了。

日历,今天是指记有年月日、星期、节日、纪念日的本子,一年一本,一日一页,用的时候逐日揭去。早期的日历似乎不是今天的意思,或者说还有另外一层意思,那就是史官按日记载朝政事务的册子,以备纂修国史之用。唐永贞元年(805),"始令史官撰日历"。不是天文官而是史官撰写日历,这就把彼时日历的性质说得非常清楚了。《新唐书·蒋偕传》又有:"蒋氏世禅儒,……三世踵修国史,世称良笔,咸云'蒋氏日历',天下多藏焉。"宋明也是如此。《宋史·职官志》有"日历所","隶秘书省,以著作郎、著作佐郎掌之。以宰执时政记、左右史起居注所书会集修撰为一代之典"。此前呢,"于门下省置编修院,专掌国史、实录,修纂日历"。《明史·文苑传》徐一夔曰,"近世论史者,莫过于日历,日历者,史之根柢也。"他说宋朝"极重史事,日历之修,诸司必关白。……此宋氏之史所以为精确也";元朝则不然,"不置日历,不置起居注",所以某个皇帝死了,"国史院据所付修实录而已。其于史事,固甚疏略"。这些日历,均与天文历法无涉。

天文学上的历法概念,我们的前人很早已经有了,而且非常重视。成书年代不晚于春秋时的《夏小正》,按12个月的顺序分别记述了当月星象、气象、物候,以及应该从事的农业和其他活动。著名的哈雷彗星也是我们的前人首先确认的,《春秋》记载,鲁文公十四年(前613)"秋七月,有星孛入于北斗"。可惜他们没有版权意识,加上也没有掌握该星的运行规律,给人家抢去了命名权。但今天意义上的日历,从前却不是像今天这样是能在书店里卖的,而必须以皇帝的名义颁发,所谓颁历,日历因而又称"皇历"。其内容除按一定历法排列年、月、日和节气外,多以具体指导农事、参谋生活、选定良辰吉日为主。日历的制定很明确为国家所垄断。《万历野获编》"历学"条云:"国初,学天文有历禁,习历者遣戍,造历者殊死。至孝宗弛其禁,且命征山林隐逸能通历学者以备其选,而卒无应者。"可窥严厉打击私造的成效。又云:"钦天造历,每年六月内礼部先发历样,两直各府及各布政司,依式翻刻,毫无加损,最合正朔大义。"

颁历,颁布下年新历,向来被视为国之大事,历朝历代都举行重大典礼,有一系列环节和礼仪性程序。《万历野获编》"颁历"条云:"正朔之颁,太祖定于九月之朔,其后改于十一月初一日,分赐百官,颁行天下。今又改十月初一。是日御殿比于大朝会。"大朝会,自秦汉迄明清,一直是一种礼仪规格最高的朝仪。对附属国也不例外,只是有所区分:"若外夷,惟朝鲜国岁颁王历一册,民历百册,盖以恭顺特优之。其他琉球、占城,虽朝贡外臣,惟待其使者至阙,赐以本年历日而已。"《清史稿·礼八》亦载:"时宪书成,钦天监官岁以十月朔日进,并颁赐王公百官。午门行颁朔礼,颁到直省,督、抚受朔如常仪。"

再看看私人记录。宋朝陆游《谢赐历日表》云:"适当颁历之辰,治象一新,欢声四溢。"明朝陆容《菽园杂记》说:"朝廷礼制,颁历其一也。……钦天监所进者,既颁于内廷,则京尹及直隶各府领于司历者,当各颁于所部之民。"看到这段文字,我们就知道他要指出问题了,果然,"今每岁颁历后,各布政司送历于内阁若诸司大臣者,……各视其官之崇卑,地之散要以为多寡。诸司大臣,又各以其所得馈送内官之要津者。京师民家,多无历可观。岂但山中无历,寒尽知年而已哉。此风不知始于何年,今殆不可革矣"。看看,派发个日历,权力也要作祟一回。因为不公平,嘉靖二十一年(1542)颁历时还出过事,"国子诸生,受历不均,争于陛前,喧竞违礼"。结果皇帝大怒,"至谪祭酒张衮官"。

日历像今天这样开卖,大约是到了晚清才可能出现。富察敦崇《燕京岁时记·卖宪书》说:"十月颁历以后,大小书肆出售宪书,衢巷之间亦有负箱唱卖者。"这样的话,看官职下菜,和起哄闹事显然可以销声匿迹了。仅仅十几年前吧,还是家家都有日历，那是阳历新年之前家庭采购的必需品。不知从什么时候开始，日历淡出了我们的生活，且有退出历史舞台之势。以"文化"的面貌重现，多少算是日历的回归，往大了说，则是既赓续传统，又为日历注入了时代内涵。

2015年12月29日

后记

《天淡云闲》终于面世了。所谓终于,在于它本该在去年这个时候面世,是在另一家出版社。别的都不说了,唯有对前责任编辑付出的艰辛努力表示衷心感谢!

这是我的"报人读史札记"系列第六册。请梁庆寅师作序,实属必然。梁师现为中山大学哲学系教授,在任中山大学常务副书记、副校长之时,亦平易近人,全然就是兄长。兼且余与梁师为齐齐哈尔小同乡,纵贯八千里而相识于花城,更觉格外亲切。通读下来,梁师之序远远超出了对余之褒奖有加,而自成一篇阐述历史与现实逻辑关系的宏论,每一个对历史有一定兴趣同时又比较关注现实的人,势必都获益匪浅。

我从1998年起撰写此类文字,自谓探索"为新闻注入历史内涵"之路,倏忽之间便过了20年,然迄今乐此不疲。在选题上,如梁师所云:"把注意力放在了贴近社会生活,呈现人间百态的那些新闻上。"因而篇目皆通过耳闻目睹来进行随机抓取,看上去"东一榔头西一棒子",有朝一日,或弃"编年"而用"纪传",对相关题材进行归类出版,这是后话。在抓取篇目的过程中,太太骆腾智慧良多,她每每灵机一动:"××,可以写一篇嘛。"

书名取自杜牧"六朝文物草连空,天淡云闲今古同"诗意,用字由大泉兄集自余所喜欢的出土简帛文。出版得到"广东特支计划"资助，连同母校出版社，在此一并致谢。

2018 年春节于羊城不求静斋